16	3	2	13
5	10	11	8
9	6	7	12
4	15	14	1

Apoio cultural

Coleção
Formadores do Brasil

ZACARIAS DE GÓIS E VASCONCELOS

Organização e introdução
Cecilia Helena de Salles Oliveira

editora■34

EDITORA 34

Editora 34 Ltda.
Rua Hungria, 592 Jardim Europa CEP 01455-000
São Paulo - SP Brasil Tel/Fax (11) 3816-6777 editora34@uol.com.br

Copyright © Editora 34 Ltda., 2002
Zacarias de Góis e Vasconcelos © Cecilia Helena de Salles Oliveira, 2002

A FOTOCÓPIA DE QUALQUER FOLHA DESTE LIVRO É ILEGAL, E CONFIGURA UMA APROPRIAÇÃO INDEVIDA DOS DIREITOS INTELECTUAIS E PATRIMONIAIS DO AUTOR.

Imagem da capa:
Retrato de Zacarias de Góis e Vasconcelos a partir de litografia reproduzida em Assembléia Geral Legislativa. 9ª Legislatura. Retratos desenhados e publicados por Luiz Aleixo Boulanger, mestre de Escrita e Geografia da Família Imperial. *Rio de Janeiro, 1853 (agradecimentos à Biblioteca Guita e José Mindlin)*

Capa, projeto gráfico e editoração eletrônica:
Bracher & Malta Produção Gráfica

Revisão:
Alexandre Barbosa de Souza

1ª Edição - 2002

Catalogação na Fonte do Departamento Nacional do Livro
(Fundação Biblioteca Nacional, RJ, Brasil)

V146z
Vasconcelos, Zacarias de Góis e, 1815-1877
Zacarias de Góis e Vasconcelos / organização e introdução de Cecilia Helena de Salles Oliveira — São Paulo: Ed. 34, 2002.
320 p. (Coleção Formadores do Brasil)

ISBN 85-7326-257-5

Inclui bibliografia.

1. História política - Brasil - Século XIX.
I. Oliveira, Cecilia Helena de Salles. II. Título. III. Série.

CDD - 981

ZACARIAS DE GÓIS E VASCONCELOS

~

Apresentação	7
Introdução, *Cecilia Helena de Salles Oliveira*	9
Bibliografia	55

DA NATUREZA E LIMITES DO PODER MODERADOR

Ao leitor	63
Advertência da primeira edição	66

Primeira Parte

O que é o poder Moderador	76
A responsabilidade dos atos do poder Moderador segundo a Constituição primitiva	80
A responsabilidade dos atos do poder Moderador à vista do Ato Adicional	96
A responsabilidade dos atos do poder Moderador em face da lei de 23 de novembro de 1841	99
Nomeação de senadores	103
Direito de graça	107

Segunda Parte

Discurso proferido na sessão de 5 de julho de 1861	113
Discurso proferido na sessão de 16 de julho de 1861	119
Discurso proferido na sessão de 25 de julho de 1861	129

Terceira Parte

Por que razão o poder Moderador é uma delegação nacional	140
Qual a razão por que o poder Moderador é delegado privativamente	145
Se o poder Executivo é ou não delegado só ao imperador	149
Se a doutrina da delegação exclusiva tanto do poder Moderador como do Executivo ao imperador é nociva à monarquia	157

Se da referenda e responsabilidade ministerial nos atos do
  poder Moderador vem o aniquilamento desse poder 161
Se a referenda é inútil porque não impede as revoluções,
  e prejudicial porque as provoca 164
Se o poder Moderador como inofensivo
  dispensa a responsabilidade ministerial 168
Se é bastante a responsabilidade moral dos ministros 175
Os artigos 101 e 102 da Constituição 179
Petição de princípio 184
Benjamin Constant mal compreendido 187
Os artigos 132, 133 e 135 da Constituição 193
O imperador é sujeito a responsabilidade moral? 198
Das discussões a que tem dado lugar a questão do
  poder Moderador nas Câmaras Legislativas 205
O imperador reina e não governa, ou reina e governa? 223

No Senado do Império

Discurso proferido no Senado a 30 de junho de 1868 255
Discurso proferido no Senado a 3 de julho de 1868 273
Discurso proferido no Senado a 17 de julho de 1868 277
Sessão em 26 de junho de 1869 280

Questões políticas

A dissolução 288

Apresentação

A Coleção Formadores do Brasil tem o objetivo de resgatar obras fundamentais do pensamento sobre a Nação. Trabalhos de pessoas que formularam os caminhos básicos pelos quais seguiu o Brasil.

A seleção de autores foi realizada por um Conselho Editorial dirigido por Jorge Caldeira e composto pelos historiadores Boris Fausto, Evaldo Cabral de Mello, Fernando Novais, José Murilo de Carvalho e Sergio Goes de Paula.

Para a confecção de cada volume, foram realizadas pesquisas em vários arquivos para, tanto quanto possível, levantar a obra completa dos autores. Feita a seleção do material, este foi editado de acordo com os seguintes critérios:

1) Escolheu-se como base a versão mais completa dos textos, cotejando-se sempre com a primeira, quando foi o caso;

2) Naqueles textos publicados como livro, mantiveram-se as construções originais, atualizando-se apenas a ortografia e, em alguns poucos casos, a pontuação;

3) Nos textos cuja forma não se deve ao autor, especialmente a transcrição de discursos parlamentares, foram atualizadas a ortografia, a pontuação e a separação de parágrafos;

4) Em alguns casos, em que havia necessidade de excessiva repetição de títulos indicativos (exemplo: discurso proferido na sessão de ...), foram dados títulos pelos organizadores, indicando o assunto do texto.

No futuro, os textos não-publicados dos diversos autores deverão estar disponíveis na Internet, no endereço: www.historiadobrasil.com.br.

A realização desta obra se tornou possível graças ao apoio do Banco BBA Creditanstalt.

DA NATUREZA E LIMITES DO PODER MODERADOR E A MEMÓRIA DO CONSELHEIRO ZACARIAS DE GÓIS E VASCONCELOS

Cecilia Helena de Salles Oliveira[*]

"[...] Temos o poder Executivo e o poder Moderador; no poder Executivo a iniciativa ministerial é saliente [...]. Quanto aos atos do poder Moderador a iniciativa é da Coroa, mas o ministério, que é executor não só dos atos do Executivo, senão também de todos os atos da realeza, pode dizer respeitosamente à Coroa: 'não presto assentimento à medida, não lhe dou minha assinatura'. Suposto isso, temos o poder Moderador pertencendo à Coroa, como querem os conservadores, o poder Executivo nas mãos dos ministros, e a responsabilidade dos ministros em todos os atos da realeza [...] mais tarde ou mais cedo há de vir a estabelecer-se regularmente a doutrina que os liberais seguem, porque, senão, teremos governo absoluto; os atos do poder Moderador hão de sempre ser sustentados pela responsabilidade dos ministros [...], senão a revolução terá de vir. E nenhuma revolução procede da imprudência deste ou daquele partido, as revoluções vêm sempre de cima. E para que as revoluções se evitem, é preciso pôr sal na cabeça do peixe [...]"[1]

---

[*] Na organização desta coletânea, contei com a colaboração da pesquisadora Ana Paula Medicci e com o auxílio de Márcia Mendo e da equipe da Biblioteca do Museu Paulista da USP; de Maria Itália e Rosana Campos Nascimento do Instituto de Estudos Brasileiros da USP; e de Margarida Maria de Souza, da Sessão de História e Geografia do SBD/FFLCH/USP. A todas agradeço imensamente.

[1] Discurso de Zacarias de Góis e Vasconcelos na sessão do Senado de 26 de junho de 1869, *Anais do Senado do Império do Brasil*, Rio de Janeiro, Tipografia do Diário do Rio de Janeiro, 1869, tomo II, pp. 298-9.

Zacarias de Góis e Vasconcelos foi um dos estadistas do Império e a longa carreira que construiu encontra-se entrelaçada aos debates, contendas e episódios que envolveram a formação e consolidação do Estado Nacional no século XIX.

Nasceu no dia 5 de novembro de 1815, em Valença, Bahia, importante área de abastecimento de gêneros e de concentração de pequenos e médios produtores. Seus biógrafos[2] afirmam que era descendente dos primeiros povoadores portugueses estabelecidos em terras baianas e que seu pai enriquecera graças aos negócios de extração e comércio de madeiras. Mas há controvérsias em relação à sua origem, pois Albino Pereira dos Santos, seu contemporâneo e adversário, mencionou que provinha de família pobre, chegando mesmo a sugerir que se tratava de filho ilegítimo, aspectos que teriam marcado sua personalidade e forma de fazer política.[3]

Bacharelou-se em Direito pela Academia de Olinda em 1837 e, em 1840, prestou concurso para professor naquela instituição, sendo aprovado com méritos. Nessa mesma época, pelas mãos de Francisco Gonçalves Martins, o futuro visconde de São Lourenço, ingressou no Partido Conservador e, em 1843, a despeito de não obter votação expressiva, ocupou uma das cadeiras da Assembléia Legislativa na Bahia, cargo para o qual foi reeleito várias vezes. Ainda na década de 1840, foi presidente das províncias do Piauí e do Sergipe e, a partir de 1850, ao integrar a Câmara dos Deputados, iniciou sua projeção no cenário nacional. Quando faleceu, no Rio de Janeiro, a 28 de dezembro de 1877, além de senador, era conselheiro, título honorífico que recebeu de Pedro II. Havia participado de quatro ministérios e, por três vezes, entre 1862 e 1868, tinha ocupado o prestigiado posto de presidente do Conselho de Ministros, honraria a que chegaram apenas

---

[2] Tulio Vargas, *O conselheiro Zacarias*, Curitiba, Grafipar, 1977, pp. 16 ss. Os demais comentários produzidos sobre o estadista são: "Zacharias de Góes e Vasconcellos", *in* Augusto Victorino Alves Sacramento Blake, *Dicionário biobibliográfico brasileiro*, Rio de Janeiro, Tipografia Nacional, 1902, vol. 7, pp. 407-10; Pedro Calmon, "Introdução", *in* Zacharias de Góes e Vasconcellos, *Da natureza e limites do poder Moderador*, nova edição, Brasília, Senado Federal/UnB, 1978, pp. 9-15; Alberto Venâncio Filho, "Introdução", *in* Zacarias de Góes e Vasconcellos, *Discursos parlamentares*, Brasília, Câmara dos Deputados, 1979, pp. 15-36; Wilson Martins, *A invenção do Paraná: estudos sobre a presidência de Zacarias de Góes e Vasconcellos*, Curitiba, Imprensa Oficial, 1999.

[3] Albino Pereira dos Santos, *Tipos políticos II: o conselheiro Zacarias*, Rio de Janeiro, E. Dupont, 1871, pp. 7 ss. Acervo da Biblioteca do IEB/USP.

Acima, a casa na cidade de Valença, no Recôncavo Baiano, onde nasceu Zacarias de Góis e Vasconcelos, no dia 5 de novembro de 1815. Ao lado, a igreja do Sagrado Coração, na mesma cidade, onde ele foi batizado.

mais dois políticos: Pedro de Araújo Lima, o marquês de Olinda; e Luís Alves de Lima e Silva, o duque de Caxias.

A importância política de sua atuação é inegável pois, entre outras circunstâncias, tomou parte nas articulações que, dentro e fora do Parlamento, sustentaram a chamada "conciliação" na década de 1850.[4] Anos depois, entre 1862 e 1864, envolveu-se no surgimento da "liga progressista" e na transformação dos "ligueiros" em partido. A expressão designava uma aliança, formada na Câmara, entre conservadores moderados e liberais para fazer oposição ao gabinete Caxias, que governou de março de 1861 a maio de 1862. Tinha caráter pejorativo, sendo utilizada geralmente por adversários.

Francisco Iglésias interpretou a "liga" como uma "outra espécie de conciliação. Se a anterior é feita sob o predomínio conservador, esta o é sob o predomínio liberal, estendendo-se de 1862 a 1868".[5] Durante esses anos, os conservadores passaram a designar-se "conservadores constitucionais", termo com o qual diferenciavam-se dos "progressistas" e rebatiam os apelidos "emperrados" e "vermelhos", empregados por seus opositores. Em contrapartida, os liberais que criticavam os "progressistas" adotaram o nome de "liberais históricos" para não serem confundidos com o novo partido.

Nesse mesmo período, Zacarias dirigiu os gabinetes, nomeados respectivamente em 15 de janeiro de 1864 e 3 de agosto de 1866, que deliberaram sobre a intervenção militar na região do Prata e enfrentaram o momento mais dramático da Guerra do Paraguai. Além disso, foi, senão a principal, uma das personagens fundamentais da ainda pouco estudada crise ministerial e partidária de 1868, considerada por Sérgio Buarque de Holanda como o começo da derrocada da monarquia.[6]

---

[4] Ver, a esse respeito, Joaquim Nabuco, *Um estadista do Império*, 5ª edição, Rio de Janeiro, Topbooks, 1997, 2 vols.; Francisco Iglésias, "Vida política, 1848-1868", *in* Sérgio Buarque de Holanda (org.), *História geral da civilização brasileira*, 2ª edição, São Paulo, Difel, 1969, tomo II, 3º vol., pp. 9-112; Ilmar R. Mattos, *Tempo saquarema*, São Paulo, Hucitec/INL, 1987; Izabel Andrade Marson, *O império do progresso*, São Paulo, Brasiliense, 1987.

[5] Francisco Iglésias, "Prefácio", *in Atas do Conselho de Estado*, Brasília, Centro Gráfico do Senado Federal, 1978, vol. VI (1865-1867), p. XIII.

[6] Sérgio Buarque de Holanda, *História geral da civilização brasileira*, São Paulo, Difel, 1972, tomo II, 5º vol., "Do Império à República", p. 7.

Duas grandes razões foram apontadas para a queda do gabinete Zacarias, em julho de 1868.[7] Uma delas seria a incompatibilidade criada pelo próprio ministério liberal ao indicar Caxias, um político conservador, para o comando das operações militares na Guerra do Paraguai. A outra estaria no impasse gerado pela indicação imperial de Francisco Salles Torres Homem, também um conservador, para ocupar uma das cadeiras no Senado pela província do Rio Grande do Norte. No entanto, na opinião de seus biógrafos, qualquer que fosse o motivo mais imediato da exoneração do gabinete, a questão central estava nas atribuições do poder Moderador, criando-se a esse respeito um confronto entre o presidente do Conselho e Pedro II. O resultado mais evidente do conflito foi a nomeação do gabinete Itaboraí, marcando o retorno do Partido Conservador ao governo, que se manteve no poder pelos dez anos seguintes. Mas as repercussões do episódio foram muito mais graves, motivando a organização não só de um novo partido liberal como das agremiações republicanas. A partir dessa situação, e até o final da vida, teria preservado uma notoriedade assinalada pela persistente oposição que do Senado fazia aos ministérios conservadores.

Curiosamente, uma vida pública tão movimentada e cheia de nuanças contrasta com o lacunar conhecimento histórico acumulado a respeito da personalidade e trajetória do estadista. Isto é, não foram desvendados em profundidade os contextos e as razões pelas quais Zacarias modificou sua posição partidária em diversos momentos da carreira. Tampouco foram interrogados os caminhos e as opções seguidas quando foi ministro e chefe de gabinete. Assim, à primeira vista, poder-se-ia supor que, mesmo tendo chegado aos mais altos postos do Estado, fosse estrela de segunda grandeza, não merecendo especial preocupação.

Essa impressão se desfaz, porém, quando são investigados em detalhe dados biográficos, obras especializadas sobre o período e, sobretudo, o conteúdo dos discursos que pronunciou nos plenários da Câmara dos Deputados e do Senado. Percebe-se, então, a complexidade da época em que viveu e do

---

[7] Além das obras já citadas, consultar sobre o tema: Baptista Pereira, *Figuras do Império e outros ensaios*, 1ª edição, São Paulo, Companhia Editora Nacional, 1934; Heitor Lyra, *História de d. Pedro II, 1825-1891*, Belo Horizonte/São Paulo, Itatiaia/EDUSP, 1977, 3 vols.; José Maria dos Santos, *A política geral do Brasil*, São Paulo, J. Magalhães, 1930; Edmundo da Luz Pinto, *Principais estadistas do Segundo Reinado*, Rio de Janeiro, José Olympio, 1943; Wanderley Pinho, *Política e políticos do Império*, Rio de Janeiro, Imprensa Nacional, 1930.

percurso por ele desenhado. A projeção nacional de Zacarias coincidiu com períodos cruciais da consolidação institucional do Estado monárquico, nas décadas de 1850 e 1860. Além disso, as vinculações partidárias alinhavadas por ele nesses anos repercutiram de forma muito abrangente, superando a dimensão de escolha pessoal.

Mas a análise das fontes e das referências disponíveis indica não apenas a atuação de figura original e polêmica da qual se possui fragmentada compreensão. É possível evidenciar, também, ao menos um dos motivos desse contraste. Em torno do estadista foi construída seletiva memória[8] que, ao mesmo tempo, privilegiou um *único* momento de sua vida, em detrimento de outros, e marcou o modo como até hoje Zacarias tem sido lembrado.

O que predomina nas biografias e em textos voltados para a história do Império,[9] é a imagem de um político talentoso e extremamente personalista que, apesar do estreito envolvimento com o Partido Conservador, teria, a partir de 1860, rompido com o passado e provocado uma reviravolta em suas convicções políticas e na própria configuração política do Império. Ou seja, Zacarias é rememorado na condição de porta-voz, por excelência, da prática e do pensamento liberais, estando seu nome associado diretamente à recomposição do Partido Liberal na década de 1860 e às vicissitudes do ideário liberal no Império.

Nesse sentido, enquanto a maior parte de sua carreira permaneceu nas sombras, somente um curto período de sua trajetória tem sido destacado: o tempo transcorrido entre 1862 e 1868, designado pelo próprio Zacarias como "qüinqüênio liberal",[10] e que coincide com a época na qual foi chefe de gabinete por três vezes. O marco dessa reviravolta seria precisamente a obra *Da natureza e limites do poder Moderador*, publicada em 1860, reeditada em 1862 e reproduzida nesta coletânea.

Considerado como a versão liberal da teoria e da prática do poder Moderador, o texto tem sido interpretado como um contraponto à leitura que

---

[8] Sobre as mediações entre política, memória e esquecimento consultar: Carlos Alberto Vesentini, *A teia do fato*, São Paulo, Hucitec/História Social-USP, 1997; Carlos Guilherme Mota (org.), *Febvre*, São Paulo, Ática, 1978; Claude Lefort, *As formas da história*, São Paulo, Brasiliense, 1979.

[9] Ver, entre outros, João Camilo de Oliveira Torres, *A democracia coroada: teoria política do Império do Brasil*, Rio de Janeiro, José Olympio, 1957.

[10] Discurso no Senado a 26 de junho de 1869, *op. cit.*, tomo II, p. 284.

políticos conservadores fizeram da Constituição do Império e das atribuições do imperador. Conteria os argumentos que municiaram as oposições liberais na década de 1860, sustentando a crítica às propostas defendidas por Pimenta Bueno, em 1857; pelo visconde do Uruguai, em 1862; e posteriormente por Brás Florentino, em 1864.[11] Além disso, em virtude do cunho jurídico, o texto, como observou Barbosa Lima Sobrinho,[12] passou a ser entendido como referência para o estudo do poder Moderador e para a compreensão da estrutura e funcionamento do Estado imperial, como se fosse a síntese dos princípios elaborados pelos liberais ao longo de todo o período monárquico.

Mas seria possível atribuir à obra essa dimensão? Que lugar teria ocupado o texto do estadista no debate instaurado na década de 1860 sobre o poder Moderador? Por qual razão a primeira edição do opúsculo foi interpretada como baliza de uma inversão no percurso do político baiano e na fisionomia das lutas partidárias no Império? E quais fontes teriam contribuído para referenciar e consolidar a memória de Zacarias?

O PERFIL DO ESTADISTA:
ERUDITO, PERSONALISTA, OPOSICIONISTA E LIBERAL

"[...] O gabinete é um só homem. Os ministros, ligados pelo nexo da mais perfeita solidariedade e respeitosa estima, estão resolutos a manter-se nos seus postos [...] O nobre deputado a quem estou respondendo, disse: 'O presidente do Conselho é um homem teimoso, tenaz a ponto de que sustenta o ministério até que, identificando-se com ele a situação, caia o ministério e a situação também' [...] Pense o nobre deputado o que quiser de mim: não posso ter a veleidade de supor que, retirando-me o poder, a situação caia, não. Quando quiserem, têm os nobres deputados os meios de

---

[11] José Antônio Pimenta Bueno (marquês de São Vicente), *Direito Público brasileiro e análise da Constituição do Império* (1ª edição, 1857), 2ª edição, Brasília, Senado Federal, 1978; Paulino José Soares de Sousa (visconde do Uruguai), *Ensaio sobre o direito administrativo*, Rio de Janeiro, Tipographia Nacional, 1862, 2 vols.; Braz Florentino Henriques de Souza, *Do poder Moderador: ensaio de Direito Constitucional contendo a análise do título V, capítulo I, da Constituição política do Brasil*, 2ª edição, Brasília, Senado Federal, 1978.

[12] Barbosa Lima Sobrinho, "Introdução", *in* Braz Florentino Henriques de Souza, *op. cit.*, p. 14.

derribar-nos ou de nos obrigarem a empregar contra eles as medidas constitucionais [...]"[13]

Quatro obras de referência delinearam a memória que imortalizou o desempenho de Zacarias, na década de 1860, informando biógrafos e historiadores que trataram da personagem e desse momento da história do Império.

Entretanto, apenas uma delas foi contemporânea ao momento de maior projeção do estadista: a brochura *Tipos políticos: o conselheiro Zacarias*, elaborada pelo republicano Albino Pereira dos Santos. As demais foram escritas depois da proclamação da República e apresentam um traço em comum: foram produzidas por monarquistas. São elas: a crônica *O velho Senado*, escrita por Machado de Assis, em 1892;[14] a obra *Um estadista do Império*, de Joaquim Nabuco, publicada entre 1897 e 1899, e as *Reminiscências* do visconde de Taunay, de 1908.[15]

O opúsculo de Pereira dos Santos foi o segundo de uma série de oito trabalhos divulgados pelo autor, entre 1871 e 1873. Texto polêmico, procurava reconstituir as condições políticas dos "últimos nove anos" e "mostrar a realidade das aparências", pois, a seu ver, circunstâncias passageiras faziam com que políticos se tornassem "estadistas" e "senhores dos cofres das graças e das contradanças ministeriais", deixando de temer o "povo".[16] Criticava, desse modo, a vitaliciedade do Senado, aqueles que se denominavam "conselheiros" e a prática de conservadores e liberais que se agarravam ao poder, interferiam nas eleições, criavam "ninhadas" e abandonavam a nação à própria sorte. Responsabilizava-os pela subversão do sistema representativo, pelo exercício do compadrio e por uma política personalista que distanciava a Coroa da opinião pública.[17]

---

[13] Discurso de Zacarias de Góis e Vasconcelos na Câmara dos Deputados, na qualidade de presidente do Conselho de Ministros, em 26 de maio de 1868, in *Discursos proferidos no debate do voto de graças de 1868*, Rio de Janeiro, Tipografia de João Ignácio da Silva, 1868, pp. 12-3.

[14] Machado de Assis, *Páginas recolhidas*, Rio de Janeiro/São Paulo/Porto Alegre, W. M. Jackson Editores, 1959, pp. 147-69.

[15] Visconde de Taunay, *Reminiscências*, 2ª edição, São Paulo, Companhia Melhoramentos, 1923, pp. 23-32.

[16] Albino Pereira dos Santos, *op. cit.*, pp. 7-14 e pp. 39-40.

[17] *Ibidem*, pp. 8 ss.

Zacarias de Góis e Vasconcelos e sua mulher, Carolina de Mattos Vieira, em fotografia tirada durante a lua-de-mel do casal em Paris, em 1853.

Pautando-se nessas premissas, avaliou negativamente tanto a conduta dos conservadores "emperrados" quanto a de Zacarias. Os "emperrados" eram homens interesseiros e anacrônicos: fingiam-se de sábios para conseguir honrarias, mas suas convicções políticas estavam descompassadas em relação ao avanço da ciência política. Teriam comprometido o partido e a administração pública, em 1862, provocando "a criação do efêmero Partido Progressista, filho bastardo da liberdade [...] que prejudicou a idéia liberal no Brasil com imoral exemplo de legião de empregados públicos e assalariados do Tesouro falseando intencionalmente a conspicuidade do boné frígio e dissolvendo-se como bando de salteadores [...]".[18] Ou seja, vinculou o aparecimento dos "progressistas" a uma cisão entre os conservadores e, além de registrar o caráter oportunista das motivações que teriam levado à organização do partido, desabonou o caminho seguido pelo político baiano.

Não deixou de reconhecer que Zacarias era o "vulto mais proeminente do liberalismo da nossa terra"[19] e a isso acrescentou outras qualidades: brilhante inteligência; conhecimentos e erudição; habilidade política e parlamentar; capacidade de convencimento; sagacidade para vencer os adversários, explorando seus pontos fracos; talento incomparável como orador, escritor e advogado, já que exercia a profissão nos intervalos das sessões do Senado. A seu ver, entretanto, a condição de "verdadeiro estadista" ficou comprometida por suas demonstrações de egoísmo, ambição, ingratidão e arrogância.

Condenava seu costume de "fazer política à parte", voltando-se contra os que o haviam ajudado a sair da condição de pobreza que conhecera quando jovem. Observou, também, que fora "emperrado" até 1862, quando seus "sentimentos políticos" se transformaram e aderiu às fileiras liberais, sendo chamado pela primeira vez para compor um gabinete, a 24 de maio daquele ano, que durou poucos dias. Mas o motivo de sua transferência de um campo político a outro teria sido a impossibilidade de competir com as estrelas de primeira grandeza do Partido Conservador. Procurou tornar-se, então, chefe entre os liberais, valendo-se com astúcia da teoria da responsabilidade ministerial, porém não foi bem-sucedido: sua origem não era esquecida; seu talento provocava inveja e "não empunhou o leme liberal". Assim, procurou criar "um partido inteiro para chefança". Sem alicerces sólidos e sem

---

[18] *Ibidem*, pp. 43-4.

[19] *Ibidem*, p. 5.

programa, o partido não teria deixado vestígios. Em contrapartida, Zacarias teria alcançado, entre 1864 e 1868, seu maior brilho e notoriedade, interferindo decisivamente, segundo o autor, no encaminhamento do "liberalismo partidário". Em 1868, no entanto, seu "orgulho" colocou a si próprio e aos liberais em situação difícil: sem ouvir a ninguém, prezando mais seus interesses do que os destinos do Império, enfrentou a Coroa e provocou sua queda bem como a do partido. Desejando privilégios, mando e superioridade, Zacarias não medira conseqüências e, segundo o autor, o "liberalismo" perdeu espaços que ainda em 1871 poderia ocupar.[20]

De natureza muito diversa, a crônica machadiana constitui um registro de lembranças da época em que o autor iniciava a carreira na imprensa do Rio de Janeiro. Como ele próprio comentou, tratava-se da "evocação" de um passado morto, na qual as diferentes figuras dos senadores "atropelavam-se" e mesclavam-se em temporalidade imprecisa, pois, embora a princípio o texto pareça referir-se apenas ao ano de 1860, ao longo da narrativa é toda a década que merece rememorações. O que emerge é um quadro impressionista sobre as personagens que compunham a Câmara vitalícia, e ao final tem-se a sensação de que delas só haviam restado fantasmas envoltos pelas paredes do edifício que, de lugar destinado a debates e decisões, transformara-se em cemitério.

Entretanto, alguns comentários de Machado delinearam os traços positivos com os quais a memória de Zacarias foi recuperada, pois associou as eleições de 1860 à "tarde da oligarquia", ao "crepúsculo do domínio conservador" e à emergência de uma "aurora liberal" e foi no âmbito dessa "situação nascente", mote que o próprio Zacarias teria cunhado para designar a "liga progressista", que Machado o contextualizou. Ele, Nabuco de Araújo e o marquês de Olinda congregavam o núcleo dos conservadores moderados que não só dirigiu a formação da "liga" como a posterior organização dos partidos Progressista e Liberal. Assim, diferentemente de Pereira dos Santos, Machado de Assis construiu uma linha de causalidade e continuidade entre esses episódios, realçando a persistência de uma matriz política que orientaria essas ações na direção do liberalismo.

Ressaltou, também, que a personalidade do político baiano era uma das motivações para "as raras sessões ardentes" ocorridas no plenário do Senado. Zacarias "fazia reviver o debate pelo sarcasmo e pela presteza e vigor dos

---

[20] *Ibidem*, pp. 19 ss.

golpes. Tinha a palavra cortante fina e rápida, com uns efeitos de sons guturais, que a tornavam mais penetrante e irritante. Quando ele se erguia", ponderou, "era quase certo que faria deitar sangue a alguém". Essa postura marcou-lhe a reputação de debatedor, seja como oposicionista, seja como chefe de gabinete. Não temia ódios e não buscava amizades, muito embora fosse "lhano, simples e obsequioso" com os freqüentadores de sua casa no Rio de Janeiro, situada na rua do Conde. Grande orador, "sentava-se à esquerda da mesa, ao pé da janela, abaixo de Nabuco de Araújo, com quem trocava os seus reparos e reflexões".[21] Mas Machado alertava que "toda essa história" seria contada, com eloqüência e afeição, por Joaquim Nabuco no livro que preparava e dedicava à memória do pai.

Em inúmeras páginas de *Um estadista do Império* podem ser encontradas alusões a Zacarias e se, conforme observou Raymundo Faoro, Joaquim Nabuco "quer, a todo o custo, desdourar o cetro"[22] desse político, a obra sugere que seu percurso e o de Nabuco de Araújo correram paralelos, ora confluindo, ora se antagonizando, particularmente a partir da década de 1860. Mas enquanto a atuação de Nabuco de Araújo aparece sempre identificada com uma causa nacional, Zacarias nunca teria sido capaz de agir com a devida "impersonalidade", cobrada tanto pelos postos que assumiu, quanto pelo perfil requerido dos grandes estadistas.

Isso não impediu a reiterada apropriação de fragmentos da obra de Joaquim Nabuco para celebrar-se a memória de Zacarias. O texto possibilita recortes específicos, pois foi pontualmente que o autor interpretou aquele político, construindo em torno dele diferenciadas e mesmo ambíguas qualificações. Assim foi, por exemplo, quando analisou a situação política de 1864, destacando-o como um dos chefes progressistas. Nessa passagem, uma das mais referidas por biógrafos e historiadores, foram realçados seu "espírito de combate", a ausência de sentimentalismo e o distanciamento que mantinha frente a partidários e adversários. Metódico, minucioso, censor implacável, era "indiferente a idéias", a não ser aos dogmas e preceitos da Igreja. Comparando-o a um navio de guerra sempre preparado para entrar em ação, indicou que enorme fosso o separava de Honório Hermeto Carneiro Leão, o marquês do Paraná, estadista que Zacarias mais teria admi-

---

[21] Machado de Assis, *op. cit.*, pp. 158-60.

[22] Raymundo Faoro, *Existe um pensamento político brasileiro?*, São Paulo, Ática, 1994, p. 131.

rado. Ambos seriam sobranceiros, teriam a marca do domínio e um modo desdenhoso, compartilhando qualidades como a intuição do valor dos homens e dos talentos e a "adivinhação da futura trajetória". Ambos foram chefes de partido, mas enquanto Paraná era uma força de atração, Zacarias era uma "força de repulsão".

Daí ser "uma menor figura do que Paraná", por lhe faltar a capacidade de interpretar o interesse nacional e sacrificar a ele a posição partidária, o que em certa medida lembra colocações feitas por Pereira dos Santos. Exemplos marcantes dessa atitude estariam, segundo Nabuco, no fato de Zacarias, após a exoneração do segundo gabinete que presidiu, em 1864, fazer oposição ao ministério Furtado que o sucedera e que também era liberal; na recusa em ocupar a pasta da Fazenda, em 1865, durante o gabinete Olinda por desejar exercer a chefia, dominar e usufruir a liberdade e a "irresponsabilidade que dá o mando sem contraste";[23] e na obstinada oposição levada a termo no Senado, em 1871, quando, contrariando seus companheiros de partido, votou contra a Lei do Ventre Livre, alegando tratar-se de projeto liberal por ele defendido até então, mas que estava sendo encaminhado por um gabinete conservador.[24]

A falta de "impersonalidade" desse liberal foi reconhecida ainda em 1866, quando pela terceira vez comandou um ministério e sua "fisionomia política" atingiu "completo desenvolvimento". Nabuco considerou: "Antes, ele é um espírito flutuante; depois quando vêm a saciedade e o despeito, será um buliçoso, que toca em tudo, implacavelmente, em sua própria glória [...] o que não impede que em política a mais dissolvente de todas as ações seja a desse tédio incontestável que a saciedade produz, sobretudo aliada ao gênio demolidor, à crítica irreprimível, à satisfação de abater, à inabilidade para organizar".[25] Responsabilizando-o pela Guerra do Paraguai, pela ruptura interna do Partido Liberal, pela luta de ódio e rancor entre "progressistas" e "históricos", Nabuco sugeriu que, nessa época, Zacarias foi um instrumento do "imperialismo", por resignar-se à vontade e indicações de d. Pedro II, tornando-se suspeito de "favoritismo", razão pela qual, a seu ver, foi chamado por três vezes para compor ministérios.[26]

---

[23] *Ibidem*, pp. 472-3 e pp. 612 ss.

[24] Joaquim Nabuco, *op. cit.*, pp. 454 ss.

[25] *Ibidem*, pp. 681-2.

[26] *Ibidem*, pp. 683-4.

Mais adiante, recuperou novamente o protagonista, mas dessa vez em 1868, para demonstrar como a idade e a experiência tinham dado acabamento e brilho ao talento de orador e o transformado em "oposicionista". Enquanto, segundo Nabuco, lavrava o ódio a Zacarias na "oposição radical" e a contenda dentro do Partido Liberal era cada vez mais violenta, o então ministro "não era senão um oposicionista à oposição que o combatia, à maioria que o acompanhava e à própria Coroa".[27] E, ao comentar longamente as circunstâncias da queda do gabinete, ponderou que, a despeito do apoio na Câmara, o ministério se enfraqueceu pela dependência em que se colocou frente a Caxias, comandante das forças brasileiras no Paraguai. A questão levantada em torno da indicação senatorial de Torres Homem seria, a seu ver, mero pretexto posto em prática pelo próprio Zacarias, a "ocasião popular de que precisava para sair. O pretexto era tanto melhor para ele, quanto ele o elevava à altura de um princípio". Segundo Nabuco, "ao imperador cumpria mesmo o dever de recusar-se ao capricho de Zacarias, porque era evidente a idéia do legislador constitucional, que a composição do Senado não ficasse entregue exclusivamente aos partidos [...]". E foi essa a única vez em que Nabuco se referiu tanto à ligação de Zacarias com o princípio da responsabilidade ministerial nos atos do chefe de Estado, quanto ao opúsculo *Da natureza e limites do poder Moderador*, qualificando-o "livro clássico da escola liberal, o *livro d'ouro* como foi chamado".[28]

Dessa forma, no *Estadista*, a imagem do Zacarias liberal por princípios foi superada pela do talentoso demolidor e personalista. Entretanto, e curiosamente, os biógrafos posteriores valorizaram a atuação daquele político, especialmente, a partir deste trecho — um dos que mais reproduções mereceu — interpretado como um assentimento de Nabuco às suas propostas e ao liberalismo que praticava.

Embora existam aproximações entre a obra de Nabuco e as considerações feitas pelo visconde de Taunay anos depois, este último registrou de outra forma a trajetória de Zacarias. Também realçou a "mordacidade contínua, implacável e ferina", bem como sua personalidade fria, autoritária e altaneira. Compartilhava com Nabuco a concepção de que os verdadeiros estadistas da nação estavam no Império, e foi precisamente por essa via que reabilitou a personagem, mas contrariando o autor de *Um estadista*. A seu ver,

---

[27] *Ibidem*, pp. 751 ss.

[28] *Ibidem*, p. 760.

tal como João Maurício Wanderley, o barão de Cotegipe, ou José Maria da Silva Paranhos, o barão do Rio Branco, Zacarias foi um "patriota" por entender a monarquia como "a garantia firme dos direitos e liberdade" do povo.

"Alto, magro, anguloso, rosto comprido, olhar duro, tez biliosa, boca sardônica, nariz afilado, queixo pontudo, testa larga", Zacarias "tinha o seu quê de Guizot", e era "dialético profundo, dotado de grande facilidade de alocução". Ocupava a tribuna do Senado quase diariamente e podia fazê-lo, por ser um dos mais conceituados políticos do Segundo Reinado. Conservador, logo se transformara em liberal e finalmente em "chefe do progressismo". Sua feição dominante era a de "temível oposicionista — a quase tudo, sempre de férula em punho, e amigo de dizer ásperas verdades, nuas e cruas a adversários e correligionários". Exercendo cotidianamente o "direito de censura", seu orgulho a todos maltratava e atingia mas, mesmo não tendo "dedicações pessoais" ou "grupo em que particularmente se encostasse", tornara-se uma das mais brilhantes figuras do Partido Liberal.

Apesar de suas particularidades, essas fontes foram recuperadas e recortadas para, ao mesmo tempo, repor e reinterpretar positivamente os marcos da trajetória de Zacarias, delimitando o campo referencial por excelência das análises e biografias produzidas sobre ele. Assim, Alberto Venâncio Filho, por exemplo, observou que era "um homem fiel a uma vocação incoercível — a de ser liberal — que lhe trouxera grandeza, mas fora também sua tragédia",[29] pois sua queda, em julho de 1868, teria resultado dos princípios pelos quais lutou. Comparando-o a um "herético", concentrou-se em sua atuação nas décadas de 1860 e 1870, considerando suas reflexões sobre o poder Moderador e seu desempenho no Parlamento e no poder Executivo como exemplos indiscutíveis da crítica que a "escola liberal" endereçava ao exercício do "governo pessoal" e ao reacionarismo de Pimenta Bueno e do visconde do Uruguai. Seria um "tipo exótico", diferenciando-se dos demais não só por sua fina e brilhante oratória como pela fidelidade aos princípios da monarquia representativa e das liberdades individuais. Nesse sentido, não foi por acaso que o autor, ao selecionar os discursos parlamentares de Zacarias para compor a coletânea que elaborou, privilegiou sua presença no Senado, para o qual foi indicado em fevereiro de 1864.

Não muito distante dessa é a visão de Pedro Calmon, para quem o conselheiro Zacarias simbolizava a posição dos "liberais da monarquia", argumentando sempre a favor do exercício do parlamentarismo à inglesa. "Chefe

---

[29] Alberto Venâncio Filho, *op. cit.*, pp. 15-36.

O conselheiro Zacarias era, segundo Joaquim Nabuco, o senador que vigiava todos os outros em dois quesitos: a moralidade e a vestimenta. Sempre vestiu austeras casacas pretas — e tinha o hábito de advertir seus colegas sempre que considerava inapropriados seus trajes.

magistral do partido que no Império mais versou e propagou o idealismo das novas gerações", situou-o no mesmo patamar de autoridade pessoal ocupado por Bernardo Pereira de Vasconcelos, Eusébio de Queirós, Saraiva e Cotegipe. Defendendo a "tese liberal" contra o "austero e soberano poder", discutindo as formas de restringir e circunscrever seu exercício, individualizando-se frente aos "liberais românticos", Zacarias teria conciliado contradições: propôs idéias ousadas, combateu a reação, mas foi avesso aos radicalismos e buscou o caminho da moderação, cultivando um catolicismo ortodoxo. De 1861 até 1868, converteu-se na principal personagem da cena política, quando então "tombou" por suas divergências com o imperador. "Vítima da conjuntura, enrolou-se estoicamente (com o sacrifício do partido, porém inabalável na altivez) na sua bandeira. Com ela desceu ao ostracismo [...] Era o seu modo de ser autoritário, a rija feição do seu caráter, a intolerância natural com a astúcia e a manobra. Ele, com o seu programa, ou mais ninguém!"[30]

Mais volumosa e detalhista, a biografia elaborada por Tulio Vargas fundamentou-se não só nas fontes mencionadas, mas em documentação inédita ou pouco conhecida, a exemplo de fotografias, caricaturas, relatos familiares, e registros produzidos no período entre 1853 e 1855, quando Zacarias foi nomeado pelo ministério da "conciliação" para organizar a recém-criada província do Paraná.

"Independente" do ponto de vista partidário, e intransigente em suas "convicções doutrinárias", Zacarias teria se transferido de um campo partidário a outro, segundo o autor, não pelo apego ao poder, mas pela crença nos princípios liberais, particularmente na soberania da sociedade e nos limites da ingerência e da autonomia da Coroa. Dessa profissão de fé, que dividiu ao longo da vida com o catolicismo, Zacarias não teria aberto mão, e duas situações poderiam exemplificar sua conduta e o modo como enfrentou o "poder irresponsável": a primeira, em julho de 1868, quando questionou o arbítrio imperial; e a segunda, em outubro de 1870, quando foi convidado para integrar o Conselho de Estado, mas negou-se a aceitar o "assédio da Coroa e dos conservadores", optando, em nome de sua "dignidade e dos interesses do partido", por exercer no Senado a "prerrogativa de discutir e votar livremente".[31]

---

[30] Pedro Calmon, "Introdução", *op. cit.*, p. 13.

[31] Tulio Vargas, *op. cit.*, p. 130-2.

É possível notar aproximações e distanciamentos entre escritos políticos do século XIX e do início do século XX, e estudos comemorativos do centenário da morte do estadista, produzidos na década de 1970. Por um lado, observa-se um diálogo que articula esses textos e que está centrado na maneira singular como adversários, admiradores e biógrafos recortaram uma cronologia do percurso de Zacarias, à década de 1860, a partir da qual foi delimitado seu perfil talentoso, personalista, oposicionista e liberal.

Mas, por outro lado, enquanto Pereira dos Santos e Joaquim Nabuco consideraram a passagem de um campo partidário a outro como prática comum no Império, enfatizando que o que pesava negativamente contra Zacarias era o fato de sobrepor seus interesses e vontades aos destinos nacionais, seus biógrafos atribuíram outro significado a essas atitudes. Compreenderam sua opção pessoal como evidência do quilate de um político que se dispunha a lutar contra a "doutrina oficial" e as "deformações" do regime, e como sinônimo da redefinição da política do Império na direção do liberalismo.[32]

Como, então, teriam se constituído afinidades e diferenciações entre esses singulares registros que consolidaram o modo pelo qual Zacarias tem sido lembrado? A interrogação ganha sentido quando se comparam os textos desses intérpretes e a trama política que o próprio Zacarias construiu em torno de sua figura, seja por intermédio dos discursos parlamentares, seja, especialmente, por meio da famosa obra *Da natureza e limites do poder Moderador*, peça-chave na configuração da memória pela qual veio a ser conhecido. Com a produção desse texto, particularmente após 1862, conseguiu projetar-se na cena pública como liberal, além de esgarçar suas vinculações anteriores, apagando vestígios de seu passado, em especial ligações com o Partido Conservador.

O PODER MODERADOR EM QUESTÃO

"[...] Não há meio termo: em país livre, ou, pelo menos, não de todo escravo, ou o chefe do Estado é responsável, e neste caso decide e governa como entende, sem necessidade de firmar-se na responsabilidade de seus agentes, ou ele é irresponsável, e então

---

[32] Pedro Calmon, "Introdução", *op. cit.*, p. 15.

não há função, não há prerrogativa, que possa exercer sem o arrimo da responsabilidade ministerial, responsabilidade que, ainda não estando expressamente estabelecida, não é menos incontestável, visto que decorre da índole do sistema político consagrado na lei fundamental do país."[33]

Na década de 1860, verificou-se intensa discussão a respeito do poder Moderador, e seu significado foi abordado tanto no plano da teoria jurídica quanto no da prática de governar. Todavia, a existência do quarto poder e o perfil do Estado definido pela Constituição do Império foram alvos de controvérsias e críticas desde o momento em que d. Pedro I outorgou a Carta em março de 1824. A contundência da oposição aos dispositivos constitucionais nessa época pode ser observada na postura adotada por frei Caneca quando, às vésperas da Confederação do Equador, recusou-se a jurar a Constituição porque considerava o poder Moderador suporte da centralização política, que condenava, e "a chave mestra da opressão da nação brasileira".[34]

A Constituição do Império, entre outros princípios, fundamentava-se na concepção de que os poderes de Estado eram "delegações da nação" e que a garantia dos direitos dos cidadãos dependia da divisão e harmonia entre eles. O poder Legislativo era composto por duas Câmaras, sendo a dos deputados de caráter eletivo e temporário e o Senado de caráter eletivo e vitalício. O poder Executivo, chefiado pelo imperador, era exercido pelos ministros. O poder Judiciário era formado pelos juízes de Direito vitalícios e pelos jurados. Finalmente, o poder Moderador foi definido como a "chave de toda a organização política" e era "delegado privativamente ao imperador, como chefe supremo da nação e seu primeiro representante, para que incessantemente vele sobre a manutenção da independência, equilíbrio e harmonia dos demais poderes políticos".[35]

---

[33] *Da natureza e limites do poder Moderador*, 2ª edição, 1862, pp. 65-6.

[34] Manifesto de frei Caneca na reunião da Câmara da cidade do Recife de 11 de março de 1824, *in* Paulo Bonavides e R. A. do Amaral Vieira (orgs.), *Textos políticos de História do Brasil*, Fortaleza, UFC, s.d., pp. 144 ss. Ver também: Cecilia Helena de Salles Oliveira, "Nação e cidadania: a Constituição de 1824 e suas implicações políticas", *Horizontes*, Bragança Paulista, vol. 16, 1998, pp. 11-37.

[35] *Constituição política do Império*, Brasília, Ministério do Interior, 1986, tít. III e tít. V, cap. I.

O texto determinava que a "pessoa do imperador" era "inviolável e sagrada", não estando "sujeita a responsabilidade alguma", e que o poder Moderador conferia a ele as seguintes prerrogativas: nomear os senadores, com base em listas tríplices formuladas através de eleições provinciais; convocar o poder Legislativo extraordinariamente; sancionar decretos e resoluções do poder Legislativo para que tivessem força de lei; aprovar ou suspender as resoluções dos conselhos provinciais; prorrogar ou adiar os trabalhos legislativos; dissolver a Câmara dos Deputados, "nos casos em que o exigir a salvação do Estado, convocando imediatamente outra, que a substitua"; nomear e demitir "livremente" os ministros de Estado; suspender magistrados acusados de prevaricação; perdoar ou moderar as penas impostas a réus condenados por sentença (direito de graça); e conceder anistia.[36]

A Constituição determinava também que haveria um Conselho de Estado, órgão auxiliar do imperador. Esse Conselho era composto por dez membros vitalícios, e não contava com a participação dos ministros. Nomeado pelo monarca, deveria ser ouvido em todos os "negócios graves" e "em todas as ocasiões" em que as atribuições do poder Moderador fossem exercidas. E os conselheiros eram considerados "responsáveis pelos conselhos que derem, opostos às leis e aos interesses do Estado".[37] Posteriormente, em 1827, uma lei, discutida e aprovada pelo poder Legislativo, definiu as responsabilidades de ministros e de conselheiros de Estado, indicando a natureza dos delitos que poderiam cometer, as penas a que estavam sujeitos e estabelecendo que ao Senado caberia o julgamento desses funcionários.

Para compreender os argumentos usados por Zacarias em sua obra e evidenciar as dimensões do debate na década de 1860, torna-se fundamental ter em mente essas disposições constitucionais, bem como recordar outra circunstância: a figura "inviolável" do monarca, as atribuições do poder Moderador e a tese da responsabilidade dos ministros por atos emanados desse poder já haviam recebido inúmeras avaliações e contestações durante as décadas de 1830 e 1840. Esses princípios formaram um dos núcleos do antagonismo que se estabeleceu entre políticos liberais, como Teófilo Otoni e Feijó, e políticos "regressistas", a exemplo do marquês do Paraná. Data desse período, igualmente, o reaquecimento da discussão sobre a configuração da monarquia constitucional, no Brasil e na Europa. Dentro e fora do Parla-

---

[36] *Ibidem*, tít. V, cap. I.

[37] *Ibidem*, tít. V, cap. VII.

mento, as opiniões se dividiam a respeito da competência do rei: caberia a ele apenas "reinar" ou também "governar"? Ou seja, o imperante, como chefe supremo da nação, seria apenas uma figura simbólica ou teria autonomia para intervir nos negócios públicos? Dos debates e conflitos político-partidários dessa época resultaram alterações nas leis e nos procedimentos administrativos e, particularmente, reformas no texto original da Constituição de 1824. Nesse sentido, a polêmica travada em torno desses temas, na década de 1860, estava referida não só a uma situação política específica como a um conjunto de leis e princípios constitucionais bastante amplo e complexo.

Dentro desse conjunto merecem destaque especial três instrumentos jurídicos. O primeiro é a lei de 14 de junho de 1831, que definiu o modo de a Regência governar.[38] Como, de acordo com a Constituição, o poder Moderador era "privativamente delegado" ao monarca, a abdicação de Pedro I levantou dúvidas sobre a legalidade ou não de os regentes exercerem este poder. Ficou estabelecido que os regentes poderiam desempenhar todas as prerrogativas do poder Executivo e todas as funções do poder Moderador, "com o referendo do ministro competente", excetuando-se apenas uma: a de dissolver a Câmara dos Deputados. Anos depois, em 1834, foi promulgado o Ato Adicional à Constituição que determinou profundo ajustamento nas relações entre as províncias e o governo central. Nessa ocasião, apesar de inúmeras tentativas, liberais "moderados" e "exaltados" não conseguiram aprovar no Parlamento a extinção do quarto poder. A lei de 1834 manteve a vigência do poder Moderador, mas aboliu o Conselho de Estado.[39]

A consolidação do exercício do poder Moderador no Segundo Reinado deu-se através da lei de 23 de novembro de 1841,[40] decretada logo depois da maioridade de Pedro II. Além de preservar todas as atribuições cons-

---

[38] A esse respeito, bem como sobre a teoria do quarto poder e suas implicações na Constituição do Império, são valiosas as considerações feitas por Silvana Mota Barbosa na tese de doutoramento *A sphinge monárquica: o poder Moderador e a política imperial*, Campinas, Unicamp, 2001, caps. 1 e 3.

[39] Lei nº 16, de 12 de agosto de 1834, *Constituição política do Império*, pp. 41 ss. Sobre esse debate, consultar Paulo Pereira de Castro, "A 'experiência republicana', 1831-1840" e "Política e administração de 1840 a 1848", *in* Sérgio Buarque de Holanda (org.), *História geral da civilização brasileira*, 2ª edição, São Paulo, Difel, 1967, pp. 9-70 e 509-40; e Silvana Mota Barbosa, *op. cit.*, caps. 3 e 4.

[40] Lei nº 234, de 23 de novembro de 1841 e regulamento nº 124, de 5 de fevereiro de 1842, contendo o regimento do Conselho de Estado, *in* Paulo Bonavides e R. A. do Amaral Vieira, *op. cit.*, pp. 339-48.

titucionais desse poder, incluindo a prerrogativa de dissolver a Câmara dos Deputados, o documento reorganizou o Conselho de Estado, modificando, entretanto, a feição que originalmente a Constituição previa para este órgão.

A partir de 1841, o Conselho passou a ser composto por 12 membros ordinários e 12 membros extraordinários ou suplentes, todos nomeados pelo imperador em caráter vitalício, e passou a contar, também, com a assistência e a participação ativa dos ministros. Preservou-se a responsabilidade dos conselheiros no tocante àquilo que pudesse ferir a Constituição e os interesses do Estado, mas sua audiência tornou-se facultativa. Ou seja, o imperador consultaria o Conselho desde que houvesse "por bem ouvi-lo". Além disso, o Conselho foi dividido em quatro sessões (Negócios do Império; Justiça e Estrangeiros; Fazenda; Guerra e Marinha) com três conselheiros em cada uma delas, sendo que essas sessões eram convocadas pelos ministros para deliberar sobre assuntos de suas respectivas pastas. Somente quando se tratava da "conferência do Conselho" a presidência cabia ao imperador e, nesse caso, previa-se que também os ministros poderiam votar, excetuando-se porém duas situações: quando a consulta era relativa à dissolução da Câmara e quando se referia à dissolução do ministério.

Assim, em torno dos princípios abordados por Zacarias, haviam-se constituído tradições, argumentos e interpretações que remontavam a três momentos históricos fundamentais para a construção do Estado e do regime monárquico: a época da Independência, o período regencial e o início do Segundo Reinado. Além disso, como observou Silvana Mota Barbosa, políticos e juristas, durante a primeira metade do século XIX, tinham acumulado experiências e práticas no trato de governar e de aplicar tanto a "letra" quanto o "espírito" da Constituição.[41] Zacarias também havia atuado nesse processo e a peculiaridade do texto que escreveu reside na maneira pela qual recriou e divulgou propostas que já eram conhecidas, mas que adquiriram outros significados frente às condições vividas em 1860, conforme será detalhado mais adiante.

Por outro lado, não foi propriamente sua obra a razão mais forte para o desencadeamento do debate. A questão estava em pauta, desde 1857, quando Pimenta Bueno, jurista e expoente do Partido Conservador, publicou um tratado sobre Direito Público, saindo em defesa da autonomia da Coroa. O marquês de São Vicente argumentava que os dispositivos constitucionais descreviam com precisão os atributos do poder Moderador, determinando

---

[41] Silvana Mota Barbosa, *op. cit.*, cap. 4.

Bilhete manuscrito e assinado por Zacarias de Góis e Vasconcelos convidando para a cerimônia de casamento de sua filha Maria da Glória, realizada na capela de sua casa no Rio de Janeiro. Zacarias foi um dos poucos católicos ortodoxos a chegar ao topo do governo brasileiro.

que esse poder era "delegado privativamente" ao monarca. Desse modo, não poderia ser exercido por nenhum outro agente, e não estava na dependência dos ministros.

A seu ver, a Constituição separava com clareza o poder Moderador do poder Executivo, este sim, espaço de atuação e responsabilidade ministeriais. Caso essa distância fosse suprimida pela ingerência dos ministros no "poder irresponsável e inviolável", não haveria poder de Estado que atuasse fora dos conflitos partidários. Julgava, também, que a legislação e os procedimentos introduzidos nas décadas de 1830 e 1840 careciam de reparos para que a matéria fosse solucionada definitivamente. Se a Constituição de 1824 fosse integralmente recuperada, o Conselho de Estado voltaria à sua antiga feição. Ou seja, as consultas seriam obrigatórias em todas as ações do imperador, os ministros perderiam a possibilidade de intervir no Conselho, e a responsabilidade seria assumida pelos conselheiros.[42] Desse modo, a pessoa sagrada do monarca estaria preservada bem como estariam garantidos o equilíbrio entre os poderes de Estado e o pleno funcionamento do governo representativo e parlamentar.

Zacarias rebateu essa interpretação, afirmando que a plenitude do governo representativo somente estaria assegurada pela responsabilidade ministerial nos atos do poder Moderador. Os pontos essenciais de sua argumentação encontram-se na primeira parte da segunda edição de *Da natureza e limites do poder Moderador* e há motivos para isso. O conteúdo dessa primeira parte corresponde à versão original da obra, publicada em 1860, mas sem assinatura.[43] Em 1862, o estadista preparou nova edição e não só assumiu a autoria do opúsculo como ampliou seu tamanho, acrescentando duas outras partes, nas quais recuperou, desenvolveu e exemplificou à exaustão princípios já divulgados dois anos antes.

Aspecto essencial a ser destacado é o fato de Zacarias compartilhar com juristas e políticos conservadores a interpretação de que a *natureza* do quarto

---

[42] José Antônio Pimenta Bueno, *op. cit.*, pp. 203 ss.

[43] Apesar de nenhum exemplar da primeira edição ter sido localizado, é possível considerar por intermédio de outras fontes, como o *Jornal do Commercio* e a *Circular* de Teófilo Otoni, de setembro de 1860, que seu conteúdo correspondia à primeira parte da segunda edição. Ver: Coleção microfilmada do *Jornal do Commercio*, números publicados entre 1860 e 1862, Acervo da Biblioteca Central da FFLCH/USP; Basílio de Magalhães, "A circular de Theophilo Ottoni", *Revista do Instituto Histórico e Geográfico Brasileiro*, Rio de Janeiro, Imprensa Nacional, 1916, tomo LXXVIII, parte II, pp. 145-387.

poder estava definida pela Constituição de 1824. O que estava em pauta para ele não era a extinção do poder Moderador ou do Conselho de Estado. Pelo contrário, em vários trechos da obra enfatizou o caráter fundamental da pessoa irresponsável e sagrada do imperante e ressaltou, também, que as funções desse poder eram "verdadeiros meios de governar",[44] referindo-se, particularmente, à possibilidade de a Coroa, entre outras atribuições, promover total inversão política, ora dissolvendo a Câmara, ora exonerando um ministério. Tal postura voltou a ser explicitada, anos depois, em 1869, tanto no discurso já mencionado, e reproduzido em parte nesta coletânea, quanto no *Manifesto* e no programa do novo Partido Liberal organizado naquele mesmo momento.[45] Nesse sentido, a *natureza* do poder Moderador o aproximava de conservadores, mas, em contrapartida, o apartava dos liberais históricos.

Julgava primordial que a inviolabilidade do monarca estivesse resguardada por agentes que assumissem a responsabilidade por seus atos, intermediando as pressões da sociedade e garantindo que a imprensa, a Câmara e a opinião pública não atingissem diretamente a pessoa do imperador. E nesse ponto se distanciava de Pimenta Bueno, do visconde do Uruguai e de Brás Florentino. Se assim não fosse, indagava, como distinguir um rei absoluto de um monarca constitucional? Ambos eram irresponsáveis, mas havia entre os dois enorme diferença, pois enquanto no absolutismo a irresponsabilidade fazia parte da natureza das coisas, na monarquia constitucional "a irresponsabilidade em tudo e por tudo depende da responsabilidade ministerial, de sorte que se não concebe poder neutro irresponsável sem ser, com efeito, neutro, sem ministros que, com a própria responsabilidade, completamente o ressalvem".[46]

Desse modo, estariam definidos os *limites* da autonomia da Coroa, até porque, a despeito de citar as qualidades, conhecimentos e bondade de Pedro II, ponderava que o monarca não deixava de ser homem, mesmo ocupando a elevada posição que a Constituição lhe destinou. Isto é, o rei não estava isento de errar ou equivocar-se, e nesse caso a responsabilidade ministerial seria eficaz impedimento a atos reprováveis e prejudiciais aos indivíduos e à coletividade. Os ministros eram conselheiros natos e, portanto, poderiam

---

[44] *Da natureza e limites do poder Moderador*, 2ª edição, p. 54.

[45] Ver Discurso no Senado em 26 de junho de 1869; *Manifesto do centro liberal*, Rio de Janeiro, Tipografia Americana, 1869; *Programa do Partido Liberal*, Rio de Janeiro, A Reforma, 1870.

[46] *Idem*, p. XII.

demover o imperador de uma decisão; ou então, criado o impasse, seriam substituídos, provocando a manifestação da Câmara e da nação.

Compôs esses argumentos valendo-se da autoridade de pensadores franceses e ingleses, a exemplo de Benjamin Constant, Guizot e Stuart Mill. Além disso, explorou em detalhe dispositivos jurídicos como a Constituição, a lei de 1827, e especialmente a regulamentação do Conselho de Estado de 1841. Munido desses elementos é que justificou as razões pelas quais os ministros — e não os conselheiros de Estado — deveriam ser os agentes responsáveis legal e moralmente pelo quarto poder. A seu ver, a responsabilidade dos conselheiros estava restrita àquilo que a legislação interpretava como "conselhos dolosos". Além disso, dada a atuação dos ministros junto ao Conselho, não havia ato do Executivo e do Moderador que não passasse pela assinatura e pelo encaminhamento administrativo de competência ministerial.

Partindo do pressuposto que *deliberar* e *agir* são procedimentos diversos, Zacarias alertava que o poder Moderador era delegado ao monarca, mas isso não queria dizer que o exercesse diretamente. Eram os ministros os "medianeiros" entre a decisão e a ação de executar. Ou seja, o imperador não praticava ato algum sem a concorrência dos ministros. "Se os atos do poder Moderador prescindissem da assinatura dos ministros, teriam de ser expedidos só com o nome do imperador, porque o Conselho de Estado foi instituído somente para dar conselhos, e portanto não há, absolutamente, na Constituição, quem, na falta dos ministros de Estado, possa dar execução a tais atos. Isso, porém, que a razão política chamaria de rematado absurdo, *a prática felizmente nunca tolerou no país*, sendo certo que todos os atos do poder Moderador são expedidos por intermédio dos ministros de Estado."[47] Nesse sentido, a argumentação do estadista fundamentava-se não só em princípios de teoria política. A defesa da responsabilidade ministerial deriva, essencialmente, de procedimentos de governar que não estavam expressos textualmente, mas que foram sendo instituídos pelos políticos brasileiros a partir da experiência e do "espírito" dos dispositivos constitucionais.

A primeira edição da obra repercutiu intensamente nos meios jurídicos, no Parlamento e na imprensa da Corte. Lançada em julho de 1860, em setembro do mesmo ano o *Jornal do Commercio* publicou uma correspondência anônima contendo longa contestação aos princípios ali expostos. O au-

---

[47] *Idem*, pp. 32-3, grifos meus.

tor, provavelmente correligionário da situação conservadora e do gabinete Ferraz, retomava argumentos já desenvolvidos por Pimenta Bueno e condenava a forma como Zacarias pretendia confundir os poderes Executivo e Moderador.

> "Os elogios a este escrito [...] excitaram-nos ainda mais a curiosidade de conhecer o interessante trabalho do sr. conselheiro Zacarias, de cujos talentos e brilhante dicção aliás muito era de esperar [...] E confessamos, grande foi a nossa surpresa e pasmo! A princípio desconfiamos da nossa cegueira, não nos capacitando que obra de tamanha autoridade e tão bem recomendada se reduzisse ao que logo se afigurou ao nosso grosseiro bom senso, isto é uma escolástica e sofística exibição de princípios de Direito Público Constitucional, incoerente e contraditória em teoria e ainda mais quanto à aplicação [...]"[48]

Em contrapartida, Teófilo Otoni enalteceu o texto. Mesmo fazendo certas ressalvas à interpretação de Zacarias, para o político liberal, era "o escrito mais importante dos que se têm levado aos prelos" sobre o poder Moderador.

> "[...] As conclusões [...] com que o sr. conselheiro Zacarias encerra o seu folheto dimanam, por uma dedução lógica e rigorosa, dos princípios mais sábios bebidos na letra da nossa Constituição [...] Em uma advertência preliminar, pulverizou o sr. conselheiro diversas proposições dos ministros do Império e da Fazenda quando este ano perante as Câmaras pretenderam demonstrar que os ministros nada têm a ver nos atos do poder Moderador, mas que não obstante nenhum se recusaria a tomar a responsabilidade desses mesmos atos... A imprensa fluminense fez justiça ao luminoso trabalho. Eu a acompanho no juízo imparcial que emitiu [...]"[49]

Entretanto, as duas análises mais conhecidas sobre a obra foram produzidas pelo visconde do Uruguai, em 1862, e por Brás Florentino, em 1864.

---

[48] Comunicado: *"Da natureza e limites do poder Moderador e a verdadeira doutrina constitucional"*, *Jornal do Commercio*, n° 247, 5 de setembro de 1860.

[49] Basílio Magalhães, *op. cit.*, pp. 375 ss.

Criticando duramente a posição de Zacarias, o visconde reconheceu que era prática corrente a referenda dos ministros aos atos do imperador. Mas, para ele, isso não justificava nem fundamentava a responsabilidade ministerial. A seu ver, era essencial que preponderasse a "letra" da Constituição, pois "do fato não se conclui o direito". Tal como Pimenta Bueno, atribuía aos conselheiros de Estado a responsabilidade por atos do quarto poder. Para ele, caso os argumentos de Zacarias fossem seguidos, o poder Moderador pertenceria exclusivamente aos ministros, o que poderia gerar gravíssimas conseqüências, entre as quais, a transformação das funções desse poder em questões do partido no governo e a prerrogativa do ministério de colocar-se "acima da Coroa", destruindo com isso sua autonomia e inviolabilidade.[50]

Quanto à análise de Florentino, foi escrita após a segunda edição do texto de Zacarias. O jurista pernambucano reservou dois longos capítulos para contestar a tese da responsabilidade ministerial e justificar "a irresponsabilidade absoluta do poder Moderador". Formulando contundente crítica, apontava não só o caráter político e interesseiro da obra como alertava que suas conclusões negavam a "letra" e o "espírito" da Constituição e tinham caráter "subversivo", pois, se fossem adotadas, determinariam o "eclipse do elemento monárquico do governo" e o surgimento de uma "oligarquia ministério-parlamentar".[51]

Marcos de um percurso: Zacarias construindo a própria memória

"Não sou conservador porque este ou aquele seja, mas porque quero e entendo que devo sê-lo" (1861)

"Apartando-me do Partido Conservador [em 1862] quando a experiência mostrou-me que, por seu emperramento, não compreendia a situação do país, querendo manter-se sempre no poder, como se ao lado oposto nunca fosse lícito governar, aliei-me aos liberais" (1864)

---

[50] Ver Paulino José Soares de Sousa (visconde do Uruguai), *op. cit.*, vol. II, caps. XXVII ss.

[51] Braz Florentino Henriques de Souza, *op. cit.*, pp. 211 ss.

Quando se tornou liberal, Zacarias passou a ser um dos alvos preferidos dos caricaturistas da época. Acima, à esquerda, aparece negaceando a assinatura do Manifesto Liberal. Acima, à direita, é retratado como o "rabequista-mor" dos liberais. Ao lado, surge na capa de *O Mosquito*, ilustrando o pecado capital do orgulho.

"Os liberais não são radicais. Estes, reconhecendo a dificuldade, querem cortá-la; julgam ter presente um nó górdio e metem-lhe a espada de Alexandre. Não: o poder Moderador deve existir sem ofensa de outros poderes, se se entender que a responsabilidade, nos termos em que a tenho apresentado, faz-se efetiva" (1869)[52]

Em 1860, a conjuntura política era complexa e delicada a situação de Zacarias. Na Câmara dos Deputados, os debates concentravam-se sobre uma nova lei eleitoral, que modificava a lei dos círculos e que deveria, conforme previsão do governo, ter vigência imediata, pois no final daquele ano ocorreriam eleições para o Legislativo. Ao mesmo tempo, o gabinete Ferraz,[53] associado aos conservadores puros, definia e implementava pela Lei nº 1.083, de 22 de agosto, um conjunto de disposições econômicas de significativo impacto nos negócios e nas finanças, que visava a restringir o crédito, a controlar as emissões e a colocar sob o controle do Estado as associações e sociedades anônimas.[54]

Além disso, repercutia, entre parlamentares e na imprensa, a decisão imperial de preterir, pela segunda vez, o nome de Teófilo Otoni para ocupar uma cadeira senatorial pela província de Minas Gerais. A decisão divulgada em fevereiro recebeu, em abril, uma resposta pública da parte de Otoni.[55] Entre maio e junho, com o início dos trabalhos legislativos, deputados libe-

---

[52] Discursos proferidos, respectivamente, nas sessões da Câmara dos Deputados de 16 de julho de 1861 e de 18 de janeiro de 1864; e no Senado em 26 de junho de 1869, *Anais do Parlamento brasileiro*, Rio de Janeiro, Tipografia Imperial e Constitucional de J. Villeneuve, 1861, tomo I, p. 190; e 1864, tomo I; *Anais do Senado*, 1869, tomo II, p. 299.

[53] O gabinete presidido por Angelo Muniz da Silva Ferraz foi organizado a 10 de agosto de 1859 e governou até 2 de março de 1861, sendo substituído pelo gabinete Caxias. Eram seus membros, além de Ferraz que assumiu também a pasta da Fazenda, João de Almeida Pereira Filho, pasta do Império; João Lustosa da Cunha Paranaguá, pasta da Justiça; João Lins Vieira Cansansão de Sinimbu, pasta de Estrangeiros; Francisco Xavier Pais Barreto, pasta da Marinha; e Sebastião do Rego Barros, pasta da Guerra. Ver Barão de Javari, *Organizações e programas ministeriais: regime parlamentar no Império*, 2ª edição, Rio de Janeiro, Ministério da Justiça, 1962.

[54] Ver Paula Beiguelman, *Formação política do Brasil*, São Paulo, Pioneira, 1967, 1º vol., pp. 105 ss; e Jorge Caldeira, *Mauá, um empresário do Império*, São Paulo, Companhia das Letras, 1995. Consultar também as obras já citadas de Francisco Iglésias e Joaquim Nabuco.

[55] Basílio Magalhães, *op. cit.*, p. 374.

rais e dissidentes conservadores, que faziam oposição ao ministério, aproveitaram-se da discussão sobre a reforma eleitoral para trazer à baila o tema da responsabilidade dos ministros nos atos do poder Moderador, questionando especialmente o presidente do gabinete e o ministro do Império.[56] Entretanto, o que estava em pauta não era apenas a interpretação dos dispositivos constitucionais, mas sobretudo a intervenção do Estado no âmbito das liberdades individuais, seja no tocante ao jogo de forças no mercado, seja em relação ao resultado das eleições.

Expoente do Partido Conservador, nessa ocasião Zacarias dedicava-se à advocacia e estava fora do Parlamento havia quatro anos, o que contrastava com a carreira brilhante que até então desenvolvera. Como já observado, na década de 1840, fora, por várias vezes, deputado provincial e, ao mesmo tempo, fora indicado, em 1845 e em 1848, para presidir as províncias do Piauí e de Sergipe. Nas duas oportunidades foi nomeado por gabinetes organizados pelo também baiano José Carlos Pereira de Almeida Torres, o visconde de Macaé. Isso sugere sua participação nas articulações que, em âmbito local, sustentaram o chamado primeiro "qüinqüênio liberal" (1844-8). Cabe lembrar, porém, como observou Paulo Pereira de Castro, a impropriedade dessa denominação, pois nessa época, ao lado da influência de setores palacianos, havia muitas dissidências dentro dos partidos Liberal e Conservador, o que acabou favorecendo, na Corte e nas províncias, alianças momentâneas entre os "moderados" de ambas as agremiações. Além disso, nesse momento, o próprio Macaé propôs uma "conciliação" interpartidária que recebeu o apoio de muitos conservadores, aspirantes ao poder.[57]

Sua estréia no cenário nacional deu-se em 1850, como representante da província de Sergipe na Câmara conservadora formada após a inversão política de fins de 1848. Atuou nessa ocasião em consonância com a política do gabinete "saquarema", chefiado a princípio pelo marquês de Olinda e depois por José da Costa Carvalho, marquês de Monte Alegre.[58] Com a organiza-

---

[56] *Anais do Parlamento brasileiro*, Câmara dos Deputados, sessões de maio e junho de 1860; *Jornal do Commercio*, especialmente, o nº 173, de 23/6/1860, que divulgou o discurso do ministro do Império, Almeida Pereira, defendendo o gabinete das acusações da "minoria" e reiterando a posição da "escola conservadora" a respeito da diferença que deveria existir entre o poder Moderador e o poder Executivo.

[57] Paulo Pereira de Castro, *op. cit.*, pp. 509-40.

[58] Sobre o período, consultar as obras já citadas de Izabel A. Marson, Paulo Pereira de Castro, Francisco Iglésias e Ilmar R. de Mattos.

ção do ministério Itaboraí, em maio de 1852, foi indicado para o ministério da Marinha, cargo que desempenhou até setembro de 1853, em grande parte pelo fato de o visconde de São Lourenço assumir a pasta do Império.

Logo na apresentação do programa do gabinete, Zacarias foi duramente interrogado a respeito de seu posicionamento por deputados conservadores que compunham a "oposição parlamentar", e por Bernardo de Sousa Franco, o único representante liberal naquela legislatura. E foi respondendo a essas interpelações que enfatizou, ao menos naquele momento, sua ligação com os conservadores que mais tarde denominou "emperrados":

> "[...] o nosso governo é o governo das maiorias, e a Coroa nunca pode com mais acerto organizar o ministério do que tirando das Câmaras os membros que o devem compor [...] Está demonstrado pelo fato de conservarem-se três membros do ministério anterior, e ser um membro daquele o organizador do gabinete atual, que não houve mudança de programa [...] é evidente que as coisas continuam no *status quo* [...]"[59]

Meses depois, respondendo novamente aos mesmos interlocutores, ainda buscava justificar sua adesão à política conservadora, tratando de eliminar qualquer dúvida sobre possível ligação com liberais no passado:

> "[...] Quando o sr. visconde de Macaé apresentou o meu nome à Coroa para encarregar-me do governo do Piauí, houve pessoas que lhe foram declarar que as minhas idéias estavam bem longe de ser luzias. Ele respondeu que isso lhe era indiferente, uma vez que essas pessoas não negavam certas qualidades de que estava informado por amigos meus [...] Em 1848 o mesmo sr. visconde de Macaé lembrou-se de mim para o governo de uma província: fui a Sergipe [...] quando subiu o gabinete de que eram membros os srs. Dias de Carvalho e Sousa Franco, a Câmara e o país

---

[59] *Anais do Parlamento brasileiro*, Câmara dos Deputados, sessão de 17 de maio de 1852. O ministério organizado por Joaquim José Rodrigues Torres, visconde de Itaboraí, era composto por: Francisco Gonçalves Martins na pasta do Império; José Ildefonso de Sousa Ramos, na pasta da Justiça; Paulino José Soares de Sousa, na pasta de Estrangeiros; Itaboraí, na pasta da Fazenda; Zacarias na pasta da Marinha e Manuel Felizardo de Sousa e Melo, na pasta da Guerra. Ver a obra do barão de Javari, *op. cit.*

sabem o que então se passou [...] Alguns membros da maioria que começavam a desgostar-se da marcha da administração, entre outras faltas que lhe lançavam no rosto, uma delas era a conservação de certos presidentes [...] em cujo número eu entrava [...]"[60]

Com a reforma ministerial de fins de 1853 e a chamada política de "conciliação", articulada pelo marquês de Paraná, Zacarias foi reeleito deputado, dessa vez pela Bahia, mas passou quase dois anos distante da Corte, sendo nomeado presidente da recém-criada província do Paraná, o que sugere seu afastamento da ala "saquarema" e sua vinculação aos "conservadores moderados", também chamados "conciliados", que apoiavam o ministério.[61] Aparentemente, todavia, essa ligação pouco durou, pois, retornando à Câmara em maio de 1855, participou ativamente das controvérsias que envolveram a difícil aprovação da lei dos círculos, proposta que Paraná considerava uma "questão de gabinete".

Fundamentalmente, a lei estabelecia que cada província seria dividida em tantos distritos eleitorais quantos fossem os deputados que deveriam representá-la na Câmara. Estabelecia ainda que cada distrito elegeria um deputado e um suplente, e determinava que presidentes de província, comandantes de armas, chefes de polícia, delegados e magistrados não poderiam ser eleitos nos distritos e jurisdições em que atuavam. Segundo Francisco Belisário, o projeto abriu espaço para a eleição de representantes das minorias e oposições, mostrando-se em consonância com a "conciliação" e com a crítica à hegemonia conservadora no preenchimento de cargos. Ressaltou que uma das implicações da lei foi o "enfraquecimento dos partidos", especialmente nas localidades e províncias, o que promoveu o agravamento da violência e da competição dentro das agremiações partidárias e entre elas.[62]

---

[60] *Ibidem*, sessão de 15 de julho de 1852. Ver também Tulio Vargas, *op. cit.*, pp. 30 ss.

[61] Sobre a atuação de Zacarias à frente da província do Paraná, ver as obras de Tulio Vargas e Wilson Martins, já mencionadas. O gabinete presidido por Paraná era inicialmente formado por: Luís Pedreira do Couto Ferraz, na pasta do Império; José Tomás Nabuco de Araújo, na Justiça; Antônio Paulino Limpo de Abreu na pasta de Estrangeiros; Paraná na pasta da Fazenda; Pedro de Alcântara Bellegarde na pasta da Guerra; e José Maria da Silva Paranhos na pasta da Marinha. Ver a obra do barão de Javari, *op. cit.*

[62] Francisco Belisário Soares de Souza, *O sistema eleitoral no Império*, 1ª edição, 1872; 2ª edição, Brasília, Senado Federal, 1979, pp. 69 ss.

Ao lado, Zacarias de Góis e Vasconcelos é caricaturado como um dos políticos procurados por d. Pedro II para o Conselho de Estado. Abaixo, à esquerda, cochicha ao ouvido de um colega. Abaixo, à direita, é retratado como religioso numa "Procissão Burlesca".

Zacarias foi o relator do parecer na Câmara e mostrou-se tenaz opositor à medida, bem como aos liberais que a apoiavam. Chegou a interrogar diretamente o presidente do gabinete, acusando-o de "comprimir" a Câmara para que o projeto fosse aprovado rapidamente e sem discussão. Quando da votação, em agosto de 1855, pronunciou longo discurso retomando os mesmos argumentos que os principais chefes conservadores no Senado, Eusébio de Queirós e o marquês de Olinda, tinham usado para condená-lo. Apontou a inconstitucionalidade do projeto, o caráter político que iria presidir a divisão dos círculos eleitorais, a cargo do governo central, e a inoperância das incompatibilidades estabelecidas pela lei, para concluir que:

"[...] O elemento democrático é numeroso no país, e tem por vezes abalado a ordem pública. Ele, animado com o exemplo da demagogia dos países circunvizinhos e do velho mundo, pode ainda ter aspirações infensas à ordem de coisas consagrada na única monarquia na América. E como conter em respeito o elemento democrático nos seus movimentos de liberdade contra a ordem? Observando e respeitando a Constituição do Império. [...] É sempre a mesma convicção do dever que tem o representante da nação, de opor-se a que a Constituição se altere sem necessidade e sem ser pelos meios nela estabelecidos, o motivo que me faz votar contra o projeto [...]"[63]

Mas o projeto foi aprovado e em 1856 as eleições se processaram segundo as novas determinações. Especialmente na Bahia, tanto os reajustamentos políticos quanto o transcurso do pleito levaram várias lideranças, mesmo as que haviam apoiado a proposta "conciliadora", a se manifestar contra a maneira pela qual os chefes locais procuravam impor suas preferências, desconsiderando nomes tradicionais da província.[64] Zacarias não conseguiu reeleger-se, tampouco foi bem-sucedido na eleição senatorial ocorrida na Bahia em 1858. Mesmo recompondo suas articulações dentro do Par-

---

[63] *Anais do Parlamento brasileiro*, Câmara dos Deputados, sessão de 28 de agosto de 1855, tomo IV, p. 271.

[64] Wanderley Pinho, *O barão de Cotegipe e seu tempo*, São Paulo, Companhia Editora Nacional, 1937, pp. 553 ss.

tido Conservador e encabeçando a lista tríplice com o maior número de votos, o imperador indicou Nabuco de Araújo.[65]

As eleições de 1860 abriram-lhe outras possibilidades, em função das alterações previstas na lei. A proposta era apoiada pelos conservadores, especialmente os "moderados" que estavam em dissidência em relação ao gabinete Ferraz, e criticada pelos liberais. Mantinha as incompatibilidades definidas em 1855, mas determinava que nenhuma província teria menos de dois representantes na Assembléia Geral, e estabelecia uma nova divisão dos distritos provinciais, ampliando de um para três o número de deputados que cada um deles deveria eleger.[66] Assim, não foi coincidência o fato de a primeira edição de sua obra ter circulado dias antes de o ministério decretar os novos procedimentos eleitorais e as medidas de restrição ao crédito e às emissões.

O processo eleitoral foi acirrado e disputado palmo a palmo. Segundo Paula Beiguelman, ocorreu uma cisão entre os conservadores, motivada, em grande parte, pela política econômica implementada por Ferraz e pela interpretação de que a reforma eleitoral às vésperas do pleito poderia significar a ingerência direta do gabinete a favor dos conservadores "puros". Frente a isso, os "moderados" ou dissidentes conservadores aliaram-se a liberais para tentar impedir a formação de uma Câmara com maioria favorável ao governo.[67] Em 1861, o Legislativo abrigava um amplo leque de posições políticas: liberais de diferentes matizes, conservadores "emperrados", conservadores "moderados" e antigos "conciliados", que provinham tanto de uma agremiação quanto da outra.[68]

Durante o transcurso do pleito, o *Jornal do Commercio*, em várias edições de janeiro e fevereiro de 1861, alertava para a composição de uma "liga" de caráter eleitoreiro que articulava, na Corte e nas províncias, conservadores descontentes e liberais unidos em torno da oposição ao gabinete e da ambição de exercer o poder. Procurava apontar as razões que teriam levado a "liga" a obter respaldo eleitoral. Ao mesmo tempo, levantava sérias dúvidas sobre sua capacidade para governar e antecipava a queda do gabi-

---

[65] Joaquim Nabuco, *op. cit.*, 1° vol, pp. 316 ss; Luís da Câmara Cascudo, *O marquês de Olinda e seu tempo*, São Paulo, Companhia Editora Nacional, 1938, p. 178.

[66] Francisco Belisário Soares de Souza, *op. cit.*, pp. 86 ss.

[67] Paula Beiguelman, *op. cit.*, p. 101.

[68] Francisco Iglésias, *op. cit.*, pp. 79 ss.

nete Ferraz, o que acabou acontecendo em março, antes da abertura dos trabalhos legislativos.

> "[...] Não se iluda a liga com o triunfo eleitoral... a derrota dos conservadores não foi tão grande quanto se pensa [...] No dia do poder, na hora das manifestações, e nas ocasiões de voto no Parlamento, se há de averiguar a extensão da vitória e a realidade da derrota. No estado de confusão em que se acham as idéias e os homens, seria uma leviandade prejulgar o futuro dos votos dos eleitores. Se atendermos ao excitamento das massas, se quisermos dar importância e conseqüência aos motins eleitorais, devemos concluir que o triunfo coube ao liberalismo exagerado. Se pelo contrário examinarmos com o cuidado de observador imparcial a situação e as verdadeiras causas que as produziram, não nos restará dúvida que a vitória pertence ao descontentamento do comércio [...] O povo correu às urnas seduzido pelas promessas de liberdade política; os comerciantes promoveram o combate na suposição de conseguirem liberdade ampla de crédito [...] Se a liga chegasse ao poder teria de abrir ambas as mãos [...] são extremos que a situação criou e que não poderão ser atendidos [...] Os homens da liga entenderam-se e se ajustaram para combater, porém ainda não [...] para governar; e entre eles há divergências de caráter, de tradições, de instrução e de sentimentos que se não podem desfazer sem grandes lutas dos chefes para com o povo e do povo contra os chefes [...]"[69]

É provável que a obra de Zacarias tenha repercutido junto às oposições, contribuindo para aumentar ainda mais os conflitos que marcaram as eleições na Corte. No entanto, voltou novamente à Câmara como representante do distrito único da província do Paraná, e logo apresentou-se como porta-voz dos "conservadores moderados", pleiteando a confiança e o apoio da maioria ao ministério Caxias e a seu programa.[70] Em três discursos pronun-

---

[69] *Jornal do Commercio*, 29/1/1861, artigo "A liga", reproduzido do *Correio da Tarde*.

[70] O gabinete presidido por Caxias, que ocupou também a pasta da Guerra, era composto por: Francisco de Paula de Negreiros Saião Lobato, na pasta da Justiça; José Antônio Saraiva, na pasta do Império, meses depois substituído por José Ildefonso de Sousa Ramos; José Maria da Silva Paranhos, na pasta da Fazenda; Antônio Coelho de

ciados em julho de 1861, Zacarias abordou o tema do poder Moderador, reproduzindo argumentos expostos em sua obra. Buscava justificativas que convencessem o plenário da "moderação" do gabinete e da importância das metas que dizia defender: observar a Constituição e adotar "severa e discreta economia dos dinheiros públicos".

Na fala de 5 de julho, rebateu deputados liberais, como José Bonifácio, de São Paulo, e Otoni, de Minas Gerais, que indagavam qual o sentido específico de programa tão genérico.

> "[...] o país, cumpre confessá-lo, está cansado de tantas reformas, e bem se pode afirmar que se alguma circunstância concorreu poderosamente para comprometer a estabilidade do governo transato foi essa profusão de reformas que realizou em curto período, e além disso pelo método das autorizações, reformas que se preparavam sem a ciência do país, e de que este só vinha a ter notícia quando os jornais as publicavam para imediatamente serem executadas. Os oradores oposicionistas, que indicaram uma longa série de reformas como essenciais à felicidade do país, não apresentaram pois com isso um programa que pudesse ser confrontado com o do gabinete [...] ou a oposição quer governar ou não. Se não quer governar [...] então está dispensada de formular seu programa. Mas se a oposição quer ser governo, é do seu rigoroso dever, quando ataca o programa ministerial, exibir ao mesmo tempo o seu [...]"[71]

Na mesma ocasião, discordando do deputado paulista sobre as condições políticas do Império, para quem a "conciliação" dera lugar à "restauração" dos partidos, comentou:

> "[...] O que é porém a restauração dos partidos? Segundo o nobre deputado é a liga ou união de liberais e de conservadores de

---

Sá e Albuquerque, na pasta de Estrangeiros, logo substituído por Benevenuto Augusto de Magalhães Taques; Joaquim José Inácio, na pasta da Marinha; e Manuel Felizardo de Sousa e Melo na recém-instalada pasta da Agricultura, Comércio e Obras Públicas. Ver a obra do barão de Javari, *op. cit.*

[71] *Anais do Parlamento brasileiro*, Câmara dos Deputados, sessão de 5 de julho de 1861, Rio de Janeiro, Tipografia Imperial e Constitucional de J. Villeneuve, 1861, tomo II, apêndice, p. 89.

O auge do poder de Zacarias de Góis e Vasconcelos coincidiu com o período da Guerra do Paraguai (acima, fotografia das trincheiras em Tuiuti, de 1866). Presidente do Gabinete de Ministros com ampla maioria no Parlamento, ele acabou demitido depois de um choque frontal com o comandante das tropas brasileiras, o conservador duque de Caxias (ao lado), num episódio onde o uso do poder Moderador estava no centro da questão.

outrora, isto é, de liberais que deixaram de ser liberais e de conservadores que deixaram de ser conservadores [...] Por fortuna, senhores, isso é falso historicamente e falso ainda sob o ponto de vista do nosso direito constitucional [...] Eu creio que a Constituição supõe a existência de dois partidos distintos, com diversas tendências... sustento que tanto o Partido Liberal como o Conservador permanecem fiéis à sua índole [...] É necessário que estejam estes dois partidos sempre presentes e mutuamente se fiscalizem. Mas como se conseguirá isso? Será por meio do que chamam liga? Não, senhores. A liga, se conta na alta administração do Estado número igual de homens de um e outro partido, nada produz que seja de préstimo, porque assim como em mecânica o equilíbrio é a inércia, assim em política a combinação de elementos opostos em proporções iguais traz consigo a inércia [...]"[72]

Em 16 e 25 de julho, a defesa do princípio da responsabilidade ministerial voltou à baila em seus discursos, mas para fundamentar as fronteiras que o separavam dos que faziam oposição ao gabinete bem como dos conservadores puros e dos liberais. Propondo que o poder Moderador deveria existir como recurso para a preservação da monarquia constitucional e do regime parlamentar, Zacarias afirmava:

"[...] pela minha parte e da de meus amigos [...] presto adesão ao governo [...] porque sou conservador [apoiados], conservador que não tem ódio à oposição, que a estima mesmo porque reconhece-lhe uma justa missão nesta casa, mas que não lhe pode pertencer [...] *Como eu pensam aqueles que formam no Partido Conservador da Câmara não uma cisão, mas simplesmente um matiz* [...] presto ao governo a adesão necessária para que ele marche regularmente, sem prescindir do direito de enunciar com franqueza minhas idéias... e de observar se a promessa de moderação solenemente feita pelo nobre marquês presidente do Conselho é ou não cumprida exatamente... [muito bem, muito bem]"[73]

---

[72] *Ibidem*, pp. 90-1.

[73] *Idem*, sessão de 25 de julho de 1861, p. 324; grifos meus.

Nesse momento, as convicções políticas e a desconfiança que manifestou em relação às reformas e às conciliações não se constituíram num problema para ele. A questão é que esses discursos tiveram seu sentido profundamente alterado para compor a segunda edição de sua obra, editada em julho de 1862. Na reorganização do texto, Zacarias "depurou" esses registros para que caíssem no "esquecimento" todas as passagens que pudessem comprometer sua filiação ao campo liberal. Ou seja, um ano depois de pronunciados na Câmara, os discursos foram rearranjados, eliminando-se inúmeros parágrafos. Seu intuito era consolidar os princípios que divulgou em 1860 e comprovar, com documentos, a linearidade de suas propostas e procedimentos. Além disso, queria apagar as críticas que havia feito no passado recente a políticos liberais e desfazer o compromisso que tinha mantido com os conservadores moderados e com o gabinete Caxias. Foi também com esses desígnios que anexou longas contestações à obra do visconde do Uruguai, publicada nos primeiros meses de 1862, e que foi interpretada como exemplo inquestionável da posição adotada pelo conjunto do Partido Conservador. Mas, ao lado disso, Zacarias pretendia, também, obscurecer suas considerações sobre a "esterilidade" de "ligas" que diluíam o caráter dos partidos.

Comparando-se a segunda parte da edição de 1862 com as versões integrais dos discursos parlamentares de julho de 1861, constata-se que do pronunciamento de 5 de julho foram extraídas as páginas iniciais e a frase final. Nesses trechos Zacarias prestava apoio ao gabinete Caxias e interrogava a oposição liberal sobre seu programa de governo. Criticava combinações políticas como a "liga" e mostrava concordância com o pressuposto de que os ministros eram homens de partido e como tais poderiam, legitimamente, "aconselhar" seus correligionários nas eleições.[74]

O discurso de 16 de julho resultou de polêmica entre Zacarias e o então ministro da Justiça, Saião Lobato, sobre a responsabilidade ministerial. Dele foram retiradas as páginas iniciais, que versavam sobre negócios da Marinha, e o período final. Nesse trecho Zacarias manifestou a continuidade de seu apoio ao gabinete Caxias, rebatendo acusações da oposição liberal que, na Câmara e na imprensa, chamou o "grupo moderado" de "partido do ventre, de especulação, de prófugos, de centro que quer converter-

---

[74] *Anais do Parlamento brasileiro*, Câmara dos Deputados, sessão de 5 de julho de 1861, tomo II, apêndice, pp. 88-95.

se em circunferência...".⁷⁵ Procedimento semelhante foi adotado com o discurso de 25 de julho. Deste, foram suprimidos os parágrafos em que Zacarias discorreu sobre a recusa ao convite ministerial para presidir a província da Bahia e sobre sua reiterada confiança no gabinete e na "sã doutrina" do Partido Conservador.⁷⁶

Por essas razões, é que é possível considerar a obra como peça fundamental na configuração da memória que o imortalizou. No entanto, a projeção de seu perfil liberal deveu-se também às circunstâncias, ainda pouco esclarecidas, que motivaram sua atuação na "liga parlamentar" responsável pela queda do gabinete Caxias, e que abriu o caminho para que fosse chamado pela primeira vez a organizar um ministério, em 24 de maio de 1862.⁷⁷ Mesmo levando-se em consideração que este foi o denominado "ministério dos anjinhos", em virtude dos poucos dias que durou, essa experiência e a reedição da obra assinalaram um marco em sua carreira. E o próprio Zacarias conferiu dimensão ainda mais abrangente a esse momento de sua vida quando, em janeiro de 1864, e novamente na posição de presidente do Conselho, ponderou:

"[...] Em 1862 o ministério aludia ao concurso de duas opiniões com que contava para levar por diante seu pensamento político. As duas opiniões políticas [...] sem quebra de princípios nem de dignidade formam hoje uma só opinião, um só partido, cujo alvo é promover sinceramente, sem nada alterar na constituição do Império, a prosperidade do país [...]"⁷⁸

---

⁷⁵ *Idem*, sessão de 16 de julho de 1861, tomo II, pp. 185-90.

⁷⁶ *Idem*, sessão de 25 de julho de 1861, tomo II, pp. 320-4.

⁷⁷ Zacarias, além de presidente do Conselho, assumiu a pasta do Império e os demais membros foram: Francisco José Furtado na pasta da Justiça; Carlos Carneiro de Campos na pasta de Estrangeiros; José Pedro Dias de Carvalho na pasta da Fazenda; José Bonifácio de Andrada e Silva na pasta da Marinha; Manuel Marques de Sousa na pasta da Guerra; e Antônio Coelho de Sá e Albuquerque na pasta de Agricultura, Comércio e Obras Públicas. Ver a obra citada do barão de Javari, *op. cit*.

⁷⁸ *Anais do Parlamento brasileiro*, Câmara dos Deputados, sessão de 18 de janeiro de 1864, Rio de Janeiro, Tipografia Imperial e Constitucional de J. Villeneuve, 1864, tomo I. Nessa ocasião, Zacarias assumiu a pasta da Justiça e teve como companheiros de gabinete: José Bonifácio de Andrada e Silva, na pasta do Império; Francisco Xavier Paes Barreto na pasta de Estrangeiros; José Pedro Dias de Carvalho na pasta da Fazenda;

Nessa mesma ocasião, entretanto, foi interpelado por liberais que colocaram em dúvida a majoritária base parlamentar do ministério e a coerência de sua trajetória. Haveria consonância entre a tese que defendia e a prática ministerial que pretendia adotar? E a isso Zacarias respondeu: "sustento como ministro da Coroa as opiniões que tenho sustentado no opúsculo. A pergunta [...] é ofensiva ao meu caráter, porque supõe-me capaz de pensar de um modo como ministro e de outro como autor [...] não há ato do chefe de Estado que deixe de ser resguardado pela responsabilidade ministerial [...]".[79]

A interrogação, no entanto, pode ser interpretada de outro modo. Talvez não se referisse propriamente a uma incompatibilidade entre pensamento e prática, e sim ao modo pelo qual o estadista executaria seu pensamento quando no poder. Em 1868,[80] o problema foi novamente levantado com contundência ainda maior pela forte oposição a Zacarias tanto na Câmara quanto no Senado.

Nesse sentido, a questão da responsabilidade ministerial bem como os meandros do exercício do poder Moderador e do poder Executivo estiveram imbricados ao percurso construído por Zacarias, especialmente depois de 1860. E se a obra *Da natureza e limites do poder Moderador* projeta interpretações do estadista, os demais textos selecionados nesta coletânea flagram momentos em que, ora envolvido na dinâmica de governar, ora como oposicionista, Zacarias defrontou-se com as mediações entre "argumentar", "deliberar" e "agir".

Os discursos proferidos em 1868 no Senado pontuam circunstâncias de sua exoneração e, particularmente, o documento de 17 de julho mostra

---

Francisco Carlos de Araújo Brusque na pasta da Marinha; José Mariano de Matos na pasta da Guerra; e Domiciano Leite Ribeiro na pasta de Agricultura, Comércio e Obras Públicas. Ver a obra do barão de Javari, *op. cit.*

[79] *Anais do Parlamento brasileiro*, Câmara dos Deputados, sessão de 18 de janeiro de 1864, Rio de Janeiro, Tipografia Imperial e Constitucional de J. Villeneuve, 1864, tomo I.

[80] No terceiro ministério que organizou, e que governou de 3 de agosto de 1866 a 16 de julho de 1868, Zacarias ocupou a pasta da Fazenda, tendo por companheiros: José Joaquim Fernandes Torres, na pasta do Império; João Lustosa da Cunha Paranaguá na pasta da Justiça; Martim Francisco Ribeiro de Andrada na pasta de Estrangeiros; Afonso Celso de Assis Figueiredo na pasta da Marinha; Angelo Muniz da Silva Ferraz na pasta da Guerra, depois substituído; e Manuel Pinto de Sousa Dantas na pasta da Agricultura, Comércio e Obras Públicas. Ver a obra do barão de Javari, *op. cit.*

Acima, casa na Rua dos Felizes (atual Dr. Constante Jardim, em Santa Teresa, Rio de Janeiro) onde Zacarias de Góis e Vasconcelos morou nos últimos anos de sua vida e onde faleceu, em 1877. À esquerda, uma de suas últimas fotografias.

que Zacarias, nesse momento, atrelou sua queda e a do gabinete à escolha imperial "não acertada" de Francisco Salles Torres Homem para uma cadeira no Senado, indicação da qual "não podia tomar a responsabilidade".[81] O discurso de 26 de junho de 1869, apresentado também no Senado, expressa seu oposicionismo ao gabinete Itaboraí e revela a plasticidade do argumento da responsabilidade ministerial que podia adequar-se a situações diversas. Anteriormente o tema foi utilizado tanto para apoiar um gabinete conservador, como o de Caxias, em 1861, quanto para sustentar diretrizes do gabinete "progressista", em 1864.[82] Já o texto denominado "A dissolução" foi extraído da obra *Questões políticas*, editada em 1872. Ali o estadista reavaliou as condições políticas de 1868, alterando a interpretação que inicialmente registrou. A indicação imperial para o Senado é tratada como "futil pretexto", pois "estava escrito que a espada vitoriosa nos campos de batalha do Paraguai trouxesse de caminho a elevação de seu partido político no Império". O outro motivo seria "o expediente engenhoso" utilizado pela Coroa "de fazer as reformas liberais coadas pelo filtro conservador".[83]

Observa-se, desse modo, não só a complexidade do momento, mas o procedimento do estadista no sentido de construir e reinterpretar seu próprio percurso, traçando os marcos da memória, o que não passou despercebido a seus oponentes. Entre maio e julho de 1868 e sob ameaça de voto de censura no Parlamento, Zacarias teve que se justificar inúmeras vezes. Ora eram cobradas explicações sobre a continuidade da guerra, os recrutamentos e os gastos com a campanha militar no Paraguai; ora era acusado pelos conservadores de unir-se aos liberais históricos; e estes, por sua vez, condenavam sua aproximação com os conservadores.

Mas foram sobretudo suas práticas os alvos principais da crítica promovida por partidários e opositores. Para os contemporâneos, havia profunda incongruência entre seu modo de agir e os pressupostos pelos quais combateu. Criticavam a decisão de indicar conservadores para preencher os cargos de conselheiros e interrogavam a escolha de Caxias, conservador e adversário, para o comando das operações da guerra. Além disso, contesta-

---

[81] Discurso de Zacarias de Góis e Vasconcelos no Senado, em 17 de julho de 1868, in *Discursos proferidos no debate do voto de graças de 1868*, p. 327.

[82] *Anais do Senado do Império*, sessão de 26 de junho de 1869, Rio de Janeiro, Tipografia do Diário do Rio de Janeiro, 1869, tomo II, pp. 283-311.

[83] *Questões políticas*, Rio de Janeiro, Tipografia de A Reforma, 1872, pp. 5-6.

vam o fato de atuar cotidianamente com o Conselho de Estado, usando-o como instrumento de governo, para atropelar a Câmara na questão servil, transferir e exonerar magistrados, nomear e substituir presidentes de províncias e, principalmente, "traçar um círculo de ferro"[84] em torno do poder.

José Maria dos Santos sugeriu que, em 1868, havia se estabelecido um compromisso entre Zacarias e a "alta política da Corte", representada pelo Conselho de Estado e pelo Senado, com a finalidade específica de gerenciar a guerra.[85] Poder-se-ia, no entanto, indagar se essa articulação não era muito mais ampla, envolvendo o cargo de chefe de gabinete, o complexo direcionamento do Executivo e as formas pelas quais as atribuições do poder Moderador eram operadas. Nesse sentido, não deixam de ser instigantes as observações de Raymundo Faoro segundo as quais "o liberal, por obra do poder e quando no poder, atua, comanda e dirige como um conservador [...] se convertido em governo cede [ao] leme, leme unicamente feito para aquele navio, que só com ele pode navegar [...]".[86] Entretanto, não seria possível conjeturar que Zacarias rigorosamente nunca se separou de antigas convicções? Agindo dentro e fora do poder e contrapondo-se às colocações de sua obra de 1862, não teria atuado sob a perspectiva de mais um "matiz conservador"?

---

[84] Discurso de Zacarias de Góis e Vasconcelos no Senado, em 30 de junho de 1868, in *Discursos proferidos no debate do voto de graças de 1868*, Rio de Janeiro, Tipografia de João Ignácio da Silva, 1868, p. 309.

[85] José Maria dos Santos, *op. cit.*, pp. 85 ss.

[86] Raymundo Faoro, *op. cit.*, p. 128.

Bibliografia

~

Obras de Zacarias de Góis e Vasconcelos

Teses apresentadas para tomar o grau de lente da Academia Jurídica de Olinda. Pernambuco: Tipografia Santos, 1840.

Relatório ao seu sucessor na administração da província de Sergipe. Sergipe: Tip. Provincial, 1849, 29 pp.

Discurso recitado por ocasião da abertura do curso de Direito Natural na Academia de Ciências Jurídicas e Sociais de Olinda. Pernambuco: 1851, 13 pp.

Reflexões acerca do projeto de estatutos da Faculdade de Direito de Olinda apresentadas ao ministro da Justiça, conselheiro Sousa Ramos, por ocasião da discussão sobre a mudança da faculdade para a cidade do Recife. Rio de Janeiro: 1853, 13 pp.

Relatório do presidente da província do Paraná apresentado na abertura da Assembléia Legislativa Provincial, em 15 de julho de 1854. Curitiba: 1854, 2 vols.

Questões de limites entre as províncias do Paraná e de Santa Catarina. Rio de Janeiro: 1857, 26 pp.

Da natureza e limites do poder Moderador. Rio de Janeiro: 1860; 2ª edição, Rio de Janeiro: Tipografia Universal de Laemmert, 1862, 254 pp.

Discursos proferidos no debate do voto de graças de 1865. Rio de Janeiro: 1865, 136 pp.

Relatório apresentado à Mesa da Santa Casa de Misericórdia do Rio de Janeiro pelo seu provedor Zacarias de Góis e Vasconcelos. Rio de Janeiro: 1867.

Propostas e relatórios apresentados à Assembléia Geral pelo ministro da Fazenda, Zacarias de Góis e Vasconcelos. Rio de Janeiro: 1867-1868, 2 vols.

Proposta para aprovação de créditos abertos pelo governo no intervalo da sessão da Assembléia Geral de 1867-1868. Rio de Janeiro: 1868.

Discursos proferidos no debate do voto de graças de 1868. Rio de Janeiro: Tipografia de João Ignácio da Silva, 1868, 329 pp.

Discursos proferidos na discussão do voto de graças de 1869. Rio de Janeiro: 1869; 2ª edição, Bahia, 1869, 125 pp.

Manifesto do Centro Liberal. Rio de Janeiro: Tipografia Americana, 1869, 67 pp.

Programa do Partido Liberal. Rio de Janeiro: A Reforma, 1870, 17 pp.

Discursos proferidos no debate do voto de graças e do orçamento do Império de 1870. Rio de Janeiro: 1871, 276 pp.

Questões políticas. Rio de Janeiro: Tipografia de A Reforma, 1872, 139 pp.

Discursos proferidos no Supremo Tribunal de Justiça a 21 de fevereiro de 1874 pelo conselheiro Zacarias de Góis e Vasconcelos e pelo dr. Antonio Ferreira Viana no julgamento do bispo de Olinda. Rio de Janeiro: 1874, 56 pp.

Reforma eleitoral: discursos proferidos no Senado. Rio de Janeiro: 1876, 88 pp.

Discursos parlamentares (dos senhores conselheiro Zacarias e senador Silveira Martins). Rio de Janeiro: 1876, 58 pp.

Legislação compilada sobre a empresa funerária e os cemitérios da cidade do Rio de Janeiro. Rio de Janeiro: s.d.

OS DISCURSOS PARLAMENTARES PRONUNCIADOS
NA CÂMARA DOS DEPUTADOS (1850-1856 E 1861-1862)
E NO SENADO DO IMPÉRIO (1864-1877) ENCONTRAM-SE NOS:

Anais do Parlamento brasileiro. Câmara dos Deputados. Sessões de 1850-1853, 1855-1856. Rio de Janeiro: Tipografia H. J. Pinto, 1875-1877, 24 vols.

Anais do Parlamento brasileiro. Câmara dos Deputados. Sessões de 1861-1862. Rio de Janeiro: Tipografia Imperial e Constitucional de J. Villeneuve, 1861-1862, 8 vols.

Anais do Senado do Império. Sessões de 1864-1868. Rio de Janeiro: Tipografia do Correio Mercantil, 1864-1868, 20 vols.

Anais do Senado do Império. Sessões de 1869-1877. Rio de Janeiro: Tipografia do Diário do Rio de Janeiro, 1869-1877, 30 vols.

REFERÊNCIAS BIBLIOGRÁFICAS
SOBRE ZACARIAS DE GÓIS E VASCONCELOS

ASSIS, Machado de. *Páginas recolhidas*. Rio de Janeiro/ São Paulo/ Porto Alegre: W. M. Jackson Editores, 1959, pp. 147-69.

BLAKE, Augusto Victorino Alves Sacramento. "Zacharias de Góes e Vasconcellos", *in Dicionário biobibliográfico brasileiro*. Rio de Janeiro: Tipografia Nacional, 1902, 7º vol., pp. 407-10.

CALMON, Pedro. "Introdução", *in* VASCONCELLOS, Zacharias de Góes e. *Da natureza e limites do poder Moderador*. Nova edição. Brasília: Senado Federal/ UnB, 1978.

FRANCO, Arthur Martins. "Zacarias de Góes e Vasconcellos". *Arquivos do Museu Paranaense*. Curitiba: 1942, vol. II.

MARTINS, Wilson. *A invenção do Paraná*: *estudos sobre a presidência de Zacarias de Góes e Vasconcellos*. Curitiba: Imprensa Oficial, 1999.

SANTOS, Albino Pereira dos. *Tipos políticos II: o conselheiro Zacarias*. Rio de Janeiro: E. Dupont, 1871.

TAUNAY, Visconde de. *Reminiscências*. 2ª edição. São Paulo: Companhia Melhoramentos, 1923, pp. 23-32.

VARGAS, Tulio. *O conselheiro Zacarias*. Curitiba: Grafipar, 1977.

VENÂNCIO FILHO, Alberto. "Introdução", *in* VASCONCELOS, Zacarias de Góis e. *Discursos parlamentares*. Brasília: Câmara dos Deputados, 1979.

REFERÊNCIAS BIBLIOGRÁFICAS SOBRE A ÉPOCA
E A ATUAÇÃO POLÍTICA DE ZACARIAS DE GÓIS E VASCONCELOS

BARÃO DE JAVARI. *Organizações e programas ministeriais*: *regime parlamentar no Império*. 1ª edição, 1889. Rio de Janeiro: Ministério da Justiça, 1962.

HOLANDA, Sérgio Buarque de. *História geral da civilização brasileira: do Império à República*. São Paulo: Difel, 1972, tomo II, 5º vol.

IGLÉSIAS, Francisco. "Vida política, 1848-1868", *in* HOLANDA, Sérgio Buarque de (org.). *História geral da civilização brasileira*. 2ª edição. São Paulo: Difel, 1969, tomo II. 3º vol., pp. 9-112.

NABUCO, Joaquim. *Um estadista do Império*. Prefácio e cronologia de Raymundo Faoro. Posfácio de Evaldo Cabral de Mello. 5ª edição. Rio de Janeiro: Topbooks, 1997, 2 vols.

PEREIRA, Baptista. *Figuras do Império e outros ensaios*. 1ª edição. São Paulo: Companhia Editora Nacional, 1934.

PINHO, Wanderley. *Política e políticos no Império*. Rio de Janeiro: Imprensa Nacional, 1930.

PINTO, Edmundo da Luz. *Principais estadistas do Segundo Reinado*. Rio de Janeiro: José Olympio, 1943, pp. 93-100.

SANTOS, José Maria dos. *A política geral do Brasil*. São Paulo: J. Magalhães, 1930.

TORRES, João Camillo de Oliveira. *A democracia coroada: teoria política do Império do Brasil*. Rio de Janeiro: José Olympio, 1957.

RELAÇÃO DOS TEXTOS QUE COMPÕEM ESTA COLETÂNEA

Da natureza e limites do poder Moderador. Reprodução da edição realizada pelo Senado Federal em 1978, devidamente cotejada com a 2ª edição, impressa em 1862.

Discursos proferidos no debate do voto de graças de 1868. Rio de Janeiro: Tipografia de João Ignácio da Silva, 1868, 329 pp. Acervo da Biblioteca do Instituto de Estudos Brasileiros/USP.

Discurso proferido no Senado a 26 de junho de 1869. Anais do Senado do Império. Rio de Janeiro: Tipografia do Diário do Rio de Janeiro, 1869, tomo II, pp. 283-311. Coleção pertencente ao acervo da sessão de História e Geografia do SBD/FFLCH/USP.

Questões políticas. Rio de Janeiro: Tipografia de A Reforma, 1872. Acervo da Biblioteca do Instituto de Estudos Brasileiros/USP.

ZACARIAS DE GÓIS E VASCONCELOS

Identificação das notas:

N. do L.: nota do latinista Ariovaldo Augusto Peterlini,
    professor doutor do Departamento de
    Letras Clássicas e Vernáculas da FFLCH-USP.
N. do A.: nota do autor Zacarias de Góis e Vasconcelos.
As notas sem indicação de autoria são da organizadora
    Cecilia Helena Salles de Oliveira.

Optou-se por traduzir as citações em línguas estrangeiras somente quando o contexto não permitia seu entendimento.

Glossário das abreviações de formas de tratamento:

D.: Dom
Exmo.: Excelentíssimo
Ilmo.: Ilustríssimo
S. exc.: Sua excelência
V. exc.: Vossa excelência

DA NATUREZA E LIMITES DO PODER MODERADOR

[Rio de Janeiro: Tipografia Universal de Laemmert, 1862]

"The peculiar evil of silencing the expression of an opinion is that it is robbing... those who dissent from the opinion, still more than those who hold it. If the opinion is right, they are deprived of the opportunity of exchanging error for truth: if wrong, they lose, what is almost as great a benefit, the clearer perception of truth, produced by its collision with error."

Stuart Mill, *On Liberty*[1]

---

[1] John Stuart Mill (1806-1873), filósofo e político liberal inglês.

Ao leitor

~

Tendo publicado em julho de 1860 o opúsculo *Da natureza e limites do poder Moderador*, compreendi, desde logo, que nova edição desse escrito se tornava indispensável.

O número de exemplares da primeira edição fora mais limitado mesmo do que pedia um trabalho destinado apenas a ser, como em verdade foi, distribuído por amigos e conhecidos, e tanto que às solicitações de muitos não foi possível satisfazer.

Além disso, recebido por uns com suma benignidade, e por outros atacado com rigor, era justo que àqueles agradecesse, como agradeço, a sua benevolência, e a estes opusesse, defendendo o opúsculo, algumas reflexões.

Subiu, porém, de ponto a necessidade dessa defesa quando uma obra do sr. visconde do Uruguai,[2] há tempos ansiosamente esperada pelo público, saindo à luz em abril último, com o título de *Ensaio sobre o direito administrativo*, e referindo-se ao meu pequeno trabalho, não só combate idéias que ele contém, mas prometendo pôr termo à gravíssima questão da responsabilidade ministerial pelos atos do poder Moderador, que, segundo afirma, até aquele momento não tivera solução definitiva, estabelece, com a autoridade do nome do seu autor, as mais estranhas doutrinas.

Aí, por exemplo, se diz:

> "Que é perfeito engano acreditar-se que o chefe do Estado possa escapar à responsabilidade moral ou censura imposta pela opinião pública, sendo que quanto mais altamente colocado se acha, mais a provoca.

---

[2] Referência a Paulino José Soares de Sousa, o visconde do Uruguai (1807-1866).

Que no Brasil, por falta de notabilidades da ordem de Guizot,[3] e pois que no Senado refugiam-se contra a instabilidade das nossas eleições populares, os homens que tocam à idade de 40 anos, e que têm adquirido nome, prática e tino, não pode prevalecer o governo parlamentar.

Que a Coroa, na impossibilidade de acompanhar ministros novos e sem importância, deve assumir eficaz iniciativa na direção dos negócios públicos".

Tais doutrinas estão reclamando algumas observações que sirvam ao menos de protesto contra elas pelo perigo e desânimo que são capazes de produzir.

Nesta edição, pois, encontrará o leitor:

1°) A matéria do opúsculo impresso em 1860, sem alteração substancial.

2°) A parte dos discursos proferidos por mim na Câmara temporária[4] em 1861, que tem relação com o assunto do poder Moderador.

3°) A apreciação de várias idéias que se contêm no tomo 2, caps. 27, 28 e 29 do *Ensaio sobre o direito administrativo*, relativas à questão da responsabilidade dos ministros pelos atos do poder Moderador, e à fórmula: "O rei reina e não governa".

Não lance alguém à conta de motivo reprovado a insistência com que sustento minhas humildes opiniões. Tenho profunda convicção da verdade delas, e demais cedo a esta reflexão que me parece mui sensata:

"O mal especial de calar uma opinião é que com isso mais sofrem os que a combatem do que os que a sustentam; porque se

---

Senador do Império nomeado em 1849, membro do Conselho de Estado e ministro por cinco vezes.

[3] François Guizot (1787-1874), estadista e historiador francês. Foi professor de História Moderna na Sorbonne, deputado, ministro do Interior, dos Negócios Estrangeiros e chefe de governo.

[4] Referência à Câmara dos Deputados, chamada de temporária em oposição ao Senado cujos membros, durante o Império, eram nomeados em caráter vitalício.

a opinião é verdadeira, ficam aqueles privados da oportunidade de trocar o erro pela verdade, e se falsa, perdem outra vantagem quase tão considerável como essa, a saber: a percepção mais clara, a impressão mais viva da verdade, que sempre resulta do seu contraste com o erro".

Assim que até com o erro serve-se a causa da verdade: isto tranqüiliza-me.

Rio, 30 de julho de 1862

Advertência da primeira edição

∼

Estava já prestes a publicar-se o pequeno escrito que aí vai — sobre a natureza e limites do poder Moderador —, quando a tribuna da Câmara temporária veio a tocar nesse mesmo assunto, de que, havia pouco, a imprensa tão largamente se ocupara.

Na sessão de 2 do corrente, um distinto membro do gabinete, repelindo a responsabilidade ministerial em objetos da competência do poder Moderador, disse:

"1º) Que *de jure constituendo* a opinião dos que sustentam a responsabilidade ministerial nos atos do poder Moderador, é mui plausível.

2º) Que, porém, à vista da Constituição, e por efeito dos princípios, que encerra a obra de Benjamin Constant,[5] que neste e em muitos pontos serviu de base ao nosso pacto político, aquela opinião deixa de ser sustentável.

3º) Que todavia nenhum ministro ainda deixou, nem deixará jamais de aceitar toda a responsabilidade, que lhe cumpre."[6]

A primeira dessas proposições é mais favorável aos contrários do que a quem a enunciou.

---

[5] Benjamin Constant (1767-1830). Escritor e político francês, sua obra *Coleção completa das obras publicadas sobre o governo representativo e a Constituição atual da França constituindo uma espécie de curso de política constitucional* influenciou na elaboração da Constituição brasileira de 1824, principalmente no que diz respeito ao poder Moderador.

[6] Suplemento do *Jornal do Commercio* de 5 de junho de 1860. (N. do A.)

Quanto à segunda, se à Constituição serviu de base a obra de Benjamin Constant, mais uma razão é isso para concluir pela responsabilidade dos ministros em matéria do poder Moderador, porque tal é a doutrina formalmente professada por esse publicista na obra a que se alude.

Pelo que pertence à terceira, ou os ministros são com efeito responsáveis pelos atos do poder Moderador, e não têm, em tal caso, que aceitar aquilo a que os obriga a lei, ou não são responsáveis, e nessa hipótese a aceitação não pode ter lugar, porque responsabilidade à vontade e por mera deferência é coisa que se não compreende.

Outro não menos ilustre ministro, abundando nas idéias de seu referido colega, disse em sessão de 20 do mesmo mês:[7]

"1°) Que sempre fora sectário das doutrinas da escola política, que não concebe poder neutro sem irresponsabilidade.

2°) Que nega aos ministros influência nos atos do poder Moderador, porque a doutrina contrária é subversiva das instituições constitucionais.

3°) Que se um ministro pudesse recusar sua assinatura a um ato do poder Moderador, por julgar esse ato inconveniente, se pudesse deixar de fazer publicar os atos, que são da privativa competência desse poder, os ministros constituiriam o único poder neste país.

4°) Que é necessário fazer uma distinção acerca da assinatura dos ministros nos atos do poder Moderador, e do poder Executivo. Quando um ministro assina um ato do poder Moderador, *toma perante o país a responsabilidade de afirmar que esse ato fora determinado pelo poder Moderador, em virtude de sua prerrogativa.* Outra é a responsabilidade, que ele assume nos atos do poder Executivo.

5°) Que uma só hipótese basta para derrocar a opinião, que ele combate, e vem a ser a da demissão de um ministério no caso, em que o gabinete, estando convencido de que grande mal poderia resultar ao país de sua retirada, não quisesse tomar sobre si a responsabilidade de assinar a sua dissolução."[8]

---

[7] O autor faz referência ao ministro do Império do gabinete organizado em 10 de agosto de 1859, João de Almeida Pereira Filho.

[8] *Jornal do Commercio* de 23 de junho. (N. do A.)

Também aquele que escreve estas linhas quer, e não há homem sensato no país que não queira o poder neutro sem responsabilidade. Mas entendamo-nos.

Só há, só podem haver dois reis irresponsáveis, o absoluto e o das monarquias representativas, ou, por outros termos, o da Ordenação do Reino, ou o da Constituição do Império.

O rei absoluto é irresponsável pela natureza das coisas, pois que não pode ser sujeito às leis aquele que as faz ou desfaz a seu sabor, ou para usar da frase energicamente expressiva da nossa Ord., l. 3, t. 75, § 1, *porque o rei é lei animada sobre a terra, e pode fazer lei e revogá-la, quando vir que convém fazer-se assim.*

Ora, a irresponsabilidade do poder monárquico nessas condições, ninguém a quer: é objeto fora de debate, e de que se não ocupa o direito público moderno.

A outra irresponsabilidade é a do monarca constitucional, e essa sim, todos a queremos, todos a prezamos; mas essa a teoria e a prática, que a deram ao mundo, não a compreenderam jamais nem a explicaram senão fazendo-a em tudo e por tudo essencialmente depender da responsabilidade ministerial, de sorte que se não concebe poder neutro irresponsável sem ser, com efeito, neutro, sem ministros que, com a própria responsabilidade, completamente o ressalvem.

Assim que a irresponsabilidade do poder neutro, de que fala a primeira proposição do honrado ministro, a quem neste momento me refiro, está escrita com letras de ouro em nossa Constituição, e é um dogma político que todo brasileiro traz gravado no coração; mas para que esse dogma não produza cisma cumpre que sejam falsas, substancialmente falsas, todas as outras proposições enunciadas por s. exc., como estou persuadido que são, e o demonstra o meu humilde escrito.

O que seria da Constituição, o que seria do país se os ministros não pudessem recusar a sua assinatura a atos do poder Moderador, que julgassem inconvenientes?

Se quando o chefe do Estado dissesse, por exemplo: convoque-se a Assembléia Geral extraordinariamente, ou adie-se a Assembléia Geral, ou dissolva-se a Câmara temporária, ou conceda-se anistia — os ministros nunca tivessem o direito de dizer respeitosamente à Coroa que não referendam tais atos, e que nomeie outros ministros, pois que resignam os cargos?

À hipótese de que, dada a responsabilidade ministerial em objetos da competência do poder Moderador, poderia um gabinete, quando se tratasse da respectiva dissolução, recusar a sua referenda, e assim pôr em embaraço a Coroa, opõe-se as duas seguintes respostas.

Primeiramente não é admissível que haja ministério tão desconhecedor da própria dignidade e da natureza de sua missão, que, em pressentindo, quanto mais reconhecendo positivamente, não merecer a confiança da Coroa, deixe de imediatamente dar sua demissão.

Depois, quando, para ser em tudo exato o *nihil sub sole novum*, houvesse gabinete tão aferrado às pastas, que, a pretexto de bem público, quisesse permanecer, malgrado à Coroa, na administração do Estado, recusando referendar a nomeação de seus sucessores, um meio haveria mui legal e ao mesmo tempo heróico de refrear as exagerações desse exaltado patriotismo: era dispensar a referenda dos ministros, que *para bem do país quisessem ficar*, substituindo-a pela dos que fossem chamados a suceder-lhes.

O essencial é que o ato da Coroa tenha a indispensável referenda: se os ministros, que devem sair, lha não prestam, referendem-no os que entram, e é quanto basta.

Assim opinava um lúcido expositor de direito público francês, quando a França possuía instituições análogas às que nos regem:

> "Comme aucun acte du roi n'est valable sans le contreseing d'un ministre, il est évident que si les ministres sortant ne voulaient pas contresigner la nomination de leurs succeseurs, ceux-ci devraint le faire eux-mêmes".[9]

Rio, 26 de junho de 1860

---

[9] Rogron, *Codes français expliqués*, t. 1, p. 50, 3ª ed. (N. do A.)

PRIMEIRA PARTE

> "There can not be a stronger proof of that genuine freedom, which is the boast of this age and country than the power of discussing, with decency and respect, the nature and limits of the prerogative."
>
> Blackstone[10]

A suposta demora na solução de um recurso de graça[11] em processo de homicídio levou um dos jornais da corte a fazer reflexões, que, envolvendo censura ao ministério, a outros órgãos de publicidade pareceu lançarem efetivamente a mira a ponto mais alto, e como tais foram repelidas.

Nesse meio tempo a nomeação de um senador pela província de Minas, efetuada pelo poder Moderador, havendo provocado da parte de certo candidato, que se julgara preterido, uma circular aos seus comprovincianos, em que lhes dizia que, por evitar-lhes novo desar, abstinha-se de nova candidatura, veio atear aquela já desanimada controvérsia.[12]

Então, de hipótese em hipótese, foi se alargando a discussão na imprensa, até que, perdidos por fim de vista os dois casos — de graça e de nomea-

---

[10] William Blackstone (1723-1780). Jurista inglês, foi conselheiro real e membro da Câmara dos Comuns. Tornou-se famoso com sua obra *Commentaries on the laws of England*.

[11] O recurso de graça é o pedido formado com vistas a obter do chefe de Estado a remissão ou comutação das penas impostas a réus condenados pela Justiça. Durante o Império, a concessão de anistias e o perdão ou moderação de penas era atribuição do imperador no exercício do poder Moderador.

[12] Referência a Teófilo Benedito Otoni, eleito em primeiro lugar na lista tríplice que indicava os candidatos por Minas Gerais ao Senado. Preterido na escolha imperial, lança a *Circular aos eleitores de Minas*, contestando a nomeação de um candidato menos votado.

ção de senador —, que originaram a polêmica, travou-se esta sobre a índole, em geral, do poder Moderador e condições de seu exercício.

De um lado sustentou-se que os atos do poder Moderador, visto como se não podem reputar indiferentes, pois que, ao contrário, são da mais elevada importância, devem de ser compreendidos na regra fundamental do regime representativo — a responsabilidade — e por conseqüência sujeitos à discussão e censura, como quaisquer atos que propriamente pertencem ao poder Executivo, entendendo-se que os ministros tanto devem responder por estes como por aqueles, à vista da Constituição.[13]

De outro lado procurou-se mostrar que, em face da mesma Constituição, tal se não pode afirmar: que os ministros apenas são obrigados a referendar os atos do poder Executivo, e só por eles conseguintemente são responsáveis; que se assinam os atos do poder Moderador é para autenticá-los, para fazer constar que são com efeito da Coroa, e nada mais.[14]

Os órgãos da imprensa, que se inclinaram à responsabilidade ministerial no que toca aos atos do poder Moderador, citaram nomes de estadistas do país, ou já mortos, ou ainda vivos, mui vantajosamente reputados na opinião geral.

Não faltaram também aos propugnadores da opinião oposta autoridades respeitáveis entre os publicistas nacionais, e o nome do autor do *Direito público brasileiro*[15] prestou, como era de esperar, aos seus argumentos alguma plausibilidade.

Em tal conjuntura, admirado de ver postas em discussão doutrinas que parecia-me deverem estar bem assentadas e fora de dúvida, pois formam a base do sistema representativo, admirado de que, depois de mais de 36 anos de monarquia constitucional no país, se proclame seriamente a existência de um poder, cujos atos se expeçam e obriguem sem haver quem por eles responda, aventurei-me também a examinar a questão, e as reflexões, que o estudo desse ponto de nosso direito constitucional me sugeriu, são as que adiante vão expostas.

Hei de primeiramente falar da natureza do poder Moderador em geral, averiguando se há ou não quem responda por seus atos.

---

[13] *Diário do Rio* e *Correio Mercantil*. (N. do A.)

[14] *Jornal do Commercio, Correio da Tarde, Império*, etc. (N. do A.)

[15] Referência à obra *Direito público brasileiro e análise da Constituição do Império* (1857), do político e publicista brasileiro José Antonio Pimenta Bueno, marquês de São Vicente.

Depois direi algumas palavras sobre o direito de nomear senadores, e de perdoar e moderar penas aos réus condenados por sentença.

Nada, certamente, escreverei de novo, nem no pensamento, nem na forma, sobre tão importante assunto; mas verdades vulgares são azadas a debelar erros vulgares, e não há erro mais vulgar nem mais perigoso do que o que tenho em vista combater: "Quand l'erreur est vulgaire, c'est par la vérité vulgaire qu'il faut lui répondre".[16]

---

[16] Guizot, *De la peine de mort*. (N. do A.)

O que é o poder Moderador

Diz a Constituição do Império no art. 98:
"O poder Moderador é a chave de toda a organização política, e é delegado privativamente ao imperador, como chefe supremo da nação e seu primeiro representante, para que incessantemente vele sobre a manutenção da independência, equilíbrio e harmonia dos mais poderes políticos."

E no art. 99 dispõe:
"A pessoa do imperador é inviolável e sagrada. Ele não está sujeito a responsabilidade alguma."

Refletindo-se um pouco sobre o nosso poder Moderador, impossível é não descobrir nele a teoria engenhosa de um livro francês traduzida na Constituição Política do Império.

Refiro-me ao *Curso de política constitucional* de Benjamin Constant.

"Consulte-se a obra em que mr. Benjamin Constant", diz um distinto historiador, "representou tão engenhosamente a realeza como um poder neutro, moderador, elevado acima dos acidentes, das lutas da sociedade, intervindo só nas grandes crises. Essa idéia cumpre que encerre alguma cousa própria a convencer os espíritos, pois que com singular rapidez passou dos livros aos fatos. Um soberano fez dela, na Constituição do Brasil, a base de seu trono, sendo aí representada a realeza como poder Moderador, colocado acima dos poderes ativos, como espectador e juiz".[17]

E com efeito a instituição do poder Moderador passou quase literalmente da teoria do publicista francês para a Constituição do Império.

Assim que se Benjamin Constant chama a distinção entre o poder real e o poder Executivo "la clef de toute organisation politique", o art. 98 da

---
[17] Guizot, *Cours d' Hist. Mod.* (N. do A.)

Constituição diz que o poder Moderador "é a chave de toda a organização política".

Se o publicista francês chama os três poderes Legislativo, Executivo e Judicial "les trois ressorts, qui doivent coopérer, chacun dans sa partie, au mouvement général", e o poder real, "une force qui les remette à leur place", o art. 98 da Constituição diz que a missão do poder Moderador é velar incessantemente sobre a manutenção da independência, equilíbrio e harmonia dos mais poderes políticos.

Desta sorte arremedou-se Benjamin Constant até na frase figurada, com que se enuncia sobre o poder real, incluindo-se no art. 98 definições sempre impróprias de uma lei, expressões ambíguas, como essas que ficaram indicadas, as quais dão azo à polêmica, ponderando alguns que a chave da organização política é menos este ou aquele poder em si do que a divisão dos poderes, e que a missão de manter a independência, equilíbrio e harmonia dos poderes não é característica de nenhum deles, mas destino de todos. O certo é, dizem, que se o elemento monárquico, com as suas prerrogativas, contém em suas esferas respectivas os poderes Legislativo, Executivo e Judicial, também estes limitam a ação daquele e embaraçam que ele, de vontade única, passe a considerar-se vontade infalível e mesmo divina, como de si supunha Alexandre,[18] argumentando logicamente com a plenitude de seu poder.

Nem a precedente observação é bebida em pura teoria. Publicistas ingleses, tratando do que eles chamam "balança da Constituição" do seu país, assim se exprimem: "Herein indeed consists the true excellence of the english government that all the parts of it form a mutual check upon each other".[19] A verdadeira excelência do governo inglês consiste em que todas as suas partes componentes reciprocamente se moderam.

Como quer porém que seja, compreende-se que o art. 98 da Constituição, falando do poder Moderador, alude a esse poder que, na moderna teoria política, exerce a suprema inspeção, e forma o laço entre todos os poderes.[20]

O poder, de que se trata, consiste, entre nós, na soma de atribuições conferidas ao primeiro representante da nação pelo art. 101 da Constituição, assim concebido:

---

[18] Rei da Macedônia, viveu entre 356 e 323 a.C., em vida unificou o mundo grego estendendo o helenismo a pontos distantes do Oriente.

[19] Blakstone e Stephen, *Commentaries on the laws of England*. (N. do A.)

[20] Ahrens, *Cours de Droit Naturel*, 5ª ed. (N. do A.)

O imperador exerce o poder Moderador:

1°) Nomeando os senadores, na forma do art. 43.

2°) Convocando a Assembléia Geral extraordinariamente nos intervalos das sessões, quando assim o pedir o bem do Império.

3°) Sancionando os decretos e resoluções da Assembléia Geral para que tenham força de lei: art. 62.

4°) Aprovando e suspendendo interinamente as resoluções dos conselhos provinciais: arts. 86 e 87.

5°) Prorrogando ou adiando a Assembléia Geral e dissolvendo a Câmara dos Deputados, nos casos em que o exigir a salvação do Estado, convocando imediatamente outra, que a substitua.

6°) Nomeando e demitindo livremente os ministros.

7°) Suspendendo os magistrados nos casos do art. 154.

8°) Perdoando e moderando as penas impostas aos réus condenados por sentença.

9°) Concedendo anistia em caso urgente, e que assim aconselhem a humanidade e bem do Estado.

Conhecida a natureza do poder Moderador, ou o complexo de atribuições que o constituem, resta averiguar, e aqui surgem as questões, de que ultimamente a imprensa tanto se ocupou, e sobre que me proponho por minha vez dizer o que penso, resta averiguar se no exercício desse poder, privativamente delegado ao imperador, influem, ou não, direta ou indiretamente, os ministros de Estado, se são ou não responsáveis pelo uso do direito de nomear senadores, perdoar e moderar penas etc.

Todas as teses da Constituição, relativas ao poder Moderador, são, como se vê, dominadas por aquela que solenemente declara a pessoa do imperador inviolável, sagrada, não sujeita a responsabilidade alguma.

Ora, diz o bom senso que declarar (em país livre) irresponsável uma pessoa, a quem se confiam tão transcendentes funções, implicaria grave absurdo, se a sua inviolabilidade não fosse protegida pela responsabilidade de funcionários, sem os quais nada pudesse levar a efeito.

A inviolabilidade do chefe do Estado sem a correspondente responsabilidade de ministros, que seja inseparável daquela, como a sombra é do corpo, implicaria, disse eu, grave absurdo, porque não há na natureza das coisas, nem pode haver nas leis meio de evitar que, de qualquer modo, responda por seus atos aquele que não tiver agentes, que tomem, ante a lei e a opinião, a responsabilidade de tais atos. A lembrança do rei inglês, que assentado em uma cadeira de Estado na praia ordenara ao mar que retrocedesse, teria um símile na do chefe de nação livre, que, desacompanhado de agentes responsáveis no exercício de funções importantíssimas, pretendesse opor barreira às ondas da opinião, tão indômitas como as do oceano, para que lhe respeitassem a inviolabilidade.

Isto posto, pretendo mostrar que, pela Constituição, qual foi promulgada em 1824, os ministros de Estado respondiam por todos os atos do poder Moderador, como os conselheiros de Estado pelos maus conselhos, que nessa matéria dessem; que, depois do Ato Adicional,[21] a responsabilidade ficou só pesando sobre os ministros; que, com a promulgação da lei de 23 de novembro de 1841, de novo o Conselho de Estado partilha com o ministério, cada um na sua órbita, a responsabilidade dos atos do poder Moderador.

---

[21] O Ato Adicional foi uma lei promulgada em 12 de agosto de 1834 que fez adições e alterações à Constituição de 1824. Entre outras determinações, suprimiu o Conselho de Estado e criou Assembléias Provinciais com maiores poderes em substituição aos antigos Conselhos Gerais.

A RESPONSABILIDADE DOS ATOS DO PODER MODERADOR SEGUNDO A CONSTITUIÇÃO PRIMITIVA[22]

∽

Aqueles, que negam a responsabilidade dos ministros pelos atos do poder Moderador, alegam:

1º) Que o poder Moderador, conforme o art. 89 da Constituição, é *privativamente* delegado ao chefe da nação, ao passo que o art. 102 diz que o imperador é o chefe do poder Executivo, e o exercita pelos seus ministros de Estado.

2º) Que o art. 132 determina que os ministros de Estado assinarão todos os atos do poder Executivo, sem o quê não poderão ter execução, não dizendo o mesmo dos atos do poder Moderador, donde se infere que os ministros de Estado não assinam os atos do poder Moderador, ou assinando-os, só o fazem para "autenticar o reconhecimento, a veracidade da firma imperial".[23]

3º) Que toda a garantia contra o abuso possível das funções do poder Moderador cifra-se na responsabilidade dos conselheiros de Estado, os quais, conforme o art. 142, devem ser ouvidos em todos os negócios graves e medidas gerais da pública administração, principalmente sobre a declaração de guerra e ajustes de paz, negociações com as nações estrangeiras, assim como em todas as ocasiões, em que o imperador se propõe exercer qualquer das atribuições próprias do poder Moderador, indicadas no art. 101, à exceção da do § 6º.

4º) Que sendo a missão do poder Moderador velar sobre a manutenção da independência, equilíbrio e harmonia dos mais poderes políticos, se os ministros tivessem interferência nos atos desse poder, aconselhando-os ou respondendo por eles, um dos poderes ativos, o executivo, aproximan-

---

[22] Referência à primeira Constituição Brasileira, de 1824.

[23] *Direito Público Brasileiro e análise da Constituição do Império*, pelo dr. José Antonio Pimenta Bueno. (N. do A.)

do-se do Moderador, prevalecer-se-ia disso para pôr em perigo a independência, o equilíbrio, a harmonia dos poderes que ao poder Moderador incumbe manter.

Apreciarei cada um desses quatro argumentos.

1º

No dizer dos adversários da responsabilidade ministerial em assuntos do poder Moderador, a palavra *privativamente*, de que se serve o art. 98 da Constituição, ergue um muro de bronze entre a Coroa e os ministros no que toca ao exercício daquele poder, significando que aos ministros de Estado, nem com o seu conselho ao resolver-se, nem com a sua responsabilidade ao executar-se qualquer dos atos previstos no art. 101, toca o direito de auxiliar e servir o chefe supremo do Estado.

Tal, porém, não é, mas outra e bem distinta, a significação daquele termo.

A Constituição no art. 10 reconhece quatro poderes políticos: o poder Legislativo, o poder Moderador, o poder Executivo e o poder Judicial.

Desde o art. 13 até o art. 97 trata a Constituição do poder Legislativo e do que com ele tem relação, começando por declarar "que o poder Legislativo é delegado à Assembléia Geral com a sanção do imperador", a saber: que esse poder não é delegado a uma só pessoa física ou moral, mas a três que são: a Câmara dos Deputados, o Senado, e o imperador.

Passando depois a tratar do poder Moderador diz então no art. 98 a lei fundamental, e não podia deixar de dizê-lo, que esse poder é *privativamente* delegado ao imperador, isto é, que é delegado a ele só com exclusão de mais pessoas, e não a diversos como a respeito do poder Legislativo ficara determinado.

Com efeito, se no terreno da legislação a pluralidade tem todo o lugar, se o concurso do chefe do Estado e das duas Câmaras para fazer leis é da essência do regime representativo, a suprema inspeção do Estado, assim como a pronta e regular execução das leis, reclamam indispensavelmente "unidade", e, pois, a divisão, que ali cabia, era aqui impraticável, impraticável a ponto de que, se a admitissem, desapareceria da Constituição o elemento monárquico.

Destarte a frase "delegado privativamente", que o art. 98 aplica ao poder Moderador, quer simplesmente dizer que, nesta parte da soberania nacional, diferentemente, do que ficara assentado sobre o poder Legislativo, a delegação é feita a um só, ao monarca, como as mais sãs noções de organização política e a experiência dos séculos exigiam, mas ao monarca, está subentendido, aconselhado pelas luzes de homens competentes, porque ele não pode saber tudo, e servido por agentes responsáveis, porque é, e para que seja, inviolável e sagrado.

O advérbio "privativamente", elevado à altura de argumento irrespondível para dar ao poder Moderador o caráter de um poder por assim dizer pessoal, com o qual nada tenham que ver os ministros de Estado, deve decerto pôr em sérios embaraços os que assim pensam, se quiserem explicar como, sendo esse poder puramente pessoal, a própria Constituição determina, no art. 142, que o imperador, todas as vezes que se proponha exercer qualquer das atribuições, de que se ele compõe, excetuando somente a do § 6º do art. 101, ouça o Conselho de Estado, e no art. 143 que os conselheiros são responsáveis pelos conselhos, que a tal respeito derem, como geralmente o são pelos que proferem em negócios e medidas da pública administração, sendo opostos às leis e interesses públicos.

Se a delegação *privativa* do poder Moderador ao monarca não impede a intervenção dos conselheiros de Estado com os seus conselhos, e com a garantia de sua responsabilidade pelos que derem opostos às leis e aos interesses do Estado, manifestamente dolosos, não é na circunstância de ser *privativa* a delegação que se há de achar motivo suficiente para arredar os ministros de Estado não só do conselho, senão da responsabilidade pela execução dos atos do poder Moderador, que forem ofensivos das leis ou dos interesses do país.

Onde, pois, achar-se o motivo de tal exclusão?

Aqui os propugnadores da doutrina, que reduz os ministros ao papel de autômatos em negócios do poder Moderador, invocam o art. 102 da Constituição, o qual, declarando o imperador chefe do poder Executivo, determina que o exercite por seus ministros de Estado, e seu argumento é que, uma vez que a respeito do poder Executivo a Constituição manda que o imperador o exerça por seus ministros e o mesmo não dispõe quanto ao Moderador, os ministros de Estado tudo têm com o exercício do poder Executivo, e nada com o do Moderador.

Ponderarei primeiramente que o argumento, deduzido do art. 102, peca em que, se alguma coisa provasse, provaria demais; porque excluídos, como se pretende com a citação desse artigo, os ministros de Estado de serem medianeiros nos atos do poder Moderador, segue-se que, não havendo, como não há, na Constituição outros funcionários por meio dos quais possa o imperador legalmente exercer os atos do poder Moderador, deve-se chegar à conclusão que o poder Moderador é exercido pelo imperador diretamente — absurdo de tal quilate em uma monarquia constitucional, que o mesmo é enunciá-lo que refutá-lo.

Depois, os que combatem a todo o transe a intervenção do conselho e responsabilidade ministerial no exercício do poder Moderador, de medo que esse poder, com tal contato, perca o *privativo* de sua delegação, esquecem-se de que, se o seu pressuposto fosse verdadeiro, o poder Executivo, que, conforme o art. 102 por eles citado, é exercido pelo imperador por meio de seus ministros, seria, contra todas as idéias recebidas, um poder delegado não a um indivíduo só, mas a grande número de pessoas, isto é, ao primeiro representante da nação e a seis secretários de Estado, se maior ou menor não for, como permite o art. 131 da Constituição, o número dos secretários de Estado.

Ora tal suposição é inadmissível.

No plano da Constituição, traçado nesta parte pelos verdadeiros princípios de organização política, o poder Executivo é delegado só ao Imperador, tão privativamente ao imperador como o é o poder Moderador.

Com efeito o art. 102 da Constituição diz: "O imperador é o chefe do poder Executivo e o exercita pelos seus ministros de Estado".

Por essa disposição quem exercita o poder Executivo é o imperador. Logo o poder Executivo é privativamente delegado ao imperador, porque o cargo é de quem o exerce.

Verdade é que a Constituição, no artigo citado, supõe o imperador exercitando o poder Executivo por meio de ministros de Estado, mas considere-se bem a posição destes em relação àquele. Um é o chefe, os outros são *seus* ministros, que quer dizer — seus agentes, seus medianeiros. Os atos do poder Executivo partem do imperador: os ministros tudo fazem em nome e por ordem do imperador.

É, logo, evidente que os ministros de Estado, no que toca ao poder Executivo, não são, não podem ser co-delegados do imperador.

Quaisquer que sejam, em verdade, o seu número e designações, desde que são livremente nomeados e demitidos pelo imperador, desde que em tudo procedem como agentes *seus*, os ministros não compartem com o chefe supremo da nação a delegação do poder Executivo e deixam salva a "unidade", que é substancialmente indispensável, em formas de governo como a nossa, àquele poder.

E tanto isto é verdade que, na linguagem da Constituição, geralmente, poder Executivo quer dizer "imperador".

O art. 53, por exemplo, diz: "O poder Executivo exerce por qualquer dos ministros de Estado a proposição que lhe compete na formação das leis".

E o art. 56: "Se a Câmara não puder adotar a proposição, participará ao imperador" etc.

O art. 141 determina que os conselheiros de Estado, antes de tomar posse, prestem, nas mãos do imperador, juramento de lhe ser fiéis e o aconselhar segundo as suas consciências, e o art. 142 declara que eles serão ouvidos sobre todos os negócios graves e medidas gerais da administração, e sobre os casos da competência do poder Moderador, de sorte que, ou se trate de negócio do poder Executivo (administração) ou do poder Moderador, quem é o aconselhado, quem tem direito à fidelidade é o imperador, sinal de que o imperador é o poder Executivo, como é o Moderador.

"A plenitude do poder Executivo pertence ao rei", diz um escritor francês, "logo que a carta declara-o chefe supremo do Estado."[24]

Também na Inglaterra a Coroa exerce por meio de numerosos conselheiros e agentes o poder Executivo, e contudo lá é geralmente admitido que o poder Executivo é só do rei:

> "The king or queen of England is not only the chief, but properly the sole executive magistrate of the nation, all other acting by commission from and in due subordination to him or her".[25]

O rei ou a rainha de Inglaterra não é somente chefe, senão único magistrado executivo da nação, visto que todos os demais procedem em virtude de comissão da Coroa e a ela subordinados.

Se, pois, os ministros de Estado, com serem órgãos necessários ao imperador no exercício do poder Executivo, não compartem com ele o mesmo poder, elevando-se à categoria de co-delegados, a unidade monárquica fica ilesa no poder Moderador e sempre privativa para o imperador a respectiva delegação, apesar dos conselhos e responsabilidade dos ministros de Estado em negócios da competência desse poder.

A muitos afigura-se que a intervenção, por leve que seja, dos ministros de Estado nos atos do poder Moderador, oblitera a linha divisória entre os dois poderes — Executivo e Moderador — a ponto de os reduzir a um só.

Discorrem assim como se os ministros constituíssem um poder — o poder Executivo — segundo alguns publicistas pretendem; mas acabei de

---

[24] Foucart, *Elements de droit public et administratif*. (N. do A.)

[25] Stephen, *New commentaries*. (N. do A.)

mostrar que, pela Constituição do Império, o poder Executivo é delegado somente ao imperador, de quem os ministros são apenas conselheiros e agentes, suposto que de elevadíssima categoria, por isso mesmo que são responsáveis e sua responsabilidade é a égide da inviolabilidade da Coroa.

A dificuldade de bem discriminar o poder Executivo do Moderador, desde que ambos são confiados a uma mesma entidade, eu a reconheço. Qualquer porém que ela seja, deve antes correr por conta da metafísica constitucional, que a engendrou, semelhante, talvez, a algumas dessas divisões, que a análise às vezes inspira, mas que a natureza das coisas tende a contrariar, do que autorizar a conclusão de que a inviolabilidade do imperador, no exercício do poder Moderador, não tem o apoio do conselho e responsabilidade dos ministros de Estado, porque essa doutrina, dando entrada pela cúpula ao arbítrio em nosso majestoso edifício político, é de todas as hipóteses, que na matéria se possam figurar, a menos admissível.

Pela minha parte eis como considero a divisão dos dois poderes.

Todas as atribuições do poder Moderador e do poder Executivo, por isso que demandam unidade no pensar, vigor e prontidão no levar a efeito, foram delegadas ao elemento monárquico da nossa Constituição.

Mas a divisão do trabalho, que em todos os ramos da atividade humana produz úteis resultados, recebeu também aqui uma justa aplicação.

Daí veio que das referidas atribuições próprias do elemento monárquico se fizeram duas grandes categorias.

Na primeira agruparam-se os atributos que se julgaram apropriados a exercer suprema inspeção sobre o todo da organização política, a corrigir excessos possíveis da parte dos poderes constituídos, a chamá-los, em caso de luta, à indispensável concórdia, e esse grupo, com o nome de *poder Moderador*, declararam-no objeto especial da solicitude e atenção do imperador, que do ponto culminante que lhe foi designado, melhor podia apreciar as tendências do espírito público e dos partidos, as necessidades mais urgentes do Estado, a marcha dos poderes políticos etc.

A outra parte de atribuições, dizendo geralmente respeito à administração ativa, à marcha ordinária dos negócios, consideraram tarefa especial dos ministros de Estado.

A indicada divisão, porém, não embarga que, na variedade de indivíduos, a cujas mãos o chefe do Estado confia os negócios da administração, e na imensa diversidade de assuntos, que por ela correm, a *unidade* característica do poder Executivo subsista inalterável, fazendo os ministros tudo em nome e por ordem do imperador, centro e nexo de todos os elementos do governo do Estado, porque se os ministros procedessem com autoridade própria e como se constituíssem um poder político, o gabinete, em vez de ser, como a Constituição manda, um certo número de agentes, por meio de quem o imperador regesse o Estado, seria um arremedo de diretório executivo.

Da mesma sorte a divisão de que se trata não embaraça que os ministros se cheguem à Coroa no exercício do poder Moderador para esclarecê-la com os seus conselhos, e cobri-la com a sua responsabilidade, porque, de outra sorte, tornar-se-ia ela irremediavelmente alvo de imputações de que, por utilidade pública, deve estar isenta.

2º

O segundo dos argumentos acima indicados deriva-se do art. 132 da Constituição, que dispõe: "Os ministros de Estado referendarão ou assinarão todos os atos do poder Executivo, sem o quê não poderão ter execução". E a suposta força desse argumento está em que não impondo a Constituição aos ministros obrigação de assinar ou referendar outros atos, que não sejam os do poder Executivo, segue-se, quanto aos do poder Moderador, uma de duas, ou que os não assinam, ou que, no caso de assinarem-nos, é só para autenticar a imperial assinatura.

Que não são de grande valor os argumentos a *contrario sensu*, a lógica o ensina, e neste caso bem se verifica.

Se os atos do poder Moderador prescindissem da assinatura dos ministros, teriam de ser expedidos só com o nome do imperador, porque o Conselho de Estado foi instituído somente para dar conselhos, e portanto não há, absolutamente, na Constituição, quem, na falta dos ministros de Estado, possa dar à execução tais atos.

Isso, porém, que a razão política chamaria rematado absurdo, a prática felizmente nunca tolerou no país, sendo certo que todos os atos do poder Moderador são expedidos por intermédio dos ministros de Estado.

A idéia de que a referenda dos ministros nos atos do poder Moderador serve apenas para atestar que a assinatura é realmente do imperador tem o duplo inconveniente de descobrir a Coroa e de rebaixar o ministério.

Descobre a Coroa, porque dado que o ato do poder Moderador se oponha, o que é factível, às leis ou aos interesses do Estado, não havendo responsabilidade no executor, fica a Coroa, que o resolver e fizer cumprir, exposta pelo menos à discussão e censura, enquanto se não descobrir meio (além do da responsabilidade ministerial) de impedir que as más conseqüências de um ato reflitam sobre quem o pratica.

Rebaixa o ministério, porque atestar que uma assinatura é efetivamente da Coroa, mais parece próprio de tabelião que de um funcionário da ordem e categoria de um ministro e secretário de Estado nas monarquias constitucionais.

Digo *nas monarquias constitucionais*, porque nas absolutas, sim, a assinatura ministerial só presta para atestar que o ato é do rei, o que não admira, porque aí o rei absorve tudo.

Mas entre monarquias ilimitadas em que o rei diz: *eu sou o Estado*, e as monarquias livres, onde a realeza descansa na máxima "que o monarca só pode fazer o bem e nunca o mal", a diferença é imensa. "Nas primeiras", diz Dupin,[26] "a referenda é uma formalidade destinada a evitar surpresas, nas segundas o seu grande fim é assegurar a responsabilidade ministerial".[27]

3º

Pretende-se que a única responsabilidade com que a Constituição primitiva julgou suficiente manter a Coroa em sua legítima esfera de atividade, no que toca ao poder Moderador, foi a dos conselheiros de Estado estabelecida no art. 143, que dispõe o seguinte:

"São responsáveis os conselheiros de Estado pelos conselhos que derem, opostos às leis, e ao interesse do Estado, manifestamente dolosos".

Basta contudo um momento de reflexão para conhecer-se a improcedência de tal argumento.

Os conselheiros de Estado, cuja missão é, pelo art. 141, serem ouvidos sobre negócios graves e medidas gerais da pública administração, como em todas as ocasiões em que o imperador se proponha exercer qualquer das atribuições do poder Moderador, menos a do § 6, são responsáveis, como diz o artigo supratranscrito, quando e só quando derem maus conselhos.

Logo, pois, que os conselheiros de Estado derem conselhos conformes às leis e aos interesses do Estado, cessa para eles toda a responsabilidade. Entretanto a Coroa, que não tem obrigação de aderir aos votos de seus conselheiros de Estado, pode resolver e mandar cumprir precisamente o contrário do que pensarem aqueles altos funcionários.

Em tal caso, cuja possibilidade devera ocorrer ao legislador constituinte,

---

[26] Barão Charles Dupin (1784-1873), economista, matemático e político francês.

[27] *Opuscules de jurisprudence*. (N. do A.)

a Coroa poderia fazer o mal que quisesse sem encontrar quem lhe dissesse: "a tal ordem não dou cumprimento, porque teria de responder à nação".

Bem triste idéia teriam dado de sua capacidade os autores da Constituição se, no desígnio de estabelecer, como estabeleceram, uma monarquia limitada, talvez a mais livre de que haja exemplo, devendo tomar todas as providências legalmente possíveis para que na prática o resultado não desdissesse de suas intenções, procedessem como o arquiteto que, no remate de custosa fábrica, no assentar a pedra, que tem de cerrar-lhe a abóbada, deixasse de tomar precauções para que essa pedra se não abatesse, arrastando à ruína todo o edifício!

A garantia, portanto, da responsabilidade dos conselheiros de Estado é absolutamente vã, porque limita-se aos conselhos opostos às leis e às conveniências públicas, e deixa de existir quando eles são ditados pelos interesses nacionais, e a Coroa resolve outra coisa.

Ainda na hipótese de serem maus os conselhos, a responsabilidade nos atos do poder Moderador seria insignificante comparativamente à dos atos da administração, mesmo de pequena importância.

Nos atos do poder Executivo em geral haveria dupla garantia contra os abusos, porque o conselheiro de Estado seria responsável por seu mau conselho, e o ministro pela execução do ato.

Entretanto nos atos do poder Moderador, aliás mui elevados e importantes, o conselheiro que aconselhasse mal, seria responsabilizado, o ministro que executasse o ato irrefletido, e porventura criminoso, não teria pena alguma!

Destarte, contra as mais triviais noções de direito penal, em um delito dado achar-se-ia no conselho todo o elemento de criminalidade, na execução nenhum!

Não é essa a doutrina que expende a obra, onde os autores da Constituição beberam as suas idéias de poder Moderador, quando diz: "Nossa última Constituição dirigia exclusivamente a responsabilidade contra os ministros, declarando invioláveis os conselheiros de Estado, o que era um erro: a responsabilidade deve pesar sobre todos os graus da hierarquia constitucional".[28]

O erro da nossa Constituição seria mais indesculpável do que o da Constituição francesa, a que se faz referência, porque se esta punia o executor, e não o conselheiro, a nossa puniria o conselheiro e não o executor.

---

[28] Benjamin Constant, *Cours de pol. const.*, cap. 3. (N. do A.)

Não era essa também a opinião dos autores da lei de 15 de outubro de 1827 sobre a responsabilidade dos ministros e secretários de Estado, e dos conselheiros de Estado, quando no art. 17 escreveram:

"Os conselheiros de Estado pelos *conselhos* que derem opostos às leis e aos interesses do Estado se forem manifestamente dolosos, incorrem nas mesmas penas, em que os ministros e secretários de Estado incorrem *por fatos* análogos a estes. Quando porém ao conselho se não seguir efeito, sofrerão a pena no grau médio, nunca menor que a suspensão do emprego de um a dez anos".

Daí claramente se infere que, no sentir dos autores da lei de 15 de outubro, os ministros e secretários de Estado e os conselheiros de Estado, qualquer que seja a ordem de negócios de que se trate, incorrem nos mesmos delitos, e por conseqüência na mesma responsabilidade, com uma única diferença, fundada na natureza das coisas, e é que aqueles respondem pelos conselhos, estes pelos fatos.

Nenhuma outra distinção fez essa lei entre eles: a definição dos delitos de responsabilidade é a mesma para todos, a mesma a maneira de proceder, a mesma a penalidade contra uns e outros.

Querem alguns explicar a exclusão da responsabilidade ministerial do exercício do poder Moderador, observando que os atos desse poder, se não são sempre em si mesmos inofensivos, também não dão nunca lugar a crimes bem caracterizados.

Essa observação, porém, deixa de ter valor para quem lê com alguma atenção as diversas atribuições do poder Moderador enunciadas no art. 101, porque nenhuma há de cujo abuso se não possam seguir males mais ou menos graves, sendo que até aquelas, que em aparência são mais inofensivas, pedem o corretivo da responsabilidade ministerial.

Sirva de exemplo a sanção das leis, atribuição da qual, mais que de qualquer outra, se poderia dizer que é incapaz de causar dano, porque ou o poder Moderador dá a sanção, e tem o apoio das duas Câmaras, ou denega o seu consentimento, e neste caso, tendo a denegação efeito suspensivo somente, a idéia repelida, se é boa, no fim de certo período triunfará: aí mesmo contudo é necessária a responsabilidade.

As Câmaras podem erradamente, e até por paixão, adotar projetos que firam os interesses nacionais, a que portanto deva a Coroa negar o seu assentimento: dá-lo, em tal caso, é fazer um grande mal, e alguém, visto que a Coroa é irresponsável, deve por ele responder à nação.

A recusa da sanção, por outro lado, a projetos úteis, traz consigo dano considerável, apesar de ter efeito suspensivo somente, porque primeiro que termine o período da suspensão, podem ter de todo ou em grande parte cessado as razões que solicitavam a sua promulgação: neste caso também, pois, há possibilidade de mal, deve haver quem por ele responda.

"Não se julgarão criminosos, diz o nosso Código Criminal no art. 9, § 3, os que fizerem análises razoáveis da Constituição, não se atacando as suas bases fundamentais, e das leis existentes, não se provocando a desobediência a elas."

É, logo, permitido recorrer à imprensa para apreciar em seus motivos e tendências uma lei qualquer, e se esses motivos não forem plausíveis, se essas tendências forem perigosas, nada veda que todos esses defeitos se patenteiem com a devida crítica e censura.

Mas o terceiro ramo do poder Legislativo "a Coroa com a sanção", por força de sua inviolabilidade e isenção de qualquer responsabilidade, não pode, marchando as coisas normalmente, ser sujeito à censura e à crítica, e então cumpre que o ministério defenda a sanção e carregue-lhe com as culpas.

Daí vem que, embora os projetos de lei fiquem sancionados (segundo o art. 68 da Constituição) só com as palavras "o imperador consente", assinando o imperador dois autógrafos, um para ser enviado para o arquivo da Câmara que o remeteu, e outro para a respectiva secretaria de Estado, manda o art. 70 que se não promulgue a lei sem ser assinada pelo imperador e *referendada* pelo secretário de Estado competente: a referenda aqui não tem outro fim senão abrigar a Coroa de qualquer censura no exercício do seu direito de sanção.

E a prova mais irrecusável de que, do exercício das funções descritas no art. 101, pode vir o bem ou o mal, é que a Constituição declara expressamente os conselheiros de Estado responsáveis pelos conselhos que sobre essa matéria derem, opostos às leis ou aos interesses do Estado, e supõe, como se colige da lei de 15 de outubro de 1827, a possibilidade de cometerem eles no exercício de suas atribuições, os mais graves crimes desde aquele que ofende a liberdade do cidadão até o que ataca a independência do Estado e a forma de seu governo.

Para que o bem seja atribuído só ao monarca e o mal não, é absolutamente indispensável lançar-se o mal à conta de alguém que por ele seja censurado, quando não punido: esse alguém é o Conselho de Estado e o ministério, ou o ministério só, o ministério em todo caso.

Nem se suponha que, por ter sido o nosso pacto fundamental concessão de um príncipe, e não ato que partisse do povo, talvez o príncipe se reservasse, no poder Moderador, uma reminiscência do regime antigo, uma parcela daquele poder sem limites, que, supondo ter as raízes no céu, não admitia na terra fiscalização nem responsabilidade.

Prescindindo de tantas teses da Constituição, que provam de sobejo o espírito liberal com que foi traçada, o só "veto suspensivo" nela introduzido, é argumento sem réplica de que, em parte alguma da organização política e menos na chave dela, tolerar-se-ia uma dose de poder delegado, que escapasse às apreciações da nação, que o delegara, e por conseqüência à sua censura e acusação quando se deslizasse do bom caminho. Veto suspensivo, quer dizer "a possibilidade de fazer o monarca executar leis que passaram sem sua intervenção ou assentimento", quer dizer que dos três elementos do poder Legislativo — imperador, Senado e Câmara dos Deputados —, o primeiro, único que tem veto limitado, é obrigado a ceder aos outros, que o têm absoluto e não estes àquele.

"Em 1824", diz um escritor estrangeiro, quase sempre bem informado de nossas coisas, "o princípio da monarquia achava-se em presença da invasão de teorias democráticas, que então dominavam ao meio-dia da Europa e particularmente em Portugal, e, pois, as prerrogativas do soberano tiveram de sofrer na Constituição que no referido ano se promulgou, em razão dos ciúmes e cálculos dessa tendência".[29]

Ora, não é crível que, predominando esses cálculos e ciúmes, sem dúvida exagerados da democracia contra a realeza, se cometessem ao chefe do Estado atribuições tão elevadas como as do art. 101, com a só garantia da responsabilidade dos conselheiros de Estado, restrita, como se mostrou e era justo, ao caso de darem conselhos opostos às leis e interesses nacionais.

4º

O 4º argumento supõe que a missão, reservada ao poder Moderador, de velar sobre a manutenção da independência e equilíbrio dos mais poderes políticos, não seria cabalmente preenchida, que a perturbação da harmonia dos poderes seria inevitável, desde que os ministros, a pretexto de serem responsáveis pelos atos do poder Moderador, de algum modo tomassem parte no exercício desse poder, porque assim um dos poderes que deveriam ser

---

[29] Straten Ponthoz, *Le budget du Brésil*. (N. do A.)

inspecionados, subtraindo-se à fiscalização comum, assumiria uma atitude ameaçadora aos outros.[30]

A responsabilidade ministerial, conforme esse argumento, produziria um efeito diametralmente oposto ao que na realidade produz, porque teme-se que ela embarace a manutenção da harmonia, quando sem a responsabilidade ministerial não se compreende que haja equilíbrio possível nos poderes constituídos.

É seguramente vão o temor de ser a suprema inspeção, que se cometera à Coroa, embaraçada pela responsabilidade ministerial, uma vez que os ministros, como já acima se fez sentir, não são o poder Executivo, e desde que eles não deixam de ser órgãos que a Coroa nomeia e demite livremente, porque é evidente que, assim colocados em sua esfera legal, não se compreende como sejam os ministros capazes de alterar as posições respectivas de dois poderes — o Moderador e o Executivo —, a ambos os quais servem, e de nenhum dos quais compartem a delegação.

Para se conceber a responsabilidade ministerial nos atos do poder Moderador, longe de ser preciso elevar os ministros à altura de fiscais importunos desse poder, nem sequer é indispensável supor que efetivamente tenham aconselhado à Coroa as medidas de cuja censura ou criminalidade se tratar. Basta que, tendo eles o direito de deixar as pastas, conservem-nas para que, executando as resoluções do poder Moderador, quaisquer que elas sejam, as façam, por assim dizer, suas, e lhes caiba a competente responsabilidade.

Se os ministros fossem o poder Executivo, o temor da influência ministerial em funções moderadoras, teria alguma explicação; mas ainda assim a responsabilidade dos ministros seria necessária como condição da inviolabilidade da Coroa.

Benjamin Constant escreveu: "O poder real deposita-se nas mãos do rei e o poder Executivo é confiado aos ministros". E todavia o citado publicista não hesita em declarar que os ministros são responsáveis pelos atos do poder real, prendendo indissoluvelmente essa responsabilidade ao princípio de ser a pessoa do rei inviolável e sagrada. Eis como ele se exprime:

> "A pessoa do rei é inviolável e sagrada...
> Tornar o poder supremo inviolável o mesmo é que constituir seus ministros juízes da obediência que lhe devem. Não que lhe

---

[30] *Jornal do Commercio* de 1, 3 e 5 de maio. (N. do A.)

recusem obediência de outro modo que dando sua demissão; mas em tal caso a opinião pública torna-se por sua vez juiz entre o poder superior e os ministros, e prestará naturalmente seu apoio e favor àqueles que parecem ter feito à sua consciência o sacrifício de seus interesses, o que não tem inconveniente em uma monarquia hereditária, onde, respeitada a permanente dignidade do monarca, os esforços dos partidários dos ministros, que saem dignamente, se dirigem contra o novo ministério."[31]

Assim na responsabilidade ministerial, em que alguns descobrem estorvo à manutenção do equilíbrio dos poderes, vejo eu a condição tutelar da harmonia deles.

Com efeito, no mecanismo da nossa Constituição, temos quatro poderes, dos quais o que ela denomina Moderador, poder à parte, colocado no cume do edifício, é constituído o juiz, o fiscal dos demais poderes.

Mas a pessoa, a quem esse poder superior se delega quaisquer que sejam as suas virtudes e talentos, é um homem, e o homem, colocado no cume do poder, está naturalmente exposto ao erro, senão ao abuso.

O poder Moderador vigia as Câmaras, os ministros, os tribunais. Mas o poder Moderador quem o vigiará? "Quis custodiet custodem?"

Se se disser que ninguém vigia o poder Moderador, que os seus atos são verdadeiros mistérios — *arcana imperii* —, ter-se-á exibido prova de veneração ao elemento monárquico, mas de uma veneração excessiva, só própria das monarquias absolutas; digo mal, nem das monarquias absolutas próprias, porque aí mesmo no afã, com que se desvirtua e comprime a opinião, tributa-se-lhe homenagem.

No regime representativo há quem vele sobre o poder real ou Moderador, como sobre todos os poderes: é a opinião nacional, por meio das Câmaras e pela imprensa.

Com efeito, se o poder Moderador é destinado pelo art. 98 a velar na manutenção dos poderes, a Assembléia Geral vela na guarda da Constituição, e por conseqüência inspeciona e fiscaliza também o modo por que o poder Moderador desempenha a sua missão, como é expresso no art. 15 da Constituição, que tratando das atribuições da Assembléia Geral, diz no § 9º: "Velar na guarda da Constituição e promover o bem geral da nação".

---

[31] Benjamin Constant, *Cours de pol. const.*, caps. 2 e 3. (N. do A.)

A imprensa, órgão irresistível da opinião, igualmente está no seu direito, quando, dentro dos limites da decência e polidez, procura indagar como os negócios correm nas mais altas regiões do Estado e os aprecia.

Trata-se, por exemplo, de uma anistia concedida a despeito de todos os ditames da política, trata-se de uma dissolução irrefletida da Câmara temporária, ou da suspensão caprichosa de um magistrado.

A opinião pública sempre competente para avaliar como os negócios do país são geridos, pela imprensa e pelo órgão dos representantes da nação na Assembléia Geral, quer manifestar a sua desaprovação a esses atos no presente, quer que de futuro se proceda mais em harmonia com os seus grandes interesses.

Se não se interpõe a responsabilidade ministerial, a nação, que acha dignos de reprovação esses atos, há de dizê-lo à Coroa, há de lançar-lhe a culpa, o que atacaria pela base a máxima de inviolabilidade do monarca.

Se, porém, se interpõe, como é minha profunda crença, a responsabilidade ministerial, a opinião pública acha vias legais para reprovar o passado e prevenir o futuro, sem faltar à veneração que deve cercar a pessoa inviolável e sagrada do monarca, a saber: censurando, acusando os ministros por seus maus conselhos à Coroa, a qual se supõe outra coisa houvera deliberado, se melhor esclarecida.

Se o legislador constituinte imitou Benjamin Constant na criação do poder Moderador, sabido é que Benjamin Constant, escrevendo a sua teoria constitucional, tinha olhos fixos na Inglaterra.

Ora, na Inglaterra, onde a realeza é venerada como um princípio, onde reina a crença de que o rei é incapaz de fazer mal — "the king can do no wrong" —, tem-se por inconcussa a seguinte doutrina:

> "Na legislatura, o povo contém a nobreza, assim como a nobreza reprime o povo, mediante o mútuo privilégio que cada um tem de rejeitar aquilo que o outro resolve, ao passo que o soberano refreia ambos, o que preserva o poder Executivo de ser invadido, sendo por sua vez o mesmo soberano reprimido e conservado em seus devidos limites pelas duas Câmaras, *graças ao privilégio que elas têm de examinar, acusar e punir o procedimento, não do soberano, porque isso destruiria a sua independência constitucional, mas o que mais convém ao público, de seus maus e perniciosos conselheiros.*"[32]

---

[32] Stephen, *New commentaries*. (N. do A.)

Tenho percorrido os argumentos mais notáveis, ainda há pouco mui calorosamente invocados em ordem a persuadir que, em nosso regime político, qual foi traçado pela Constituição em 1824, a realeza, no exercício das funções do poder, que é a chave da organização constitucional, pode prescindir e de fato prescinde dos conselhos e da responsabilidade dos ministros de Estado, não havendo outra responsabilidade além da dos conselheiros de Estado, e penso haver mostrado que, desde o dia em que no país se estabeleceu a monarquia representativa, repousando na máxima fundamental de "que a pessoa do monarca é inviolável e sagrada" — desde esse dia o princípio da responsabilidade dos ministros por todos os atos emanados do imperador ficou também implicitamente estabelecido.

A RESPONSABILIDADE DOS ATOS DO PODER MODERADOR À VISTA DO ATO ADICIONAL

A lei de 12 de agosto de 1834, suprimindo, pelo art. 32, o Conselho de Estado de que trata o tít. 3, cap. 7 da Constituição, veio, no pensar dos que sustentam a opinião, que eu combato por eminentemente contrária ao regime monárquico-constitucional, privar a Coroa de seus únicos conselheiros oficiais, deixá-la desguarnecida da única responsabilidade que, no exercício das funções do poder Moderador, anteriormente a defendia.

Para que tais fossem os resultados previstos da lei citada, na parte em que suprimiu o Conselho de Estado, fora mister supor de duas uma: ou que os autores do Ato Adicional eram inimigos radicais do regime monárquico e o queiram ver prontamente desconceituado e destruído no país, ou que eram dedicados apóstolos do governo arbitrário.

Em verdade, se os reformadores da Constituição, no momento em que acabassem com o Conselho de Estado, destinado a aconselhar a Coroa e responder pelos maus conselhos que desse, alimentassem a persuasão de que o de ministros não tinha que dar conselhos à Coroa, nem que responder pelos atos do poder Moderador, razão haveria para dizer-se que outro intento não tinham eles, deixando a Coroa entregue às próprias inspirações, sem conselheiro algum oficial, sem nenhum responsável, se não comprometê-la, descobrindo-a para melhor feri-la.

Atribuir, porém, essa malícia satânica aos autores do Ato Adicional fora uma calúnia, que nada autoriza, porque, quaisquer que fossem as tendências e aspirações dos homens, que se haviam posto à frente do movimento de idéias que produziu o Ato Adicional, é certo que eles, conhecedores como eram do caráter da nação, tão profundamente afeiçoada às formas monárquicas, estavam longe de querer, com a supressão do Conselho de Estado, o comprometimento da Coroa.

Por outro lado, supor que o desígnio da reforma constitucional, realizando a indicada supressão, fora soltar as rédeas ao arbítrio do elemento monárquico em dano do democrático, é hipótese repugnante aos fatos de todos nós conhecidos, porque são bem recentes, e ao caráter dos indivíduos e idéias então predominantes, não menos do que à índole da nação.

Liberais eram os que promoveram a adoção do Ato Adicional, e a sua aversão ao Conselho de Estado nascia talvez de que, dando a Constituição aos conselheiros de Estado completa imobilidade e ampla intervenção nos principais negócios do Estado, vinha essa instituição a ser um contrapeso notável às inovações precipitadas e às tendências descentralizadoras da época.

"O Conselho de Estado da carta de 1824", diz um escritor, que já tive ocasião de citar, "foi levado à sua ruína pela própria importância de suas funções, como instituição de influência conservadora, e amiga da centralização."[33]

Como quer que seja, derrocando o Conselho de Estado, não era intenção da reforma apartar da Coroa no exercício do poder Moderador os ministros, já com os seus conselhos, já com a sua responsabilidade, era, ao contrário, aproximá-los mais, se fosse possível, da Coroa, visto que só assim ter-se-ia verdadeiramente no país monarquia parlamentar, como entrava nos cálculos dos reformadores.

Nas monarquias parlamentares a norma para se regerem os negócios públicos, quem a dá é a nação, mas, não podendo esta fazê-lo diretamente, consegue-o por um expediente indireto, porém eficaz, que lhe oferece o regime representativo, e vem a ser: influir por intermédio das Câmaras na organização e dissolução dos gabinetes, e fazê-los tirar em geral do seio do Parlamento, de modo que a opinião do país reflita nas Câmaras, e a destas nos conselhos da Coroa.

Ora para a reforma alcançar que a vontade do povo se traduzisse em governo do país na acepção mais ampla da palavra, segundo as máximas das monarquias parlamentares, era rigorosamente indispensável que, em vez de querer que os ministros não aconselhassem nem respondessem pelos atos de um poder tão importante, como o Moderador, tivesse em vista acercá-los desse poder o mais que possível fosse, à semelhança da monarquia inglesa, da qual escreve Macaulay: "Our sovereigns are under the necessity of acting in conformity with the advice of ministers aproved by the house

---

[33] Straten Ponthoz, *Le budget du Brésil*. (N. do A.)

of commons".[34] Quer dizer: Nossos soberanos são obrigados a proceder de acordo com o parecer de ministros, que tenham o apoio da Câmara dos Comuns.[35]

[34] *History of England*. (N. do A.)

[35] Uma das casas do Parlamento inglês, semelhante à Câmara dos Deputados brasileira. Diz-se Câmara dos Comuns em contraposição à outra casa parlamentar, chamada dos Lordes, que na época era vitalícia e hereditária.

A RESPONSABILIDADE DOS ATOS DO PODER MODERADOR EM FACE DA LEI DE 23 DE NOVEMBRO DE 1841

∼

Depois dos triunfos do espírito democrático em 1834,[36] começou a reação favorável aos princípios monárquicos, e o restabelecimento do Conselho de Estado, tão impoliticamente suprimido, foi um dos seus primeiros cuidados.

A lei de 23 de novembro de 1841 restabeleceu, pois, o Conselho de Estado, mas fê-lo a medo, como era de esperar de uma lei ordinária, que propunha-se restaurar uma instituição constitucional, qual a de que se trata.

Ao Conselho de Estado da lei de 1841 incumbe consultar em todos os negócios em que o imperador *houver por bem ouvi-lo* para resolvê-los, com diferença do Conselho de Estado da Constituição, cuja audiência, principalmente em certas matérias, era rigorosamente indispensável.

A audiência do Conselho de Estado da Constituição, no que toca ao poder Moderador, abrangia todos os casos do art. 101, menos o do § 6°, relativo à livre nomeação e demissão dos ministros: a do Conselho de Estado da lei de 1841 abrange esse mesmo caso do art. 101 § 6°.

Os conselheiros de Estado da Constituição eram responsáveis pelos conselhos que dessem opostos às leis e interesses do país, qualquer que fosse a sua natureza; os da lei de 1841 (art. 4°) são responsáveis por seus maus conselhos nos negócios relativos ao exercício do poder Moderador.

Desse paralelo resulta que a audiência do Conselho de Estado, ganhando em extensão pela nova lei, pois compreende até o caso expressamente dela excetuado pela Constituição, perdeu em intensidade, porque de necessária que era, tornou-se facultativa, e como tal pode ser dispensada, resolvendo

---

[36] Referência à promulgação do Ato Adicional à Constituição de 1824, citado na nota 21 à p. 79.

a Coroa todos os negócios, os do poder Moderador, como os de qualquer outro, sem ouvi-lo.

Parece também resultar, do indicado paralelo, que a responsabilidade dos conselheiros de Estado, outrora relativa aos negócios e medidas da pública administração e do poder Moderador, agora se restringe a estes somente, dando lugar a inferir-se que, assim como a responsabilidade dos conselheiros de Estado parece limitar-se aos atos do poder Moderador, a dos ministros deve cingir-se aos atos da administração.

Não contestando aos adversários das idéias, que reputo sãs, o enfraquecimento, a extinção mesmo de tal qual garantia, que, na Constituição primitiva, derivava-se da audiência necessária do Conselho de Estado, com a audiência facultativa do novo Conselho, nego todavia que, inutilizada por esse modo a garantia da responsabilidade dos conselheiros, perdesse alguma coisa de sua eficácia a dos ministros de Estado.

Sobre o assunto da responsabilidade ministerial, a lei de 1841 e seu regulamento lançam com efeito bastante luz em abono das idéias que tenho sustentado.

Diz o art. 1º da lei:

"Haverá um Conselho de Estado, composto de 12 membros ordinários, além dos ministros de Estado, que, ainda não o sendo, terão assento nele."

O regulamento do Conselho de Estado diz no art. 18:

"Os ministros de Estado, ainda que tomem parte nas discussões do Conselho, não votarão, nem mesmo assistirão às votações quando a consulta versar sobre dissolução da Câmara dos Deputados ou do ministério."

E no art. 20:

"A resolução imperial tomada sobre parecer da seção ou consulta do Conselho de Estado será expedida por decreto."

Os textos supra-transcritos legitimam as seguintes conclusões:

1º) que os ministros, com assento no Conselho de Estado, podem tomar parte em todas as suas discussões, ou versem sobre atos de administração, ou do poder Moderador, inclusive o de dissolução da Câmara, ou do ministério.

2º) que toda resolução imperial, quer seja concernente a medidas da administração, quer a atribuições do poder Moderador, expede-se pelas respectivas secretarias de Estado.

É, pois, inegável, em face da lei e do regulamento do Conselho de Estado, que os ministros na resolução dos atos do poder Moderador exercem influência, porque têm o direito de discuti-los no Conselho de Estado (como discutiriam qualquer medida de administração propriamente dita) não excetuando o de dissolução da Câmara ou gabinete, a cuja votação apenas não podem assistir.

Também é certo, à vista da mesma lei, que executores dos atos do poder Moderador são exclusivamente os ministros de Estado.

Isto posto, que dificuldade podem encontrar, em face do nosso direito constitucional, a influência e responsabilidade dos ministros nos atos do poder Moderador?

Desse poder está demonstrado que não há ato algum, em que os ministros não tenham direito de tomar parte discutindo-o, e que possa levar-se a efeito sem o seu intermédio, ou, por outros termos, que nenhum escapa, nem na deliberação, nem na execução, à esfera ministerial.

Trata-se, por exemplo, da suspensão de um magistrado em Conselho de Estado. O ministro competente fornece à seção respectiva do Conselho de Estado todos os esclarecimentos necessários, discute em conselho o negócio e abunda no sentido da suspensão, que, uma vez resolvida, não pode ter efeito sem um decreto com a referenda do mesmo ministro.

Suponha-se agora que essa suspensão envolve uma injustiça ao magistrado, um abuso do poder Moderador. Quem responde por ele?

Os conselheiros de Estado somente, responderão os propugnadores da opinião, que combato. Mas eu responderei: os conselheiros de Estado, se aconselharam mal a Coroa, e o ministro que não só aconselhou-a mal, mas incumbiu-se de, por um decreto, que leva a sua referenda, dar à execução o abuso.

Assim, ou se atenta à Constituição primitiva, ou ao Ato Adicional, ou à lei e regulamento do Conselho de Estado, uma bem entendida influência nos atos do poder Moderador e conseqüente responsabilidade por esses atos, não se pode recusar aos ministros de Estado, se se quer respeitar, como cumpre, a máxima fundamental de nosso governo: "Que a pessoa do imperador é inviolável e sagrada".

Uma tal conclusão nasce espontaneamente dos princípios cardeais da forma do governo, que felizmente nos rege, e nada tem de repugnante à índole das funções do poder Moderador, as quais, porque podem muitas vezes tomar o caráter de verdadeiros meios de governo, não devem exercer-se como se o poder, a que dizem respeito, não tenha que ouvir os ministros e secretários de Estado, e prescinda de sua responsabilidade.

Com efeito tem sucedido, e nada impede que um gabinete faça de uma anistia, do adiamento ou prorrogação da Assembléia Geral e dissolução da Câmara temporária, e assim de outras funções do poder Moderador, uma questão da alta administração, um meio de governo do Estado, e peça à Coroa qualquer dessas medidas sob pena de resignar o poder, ou de não aceitá-lo, prática, a meu ver, que assaz demonstra não serem as atribuições do poder Moderador de tal modo alheias ao gabinete, que, só quando a Coroa por própria inspiração queira ouvir os ministros, possam estes tocar em assuntos desse poder.

Resta-me examinar as duas questões particulares, sobre que fiquei de dizer algumas palavras.

Nomeação de senadores

~

A atribuição de nomear senadores na forma do art. 43, como todas as outras do poder Moderador mencionadas no art. 101 da Constituição, está sujeita à lei da responsabilidade, a qual, não podendo recair sobre o imperador, porque é inviolável e sagrado, deve pesar sobre os conselheiros natos do trono, os ministros de Estado.

Quando se fala em responsabilidade, deve estar subentendido que não há só responsabilidade legal, isto é, a que sujeita o indivíduo a uma jurisdição constituída, mas também moral, que expõe à crítica e censura, às vezes tão fatal como a primeira, porque, se não castiga com a pena da lei, mina e abala a autoridade.

Na nomeação de senador dificilmente poderá verificar-se o caso de responsabilidade legal, porque, enfim, trata-se de uma eleição, eleição em que, de listas tríplices, oferecidas pelo corpo eleitoral, a Coroa escolhe o terço, salvo ainda ao Senado o seu direito de, na verificação dos poderes do nomeado, examinar e decidir se foi ou não regular a eleição respectiva.

Mas a responsabilidade moral em todo o caso existe, e dessa mesmo cumpre resguardar a Coroa, não havendo para isso outro meio senão lançar francamente a culpa à conta dos ministros, os quais que se desacreditem não é coisa de grande conseqüência, porque, descendo do governo para passá-lo a mãos mais dignas, não causam à sociedade o menor abalo.

Na polêmica ultimamente agitada na imprensa figurou-se, por uma parte, a Coroa na nomeação dos senadores livre como o pensamento, e por outra se disse que, deixando ela de fazer recair a escolha em alguém que uma província lhe apresente diversas vezes seguidamente, e mais colocando-o em primeiro lugar, causa com isso desar à mesma província.

O desar de que se fala, é sem dúvida imaginário, porque a ordem, que os nomes guardam na lista, não é termômetro infalível do grau de merecimento relativo dos propostos, quando na luta eleitoral são tão freqüentes os caprichos e incidentes, que podem fazer antepor o menos digno ao de mais mérito, e é certo que em geral a Coroa, nomeando dos três nomes incluídos na lista o que lhe parece preferível, usa de um direito seu, e, por conseqüência, não ofende, não injuria os eleitores.

Isto digo na suposição de que o corpo eleitoral na escolha dos três cidadãos, que devem compor a lista, procedesse com lisura e boa-fé; mas no caso de que intencionalmente só coloque na lista um nome, que faça vulto, acompanhado de dois sem importância alguma, ainda nessa hipótese creio que a preterição do predileto cavilosamente imposto não seria um motivo de justa queixa da parte do corpo eleitoral, que, ao contrário, devera ver, nesse ato do poder Moderador, a correção de um abuso deplorável, e refletir quão absurdo fora querer tirar de suas más intenções o calculado proveito.

Se assim penso pelo que toca ao suposto desar às províncias, muito mais francamente inclino-me a condenar queixas de preterições formuladas pelos candidatos que deixam de ser escolhidos, porque aí o que, em última análise, se vê é o indivíduo fazendo-se juiz do seu próprio mérito, proceder que a modéstia reprova, e que, seguido por todos como um direito, arrastaria a sociedade à completa subversão, visto como esse defeito da natureza, a que devemos o ver nos olhos alheios um argueiro e nos nossos nem uma trave, faz com que cada um se tenha quase sempre em melhor conta que os outros.

Postas de parte, porém, a idéia de injúria às províncias, e as reclamações dos preteridos, fica ainda, na eleição de senador, assunto bastante para exigir séria reflexão da Coroa, e mostrar que até nisso a prerrogativa encontra justos limites.

E tão grave em verdade é o assunto da nomeação de um senador, que a Constituição, no art. 142, compreendia-o no número dos casos sobre os quais a Coroa não podia deixar de ouvir o Conselho de Estado, e ainda hoje, com ser facultativa a sua audiência, é esse um dos negócios principais, conforme o art. 7º, § 1º da lei de 23 de novembro de 1841, sobre o qual o imperador, quando o haja por bem, tem de ouvi-lo.

A Constituição faz depender a eleição de senador de várias condições de elegibilidade, entre as quais figura a seguinte: "Que seja pessoa de saber, capacidade e virtudes, com preferência os que tiverem feito serviços à pátria".

À vista de tal preceito, ainda supondo que o corpo eleitoral haja organizado convenientemente a lista, incluindo nela os nomes de pessoas as mais dignas, não é livre à Coroa designar indiferentemente um dos três, mas de sua obrigação tirar dos três o melhor, de sorte que se o corpo eleitoral tem cumprido o seu dever, apurando de todos os candidatos os três de mais merecimento, a Coroa só cumpre o seu quando dentre os três escolher o que realmente tiver mais saber, mais capacidade, mais virtudes e serviços.

Não é, pois, exato dizer que, sobre uma lista tríplice oferecida à Coroa, está ela em seu direito nomeando indistintamente qualquer dos três candidatos, e bem o diz o art. 43 da Constituição nas palavras: "Sobre listas tríplices o imperador *escolherá* o terço".

As listas tríplices não são, portanto, trabalho feito que dispense a Coroa de escrúpulos na designação do terço. Cada uma delas, por assim dizer, traz o seu: "detur meliori", e o supremo eleitor, incumbido de dar o pomo a quem o merecer, não por evitar indisposições, que o não atingem, mas por amor do dever, que a lei lhe impõe de "escolher", tem que prestar a mais acurada atenção ao ato da nomeação de um dos três candidatos, entrando no exame comparativo "do saber, da capacidade, das virtudes, e dos serviços de cada um deles", a fim de que aquele dos três que em tudo isso primar sobre os demais, esse tal seja o escolhido.

Assim, apresentada uma lista tríplice, a escolha não é, não pode ser obra de simples benevolência, o efeito de pura simpatia do monarca, mas um juízo grave e severo proferido sobre o mérito dos indivíduos, de que a lista se compõe: não é decisão do coração, mas da cabeça.

Nesse exame, que a Constituição primitiva incumbia necessariamente ao Conselho de Estado antigo, que a lei de 23 de novembro de 1841, ainda que facultativamente, comete ao moderno Conselho de Estado, tomam, ou (e é quanto basta) podem tomar parte, como acima se demonstrou, os ministros de Estado, e, feita a eleição, ela há de constar de uma carta imperial, onde a referenda dos ministros esteja indicando a sua influência, e, no caso de abuso, sua responsabilidade.

Todo o receio de que os ministros respondam pela nomeação de senadores, está, segundo alguns, em que "admitindo-se a hipótese de um ministério de longa duração, de um gabinete, que por cinco ou seis anos dirigisse o governo do Estado, esse ministério trataria de reunir e acumular no seio do Senado uma falange de mantenedores de seu credo político, e em tal caso deixariam de equilibrar-se as opiniões na Câmara vitalícia, convertida assim em fortaleza de partido em vez de ser, como cumpre, instituição conservadora e independente".

O vício desse argumento é manifesto.

Supõe ele que a intervenção e responsabilidade ministerial em matéria de nomeação de senadores habilitaria o ministério, saído de um partido político, a fazer entrar para o Senado, durante a sua administração, só quem fosse de sua parcialidade.

Ou as eleições são livres no país, ou o governo as faz à sua vontade.

Se as eleições são livres, é incompreensível como o conselho e responsabilidade ministerial no exercício do direito, que tem a Coroa de nomear senadores, possa fazer acumular no Senado uma falange de aliados políticos do gabinete, quando tal eleição pode haver em que não venha um só dos amigos da administração.

Se as eleições não são livres, e o governo influi eficazmente nelas, então o ministério, para fazer entrar gente só de seu lado no Senado, não há mister aconselhar o imperador na escolha, nem assumir-lhe a responsabilidade: basta que dê as suas providências para que na lista não venham senão amigos seus dedicados.

Demais releva não perder de vista que o direito de aconselhar a Coroa sobre a escolha de senadores, e a responsabilidade ministerial nessa matéria, não são títulos para o ministério impor sua vontade ao imperador. A este fica sempre livre a faculdade não só de afastar-se do voto do gabinete, mas até de demiti-lo, chamando ao poder quem não tenha o plano sinistro de fazer do Senado o *castelo* do seu partido, sendo, porém, certo que, em todo o caso, ou o ministério se conserve, ou se retire, aquele ministro que referendar a carta imperial do senador, esse assumirá a responsabilidade do ato.

Faça a Coroa, muito embora, algumas ou muitas vezes a eleição sem consultar nem o Conselho de Estado nem os ministros: à lei e ao público é isso indiferente. Desde que o ato da eleição teve lugar, e o ministro se prestou a referendá-lo, deve em público defendê-lo como seu, porque seu é ele efetivamente, uma vez que, podendo exonerar-se para não prestar a sua referenda, referendou-o.

Proceder de outra forma, consentindo que, a pretexto de ser ato privativo da Coroa, as censuras por desacerto de escolha vão ter a outrem, que não ao agente responsável, é cobrir, na frase do general Foy,[37] com o manto imperial os andrajos dos ministros. Como se um monarca constitucional, que, conforme a jurisprudência do sistema representativo, não pode, legalmente, fazer os discursos que lê as Câmaras na sua abertura e encerramento sem a garantia da responsabilidade ministerial, os quais por isso se supõe obra dos ministros, pudesse, sem essa garantia, fazer senadores!

---

[37] Referência a Maximilien Sébastien, conde Foy (1775-1825), general francês que tornou-se célebre no Exército da Espanha em 1808 e ao defender a passagem dos Pirineus em 1813. Em 1819 foi eleito deputado pelo Partido Liberal.

Direito de Graça

Ao ouvir alguns discorrer sobre o direito de perdoar e moderar as penas impostas aos réus condenados por sentença, disséreis que é essa uma prerrogativa conferida ao monarca só em vista de clemência e eqüidade pessoal, prerrogativa a que, por isso, devem ser completamente alheios os ministros e sua responsabilidade.

Ao revés dos que assim opinam, entendo eu que, se há atribuição do poder Moderador, que se não deva considerar dependente dos impulsos do coração, se há prerrogativa que menos se possa dizer isenta de restrição, é sem dúvida a de perdoar e moderar penas impostas por sentença do poder Judicial. Basta lembrar que o direito de graça, multiplicando-se sem regra e sem medida, importaria nada menos que a aniquilação das leis penais, para se fazer sentir a necessidade de conter dentro de certos limites o exercício de um direito que tão fatais conseqüências pode produzir.

O direito de graça sem limites é esse *dispensing power* que tão célebre se tornou na história da Inglaterra como uma das causas primordiais da luta terrível entre a nação inglesa e os Stuarts,[38] de que resultou a queda destes, e que, no dizer de Macaulay,[39] converteria aquela monarquia em puro despotismo, se não fora reprimido, como foi: "If this prerogative were without limit, the english government could scarcely be distinguished from a pure despotism".[40]

É sempre com o maior escrúpulo que se deve exercer o direito de graça, depois de maduramente examinar-se o caso e suas circunstâncias em or-

---

[38] Família de origem escocesa, reinou sobre a Escócia a partir de 1371 e sobre Escócia e a Inglaterra entre 1603 e 1688.

[39] Thomas Babington Macaulay (1800-1859), historiador e político liberal inglês.

[40] *History of England*, cap. 2. (N. do A.)

dem a que o ato de perdoar ou moderar a pena imposta por sentença do poder competente não seja outra coisa mais do que a "conciliação da lei geral com a eqüidade particular", isto é, da lei que em regra pode ser justa infligindo tal pena à tal ação, e não sê-lo em sua aplicação a um fato particular em razão de circunstâncias ocorrentes, que ela não preveniu, com a eqüidade, que avalia essas circunstâncias, e as toma em consideração.

Bem se vê que a prerrogativa de perdoar ou moderar penas, fundando-se essencialmente na impossibilidade de tudo precaver-se no texto das leis, supõe algum arbítrio na pessoa, a quem é confiada; mas por isso mesmo que certa latitude cumpre deixar ao exercício do direito de graça, é indispensável contrabalançar essa necessidade imperiosa de arbítrio pelo único meio de coibi-la: "a responsabilidade".

Não é debalde que nenhuma petição de graça se dirige ao monarca senão por intermédio do ministro e secretário de Estado dos Negócios da Justiça, e que este a não apresenta ao poder Moderador sem exame na respectiva seção da Secretaria de Estado, sem parecer do consultor, nos termos do art. 30, § 1º do decreto nº 2.350 de 5 de fevereiro de 1859, tudo naturalmente seguido de um relatório do próprio ministro ao imperador.

Todos esses trabalhos e diligências que, na Secretaria de Justiça, precedem a imperial resolução em matéria de perdão e moderação de penas, assaz revelam que o direito de graça não é negócio de mera indulgência e compaixão do chefe supremo da nação, mas um negócio de Estado sempre grave, porque importa efetivamente a revisão e reforma do ato de um poder independente — o Judicial —, e em que tanto ou mais que nas medidas de administração, ele há mister o conselho de seus ministros para ilustrá-lo na decisão que tem de proferir e sua responsabilidade para não expor-se, em caso de erro ou injustiça, a imputações, que a Constituição quis, com toda sabedoria, arredar de sobre o chefe da nação, declarando-o inviolável.

Não é, repito, a clemência e benignidade pessoal do imperador quem lhe deve inspirar o perdão ou moderação de penas impostas pelo poder Judicial, mas a sua alta inteligência, apoiada nas luzes e responsabilidade dos ministros; porque direi como Guizot: "Bem mesquinha idéia cabe que tenha do direito de graça quem o reputar exclusivamente próprio a fazer sobressair a bondade do rei e abençoar seu nome. Sem dúvida o direito de graça pode, e é mesmo essa uma de suas vantagens, produzir tal efeito; mas realmente ele funda-se em causas de mor alcance, em interesses mais gerais".[41]

---

[41] *De la peine de mort*, cap. 10. (N. do A.)

Quais sejam precisamente as causas e interesses que motivam o exercício do direito de graça fora longo e difícil enumerar; mas ao meu intento, que é mostrar que o direito de graça não é uma prerrogativa pessoal ao monarca, basta apontar algumas das razões de utilidade pública, que determinam o perdão ou moderação das penas, figurando várias hipóteses.

Há em um julgamento excessivo rigor, porque o grau máximo da penalidade, aplicado ao réu, é mais do que ele realmente merecia, ficando, por outro lado, o grau médio e mínimo muito aquém do castigo que deve sofrer: em tal caso o direito de graça vem a propósito corrigir essa excessiva severidade.

Existe um erro no julgamento, que já pelos meios ordinários se não pode remediar: é outro caso em que o direito de graça tem a sua justa e bem entendida aplicação.

Supondo porém a pena aplicada sem excesso de severidade e sem erro, é ainda assim necessário, como altamente o preconiza a moderna teoria do direito criminal, o poder de diminuir ou mesmo de fazer cessar de todo o castigo àqueles réus que, depois de condenados, derem, por seu proceder, provas inequívocas de se haverem corrigido. O direito de graça, admiravelmente adaptado a esse intento filantrópico, promete ao arrependimento e reforma dos condenados o merecido prêmio, riscando de sobre as portas das prisões os caracteres de cor negra, de que fala o Dante:

"Lasciate ogni speranza, voi che entrate."[42]

O direito de graça, segundo a opinião de distintos publicistas, torna-se também às vezes, nas mãos da política, um instrumento, um meio de governo geral capaz de produzir, se dele se usar com prudência, ótimos efeitos: tal é o pensar do autor do *Espírito das leis*.[43]

Em semelhantes casos o direito de graça está a bem dizer em seu elemento; mas o que aí há que revele o caráter de uma prerrogativa pessoal, que o monarca exerça sob os impulsos do coração, sem audiência nem responsabilidade dos ministros de Estado? Nada de certo.

---

[42] Dante Alighieri (1265-1321), poeta italiano autor da *Divina comédia*, obra dividida em três partes narrando uma viagem pelo Inferno, pelo Purgatório e pelo Paraíso. A citação usada no texto está na advertência lida por Dante no portal do Inferno, no início de sua viagem, significa "Deixai toda esperança, vós, que entrais!".

[43] Referência ao escritor francês Montesquieu (1689-1755).

Concluamos

No exercício do direito de graça, ou de qualquer outra função do poder Moderador, assim como no das do poder Executivo, a responsabilidade ministerial é, em nossa forma de governo, uma conseqüência necessária, irrecusável da inviolabilidade do imperante.

O atual imperador dos franceses não se apóia na responsabilidade de seus ministros; mas a razão disso está no art. 5 da Constituição daquele país, que declara o chefe do Estado responsável perante o povo francês.

O chefe do Estado da União Anglo-americana não depende da responsabilidade ministerial, mas aí esse chefe é diretamente responsável e sujeito a uma jurisdição constituída.

Não há meio termo: em país livre, ou, pelo menos, não de todo escravo, ou o chefe do Estado é responsável, e neste caso decide e governa como entende, sem necessidade de firmar-se na responsabilidade de seus agentes, ou ele é irresponsável, e então não há função, não há prerrogativa, que possa exercer sem o arrimo da responsabilidade ministerial, responsabilidade que, ainda não estando expressamente estabelecida, não é menos incontestável, visto que decorre da índole do sistema político consagrado na lei fundamental do país.

E com efeito para que os ministros não respondessem entre nós pelos atos do poder Moderador, dois artigos, além de outros, fora preciso cancelar da Constituição do Império, a saber:

O art. 3, cujo teor é: "O governo do Brasil é monárquico hereditário, constitucional e representativo".

E o art. 99 que diz: "A pessoa do imperador é inviolável e sagrada. Ele não está sujeito a responsabilidade alguma".

SEGUNDA PARTE[44]

---

[44] Os discursos sobre o poder Moderador, que formam a segunda parte desta obra, não foram transcritos na íntegra. Os trechos foram selecionados por Zacarias de Góis e Vasconcelos quando da elaboração da segunda edição de *Da natureza e limites do poder Moderador*.

Discurso proferido na sessão de 5 de julho de 1861

∽

O sr. Zacarias: ... É tempo, sr. presidente, de fazer algumas reflexões sobre a responsabilidade dos ministros pelos atos do poder Moderador, questão agitada, como eu disse no princípio do meu discurso, pela imprensa da Corte há cerca de um ano, e discutida nesta tribuna até por dois ministros de Estado.

Desses nobres ex-ministros, um sustentou que a referenda ministerial, em atos do poder Moderador, apenas tinha por objeto autenticá-los, não importando conseqüentemente aos ministros responsabilidade alguma. O outro ex-ministro admitia sempre alguma responsabilidade, não obrigatória, mas voluntária, e por efeito de simples cortesia e deferência!

Prevalecendo essa teoria, a Coroa ficava descoberta, contra as intenções da lei fundamental, que a quer sempre inviolável e não sujeita a responsabilidade alguma no exercício das numerosas e importantíssimas funções do poder Moderador.

Eu combati pela imprensa, sr. presidente, semelhante doutrina, sustentando, em substância, que não há ato do poder Moderador que não seja acompanhado de responsabilidade ministerial, qual no caso couber.

E, pois, tendo o nobre deputado pelo 1° distrito de São Paulo[45] pedido ao honrado ministro da Justiça[46] que expendesse a esse respeito a sua esclarecida opinião, avaliará a Câmara o interesse com que ouvi as palavras do nobre ministro.

---

[45] Provável referência a José Bonifácio de Andrada e Silva, sobrinho do primeiro José Bonifácio, que havia discursado no dia 28 de junho do mesmo ano criticando o programa ministerial então apresentado.

[46] Em 1861 a pasta da Justiça era ocupada por Francisco de Paula de Negreiros Saião Lobato, posteriormente nomeado visconde de Niterói.

S. exc. disse: "Declaro que a responsabilidade ministerial é tão extensa quanto é possível; o ministro desde que é ministro, e enquanto é ministro é responsável por tudo quanto se faz na governança do Estado, e por tudo quanto deixa de se fazer. Entretanto, no que toca às funções do Executivo, a responsabilidade do ministro não fica só no domínio da censura e da animadversão, pode ser traduzida em processo; pelo que diz respeito às funções do poder Moderador, a responsabilidade é moral pelo fato de estar aderente ao chefe do Estado".

O nobre ministro podia ser mais claro no que disse a respeito da responsabilidade moral, declarando precisamente em que consiste essa responsabilidade; mas parece que s. exc. chama responsabilidade moral a responsabilidade da censura, aquela (que alguns publicistas chamam política) em virtude da qual o ministro pode ser interpelado, censurado; assim o entendeu a imprensa, e creio ser o pensamento [dirigindo-se ao sr. ministro da Justiça, que faz sinal afirmativo] de s. exc.

Suposta essa explicação do nobre ministro, direi que em parte estou satisfeito, e em parte não, com a resposta de s. exc.

Não estou satisfeito, sr. presidente, na parte em que o nobre ministro, negando a responsabilidade criminal dos ministros nos atos do poder Moderador, dá como razão disso o excluir a índole das atribuições do poder Moderador a idéia de crime, e, por conseqüência, de processo e de punição.

Sr. presidente, se o poder Moderador é a chave da organização política, se as diversas e valiosíssimas atribuições que constituem esse poder, sendo bem exercidas, asseguram a harmonia dos poderes e fazem a felicidade do país, é de rigorosa conseqüência que o abuso nessa elevada região pode trazer a desarmonia dos poderes, o transtorno da ordem social, males e crimes de imenso alcance: *a corrupção do ótimo é o péssimo.*

Não entro aqui, sr. presidente, no desenvolvimento dessa tese, porque julgo ocioso fazê-lo, parecendo-me bastante, para combater o pensamento de que o exercício das atribuições do poder Moderador é por sua natureza sempre inocente e repele a idéia de crime e de pena, acrescentar apenas ao que já disse o seguinte argumento: que tanto no exercício irregular das funções do poder Moderador pode haver delito, e portanto entrar o elemento da penalidade, que a Constituição mandando no art. 142 que os conselheiros de Estado fossem ouvidos sobre as atribuições próprias do poder Moderador, no art. 143 declara os mesmos conselheiros responsáveis pelos conselhos dolosos que a tal respeito derem.

A responsabilidade criminal pelos conselhos dolosos no exercício das atribuições do poder Moderador demonstra, a meu ver, de um modo terminante, que na prática de tais funções pode haver crime, porque é absurdo punir a deliberação, e não o ato que é resultado dela.

Deixando, porém, o muito que poderia dizer para provar que os ministros estão sujeitos mesmo à responsabilidade criminal pelos abusos que possam ocorrer no exercício das atribuições do poder Moderador, expenderei as razões por que estou satisfeito com a resposta do nobre ministro quando reconhece a responsabilidade política dos ministros, no que toca ao exercício daquelas atribuições.

Pronunciando-me pela responsabilidade ministerial como regra fundamental no regime representativo, eu não a faço consistir essencialmente na aplicação de severa penalidade, como pensava esse membro da Assembléia Nacional de França, que ao tratar-se da responsabilidade ministerial, bradou do seu lugar: "La responsabilité ministerielle c'est la mort".[47]

A responsabilidade jurídica, mesmo quando a pena não é tão grave como a que pedia esse membro da Assembléia Nacional, não é, em meu conceito, a responsabilidade que mais convenha opor aos ministros, tanto mais quanto é certo que a penalidade, qualquer que seja, pode ser perdoada.

No regime representativo a responsabilidade que os publicistas julgam mais eficaz e poderosa é a que se exercita pela interpelação, pela censura. Por meio dela as Assembléias podem fazer triunfar suas idéias, e o governo do país pelo país tende a tornar-se uma realidade.

Antes que um ministro tenha cometido um delito com as circunstâncias definidas na lei, pode haver dado aos negócios do Estado uma direção altamente prejudicial, a que só a responsabilidade política pode pôr embaraço, chamando-se o ministro a explicar-se, e negando-se-lhe a confiança de que depende para manter-se no poder.

Por outro lado, estando o delito já cometido, mais importa muitas vezes precipitar o ministro do poder, mediante a divulgação e censura do seu procedimento, do que promover-lhe processo e castigo; donde vem que em todos os países constitucionais são tão raros os processos de responsabilidade contra ministros.

À vista do exposto, sr. presidente, desde que o nobre ministro da Justiça declarou que no que toca ao exercício das atribuições do poder Moderador são os ministros responsáveis, se não pela pena, pela censura pública, entendi que estavam salvos os princípios constitucionais que eu julgava gravemente comprometidos com a doutrina professada por alguns membros

---

[47] "A responsabilidade ministerial é a morte."

do gabinete transato, de que nos atos do poder Moderador a referenda dos ministros só servia para autenticá-los, doutrina que descobria a Coroa e a expunha à censura.

A responsabilidade da censura pública, a que o nobre ministro declara sujeito o ministério pelos atos do poder Moderador, revela que a esses atos não são inteiramente alheios os ministros, porque ninguém responde por aquilo em que direta ou indiretamente não tem parte, o que o ano passado negaram nesta tribuna homens revestidos do poder.

Sr. presidente, que os ministros não são alheios aos atos do poder Moderador, que podem aconselhá-los, solicitá-los, é não só a crença de muitos de nossos homens de Estado distintos, mas um fato de que não é lícito duvidar.

Há bem pouco tempo um ministério se dissolveu, porque pedindo à Coroa o adiamento das Câmaras, o não conseguiu. O sr. visconde de Abaeté,[48] como presidente que era do gabinete, declarou às Câmaras que da negativa desse adiamento nasceu a sua retirada do poder.

O sr. Eusébio de Queirós,[49] este ano, defendendo no Senado os foros do seu partido, disse que o Partido Conservador, se era pronto em reprimir e chamar à ordem pela força os perturbadores da tranqüilidade pública, também era fácil e prestes na clemência: dando a entender com isso, sem dúvida, que os gabinetes conservadores, em cuja administração se concediam anistias e perdões aos autores de movimentos anárquicos, não eram de todo alheios a esses atos de clemência.

Assim que o proceder do sr. visconde de Abaeté na conjuntura indicada e a declaração do sr. Eusébio de Queirós provam que os atos do poder Moderador, podendo ser, como são freqüentemente, verdadeiros meios de governo, não excluem certa intervenção da parte dos ministros.

Tem-se procurado definir a posição da Coroa, já em relação ao poder Executivo, já em relação ao poder Moderador; tem-se aventado aqui a questão *se a Coroa reina ou governa*.

Admira, sr. presidente, como tais questões se possam suscitar e discutir em face de nossa Constituição, tão clara, tão terminante a esse respeito.

---

[48] Referência a Antonio Limpo Soares de Abreu, o visconde de Abaeté, presidente do Conselho de Ministros entre 12 de dezembro de 1858 e 9 de agosto de 1859.

[49] Eusébio de Queirós Coutinho Matoso da Câmara, senador pelo Rio de Janeiro nomeado em 1854.

A posição da Coroa, em relação ao Executivo, está definida nestas palavras: "O imperador é o chefe do poder Executivo, e o exercita por seus ministros de Estado".

A posição da Coroa, em relação às atribuições do poder Moderador também acha-se claramente determinada nos seguintes termos da Constituição: "O poder Moderador é delegado privativamente ao imperador".

O imperador, senhores, que tem a delegação privativa do poder Moderador, e é o chefe do poder Executivo, que exercita por seus ministros, o imperador governa, e não reina.

E uma prova sem réplica de que, segundo a lei fundamental, o imperador não reina só, mas governa, acha-se no art. 126, assim concebido: "Se o imperador, por causa física ou moral, evidentemente reconhecida pela pluralidade de cada uma das câmaras da Assembléia Geral, se impossibilitar para *governar*, em seu lugar governará como regente o príncipe imperial, se for maior de 18 anos".

Mas de que modo governa a Coroa? Vou dizer com franqueza o meu pensamento.

No governo cumpre distinguir a deliberação da ação.

Na deliberação, que se toma no gabinete e é negócio do reposteiro para dentro, a Coroa pode, conforme as luzes e experiência que tiver, exercer a mais extensa e decisiva influência; pode inspirar alvitres, reprovar alvitre, e dominar pela inteligência. Ao público não importa levantar o reposteiro e devassar o que no gabinete se passa; é-lhe de algum modo indiferente saber se o imperante discute com os seus conselheiros os negócios graves do Estado, ou se os entretém com questões de pouco alcance, como Afonso IV[50] em sua juventude entretinha os seus com a narração miúda de suas caçadas, enquanto não achou um conselheiro que teve a coragem de lho exprobrar.

Se na deliberação compete à Coroa a maior influência em todos os ramos da administração e no exercício de todas as suas atribuições, o mesmo não pode ter lugar na ação.

A ação, essa pertence exclusivamente a quem é responsável, e conseqüentemente só aos ministros. Em saindo do gabinete para cair no domínio da publicidade, a deliberação passa a ser um ato, e esse para ser da realeza há mister a referenda de um ministro; de sorte que qualquer que tenha sido no Conselho a posição da Coroa, ou a iniciativa da medida, fosse sua,

---

[50] D. Afonso IV, rei de Portugal entre 1325 e 1357.

ou apenas aprovasse-a, o ato entende-se do ministro, e do ministro toda a responsabilidade.

Só deste modo, sr. presidente, se conciliarão as prerrogativas da Coroa com os direitos da nação. Se no imperante se reúnem, como felizmente ora sucede, grande ilustração e os melhores desejos de fazer prosperar o país, franqueiam-se-lhe no Conselho a expansão de suas idéias e os meios de fazê-las realizar. No caso, porém, de que no decurso dos anos venha a governar um príncipe que não esteja nas mesmas condições, esse deixará de fazer no Conselho a mesma brilhante figura que o outro; mas como a sua vontade não pode transpor o gabinete para produzir efeito na sociedade sem o concurso e responsabilidade dos ministros, a sociedade nada tem que recear.

Digo que nada tem o país que recear, porque a responsabilidade ministerial não só cobre com a referenda todos os atos da realeza, mas até as palavras que profere em ocasiões solenes: refiro-me à Fala do Trono.[51]

Sr. presidente, quando outras razões eu não tivesse para aderir às vistas da administração atual, bastava a declaração que fez um membro do gabinete de que o ministro desde que é, e enquanto é ministro responde por tudo quanto se faz ou se deixa de fazer na governança do Estado. Essa declaração dissipa as apreensões que suscitaram as doutrinas contrárias expostas nesta tribuna o ano passado, e importa o triunfo das idéias que sempre tive por mais adequadas a conservar puro o brilho da Coroa e sem quebrar os direitos do povo.

---

[51] A Fala do Trono era o discurso proferido pelo imperador por ocasião da abertura do Parlamento brasileiro. As duas casas parlamentares reuniam-se em assembléia com a presença da Corte e do corpo diplomático para a leitura imperial do documento redigido com a colaboração do ministério. A Fala do Trono continha o programa do governo, informações acerca da marcha dos negócios públicos, notícias da família imperial, referências ao estado sanitário do Império e exposição da situação internacional. Através do "voto de graças" ou da "resposta à Fala do Trono", o Parlamento fazia sentir ao monarca a impressão que lhe provocara a fala imperial.

Discurso proferido na
sessão de 16 de julho de 1861

～

O sr. Zacarias: ... Antes de fazer a declaração política que me levou a pedir a palavra, permita-me ainda v. exc., sr. presidente, que me ocupe de outro assunto já mui discutido, é verdade, mas nem por isso esgotado: refiro-me à questão da responsabilidade dos ministros de Estado pelos atos do poder Moderador.

Essa questão, sr. presidente, tem-se protraído além do que era conveniente; mas a culpa não é minha, que no meu anterior discurso havia procurado pôr-lhe um termo razoável. É inegável que os debates têm feito os amigos da liberdade constitucional ganhar muito terreno; mas, cumpre confessá-lo, ainda há alguns argumentos, derivados de idéias confusas e equívocas, que devem ser tomados em consideração.

É precisamente o que vou fazer, procurando antes de tudo, de acordo com o preceito filosófico que manda, para evitar equivocações, definir bem os termos da questão que se quer ventilar; procurando, digo, fixar a significação do que seja responsabilidade em geral, e qual seja a espécie ou quais as espécies dela que à matéria sujeita tem aplicação.

A responsabilidade ou é moral, civil, política, ou jurídica. A primeira resulta do juízo que se faz das ações de um ente racional, juízo de que depende a confiança ou falta de confiança nele, conforme as suas ações são boas ou más. A segunda é a daquele que, sem cometer delito, causa todavia um dano que deve reparar.

Essas duas primeiras espécies de responsabilidade são alheias ao objeto da questão proposta, sendo que a responsabilidade moral de que nos debates se tem feito menção, definida nos termos que acima expendi, estende-se a todo ente racional e por conseqüência aos próprios monarcas, eleva-se mesmo, se pode-se dizê-lo sem blasfêmia, à razão incriada.

Quando nós, os católicos, dizemos que amamos a Deus por ser digno de ser amado sobre todas as coisas, exprimimos com essas palavras o juízo que formamos da bondade sem limites do Ente Supremo, e a confiança ilimitada que nos inspira. Mas o estrangeiro, de que falam os historiadores da Revolução Francesa, que no tempo daquela revolução inculcava-se inimigo pessoal de Deus; mas os discípulos aproveitados da filosofia de Voltaire,[52] que, não acreditando na Providência de Deus, derrubaram dos altares as imagens do culto católico para colocarem neles prostitutas; mas os que combatem os planos evidentes da Providência, pretendendo substituí-los pelos seus, todos esses não depositam no Criador a confiança devida, porque (entes degenerados) não fazem o juízo conveniente da bondade sem limites de Deus.

Se da majestade divina o homem forma o seu juízo, e conforme esse juízo rende a Deus profunda veneração, ou deixa de prestar-lhe culto, não é possível que a majestade humana escape ao juízo do povo, juízo favorável se procede bem, desfavorável se se comporta desvairadamente. O povo, que reúne em si a soberania em matéria de língua, que lhe concede Horácio[53] — *quem penes arbitrium est et norma loquendi** —, a soberania política, que lhe reconhece a civilização moderna, e por fim a da filosofia que lhe atribuem aqueles que pensam que o verdadeiro critério para avaliar os sistemas filosóficos é aferi-los pelo bom senso do povo, tendo-se por bons os que se lhe conformarem, e como extravagâncias os que dele se apartarem, o povo reduz a sua filosofia a anexins.

Ora, sr. presidente, o povo português sempre teve o seguinte anexim: "el-rei tem costas". E isso quer dizer que o povo julga e pensa dos reis como eles merecem por efeito dessa responsabilidade moral a que em virtude da lei natural estão sujeitos todos os entes racionais. Mas falemos da responsabilidade política e jurídica.

A responsabilidade que chamo política é a da censura pública, exercida pelos meios usados no regime representativo, e jurídica é a que se faz efetiva mediante processo e punição.

---

[52] Escritor iluminista francês que viveu entre 1694 e 1778. Suas idéias anticlericais e de igualdade de todos perante a lei influenciaram a Revolução Francesa.

[53] Quintus Horatius Flacus, ou Horácio, como é mais conhecido, poeta latino que viveu entre 65 e 8 a.C.

* "... si volet usus/ quem penes arbitrium est et norma loquendi" ("... se o quiser o uso/ em cuja mão está o arbítrio, o direito e a norma da língua"). Horácio, *Arte poética*, vv. 71-2. (N. do L.)

São a responsabilidade da censura e a jurídica as que unicamente cabem na ordem de idéias que ora nos ocupa, e ambas a Constituição do Império reconhece e consagra, uma tácita, outra expressamente.

A responsabilidade política não há disposição expressa na lei fundamental que a determine; ela subentende-se e deriva-se virtualmente dos artigos que declaram delegações da nação todos os poderes políticos e garantem a liberdade de pensar; porque é evidente, senhores, que, dada a idéia de delegação, aquele que delega tem o direito de indagar como procede o delegado, e de censurá-lo se ele se aparta de seu dever.

A responsabilidade jurídica está definida no art. 133 e seus parágrafos da Constituição do Império e na lei de 15 de outubro de 1827, que especificou a natureza dos delitos dos ministros e a maneira de proceder contra eles.

Isto posto, entro na questão, e começo reconhecendo que felizmente os debates têm apurado e posto fora de toda a dúvida dois pontos importantes dela.

O primeiro ponto é que todos os atos do poder Moderador são referendados pelos ministros de Estado e por eles postos em prática, e não é isso pouco, sr. presidente, porque não há muitos meses publicou-se no *Jornal do Commercio* uma série de artigos inculcando a necessidade de quanto antes ter o poder Moderador uma repartição especial por onde corressem os seus atos, independentemente de referenda de ministros.

Atos do monarca sem referenda de ministro de Estado pensa-se geralmente e eu creio que não são propriamente atos de realeza, e pois o alvitre de dar ao poder Moderador uma repartição especial para os atos de sua competência atestará talvez engenho, mas de certo não se conforma com a nossa Constituição.

O outro ponto incontestável, à vista do debate, é que pelos atos do poder Moderador cabe censura pública contra os ministros que os referendam e executam, o que é para a opinião que sustento de uma vantagem decisiva.

Em primeiro lugar, a responsabilidade da censura pública, atacando o ministério desde que ele se constitui, se há motivos para desconfiar de sua organização, devassando os planos da administração antes mesmo de começarem a ter execução, previne os delitos, ao passo que a responsabilidade jurídica castiga os crimes cometidos, e não há quem duvide que é sempre melhor prevenir do que ter de castigar delitos. Assim a responsabilidade política, que se não reduz só à censura, mas que pode, pela negação de voto de confiança, precipitar do poder os ministros, é o meio mais enérgico para conter os ministros em sua esfera legal.

Em segundo lugar, cabe advertir que, com diferença de outros países onde a realeza, podendo perdoar as penas impostas aos seus súditos delinqüentes, não tem direito de perdoá-las aos seus ministros se incorrem em crime de responsabilidade, entre nós o direito de perdoar pode exercer-se em favor de quem quer que seja; e sendo assim, torna-se evidente que, no caso de um ministério que, protegido pela Coroa, se deslizasse dos seus deveres, a pena seria frustrada mediante o perdão, e conseguintemente o processo organizado em pura perda. Esta razão mostra a necessidade de confiar sobretudo na censura exercida já pela imprensa, não debalde comparada à mão invisível que traçara na parede palavras misteriosas, com o que perturbou Baltazar em seus festins,[54] já pela tribuna, que todos que foram ou que são ministros sabem quanto incomoda.

Uma terceira razão em favor da concessão feita pelos adversários da responsabilidade ministerial em assuntos da competência do poder Moderador, quando dizem que os ministros sujeitam-se à censura por esses atos, vem a ser que a responsabilidade política, uma vez concedida, lógica e irresistivelmente traz após si a responsabilidade criminal toda a vez que efetivamente houver delito.

Com efeito, sr. presidente, ou nenhuma responsabilidade toca aos ministros por atos do poder Moderador, ou, se cabe a responsabilidade política, também a criminal pode em certos casos ter lugar; porque, se o ministro está sujeito a censura por aqueles atos em razão de os ter referendado e posto em execução, a referenda e execução dos mesmos atos, quando encerrarem crime, não podem deixar de os fazer incorrer em processo e punição.

E tal é em verdade, sr. presidente, a força irresistível da lógica, que o nobre ministro da Justiça, que só admitiu no seu primeiro discurso sobre esta matéria a responsabilidade política dos ministros nos atos do poder Moderador, no seu segundo discurso reconheceu mais de uma vez a responsabilidade legal deles a respeito desses atos, quando disse e repetiu que, embora o exercício privativo das atribuições do poder Moderador repugne com a responsabilidade legal, nem por isso (são palavras do nobre ministro da

---

[54] Baltazar era o filho mais velho de Nabonido, rei da Babilônia, foi morto em 539 a.C. durante a tomada da Babilônia pelos persas. Segundo a narração bíblica do livro de Daniel, baseada em tradições legendárias, Baltazar seria filho de Nabucudonosor e o último rei dos Caldeus. Ao assumir o trono teria promovido um grande banquete regado a vinho e com louvores a ídolos ímpios; em represália Deus lhe teria mandado o recado de que seu reino acabaria e seria dividido. Na mesma noite Baltazar morreria.

Justiça) fica desabrigada a sociedade brasileira, porque em todos os casos em que pelo abuso da força, pelo desregramento do poder venha dano, ou se os atos do poder Moderador pelos seus corolários na prática ordinária do governo afetarem a sociedade causando-lhe detrimento, neste caso aí está a responsabilidade legal do ministério, que nunca falta nos casos de traição, peita, suborno ou concussão, abuso de poder, falta de observância de lei, e finalmente por tudo quanto obrar contra a liberdade, segurança ou propriedade dos cidadãos, ou por qualquer dissipação dos bens públicos.

Ora, sr. presidente, o que o nobre ministro da Justiça concede nas palavras a que acabo de aludir, era precisamente o que eu sempre sustentei e o que pretendem todos os verdadeiros amigos do regime constitucional. O que todos com efeito queremos e sustentamos é que nada se deve fazer no Estado, ou seja na esfera do poder Executivo ou na do Moderador, sem que alguém seja responsável pelas conseqüências que possam daí resultar em detrimento quer seja dos particulares, quer do público. E o nobre ministro da Justiça, como bem se vê, chega, embora negando a responsabilidade legal dos ministros nos atos do poder Moderador, ao mesmo resultado, à mesma doutrina que tenho sustentado.

Em geral, para que qualquer ato constitua verdadeiramente um crime é indispensável que ele cause dano à sociedade ou aos indivíduos: um tiro disparado para o ar em lugar povoado pode assustar os vizinhos, mas só seria um crime propriamente dito se, dado em outra direção, fosse ferir ou matar alguém.

Da mesma sorte nas altas regiões do poder, o ato, quer seja do Executivo, quer do Moderador, se não causa detrimento ao país em geral ou aos particulares, pode merecer censura por indiscreto ou escusado, mas não é motivo de processo e de pena propriamente dita.

Se o nobre ministro da Justiça reconhece na responsabilidade legal dos ministros um abrigo eficaz contra esse detrimento, ou os atos pertençam à esfera do poder Executivo ou à do Moderador, tem cessado toda a divergência de opiniões na questão, ficando líquido que, em relação aos atos do poder Moderador, há não só a responsabilidade política dos ministros, que se faz efetiva pela censura pública, mas a responsabilidade jurídica, que, na frase do nobre ministro, nunca falta toda a vez que dos atos do poder resulta dano à sociedade.

A relutância, sr. presidente, do nobre ministro a declarar-se francamente de acordo com as idéias que tenho expendido nasce, a meu ver, de algumas equivocações que me proponho deslindar.

Uma dessas equivocações que vejo várias vezes repetida nos discursos do honrado ministro é a seguinte: "Que o exercício do poder Moderador é privativo do chefe supremo do Estado e primeiro representante da nação".

O art. 98 da Constituição diz que o poder Moderador é *delegado privativamente* ao imperador, mas nem esse artigo, nem nenhum outro da lei fundamental diz que o imperador *exerça privativamente* o poder Moderador.

Uma coisa é delegação privativa, outra exercício privativo. O poder Moderador é delegado privativamente ao imperador, porque não o foi, nem podia ser a diversos, como sucedera ao Legislativo. O exercício, porém, do poder Moderador, se a lei dissesse que era privativo do imperador, poderia autorizar a inteligência de que o imperador teria direito de praticar os atos desse poder diretamente, como alguns entendem, e sem necessidade de referenda e responsabilidade ministerial. Por isso julgo não ser indiferente a equivocação a que me refiro, e o certo é que a Constituição ajunta o *privativamente* à delegação, e não ao exercício. Ela diz: "O poder Moderador é delegado privativamente ao imperador", e não "o imperador exerce privativamente o poder Moderador".

Para que bem se compreenda, sr. presidente, que o chefe do Estado no exercício do poder Moderador não exclui o concurso e auxílio dos ministros, bastaria o exemplo de um ato que é de todos o mais freqüente no exercício do poder Moderador: o *perdão*.

Como exerce a Coroa o direito de graça? O ministro apresenta o processo, já visto e examinado na Secretaria de Estado, expõe o estado da questão, sobre a qual cada ministro tem faculdade para fazer as reflexões que entender convenientes, e por fim o "sim ou não imperial" decide a questão, como decide todos os negócios. O que há, perguntarei eu, de privativo no exercício de tal direito?

A dissolução da Câmara é também exemplo concludente de que nem a iniciativa no lembrar, nem o concurso do conselho, se recusa aos ministros de Estado no que toca aos atos do poder Moderador. Ninguém contestará seriamente, sem contestar as práticas do regime representativo, que os ministros possam sugerir à Coroa a necessidade de dissolver a Câmara, e que se faça da dissolução dela a condição de aceitar ou continuar no poder um ministério.

Desses exemplos conclui-se que as atribuições do poder Moderador em geral não excluem na prática o concurso dos ministros, e que, ao contrário, podendo ser, como são muitas vezes, verdadeiros meios de governo, admitem mui naturalmente a intervenção ministerial.

Outra equivocação que tenho notado nos discursos do nobre ministro da Justiça é dizer s. exc. que não pode haver responsabilidade jurídica nos atos do poder Moderador, porque o poder Moderador, conforme o art. 98 da Constituição, é delegado ao imperador como *primeiro representante* da nação, e os representantes da nação nas funções que exercem não estão sujeitos à responsabilidade legal.

Se não estou em erro, sr. presidente, vou demonstrar cabalmente o engano do nobre ministro e a improcedência do seu argumento.

Antes de tudo ponderarei, e esta observação me parece peremptória, que se a inviolabilidade do imperador, a quem é delegado o poder Moderador, lhe proviesse só da qualidade de primeiro representante da nação, não haveria razão para ser ele inviolável como chefe do poder Executivo, visto como o poder Executivo lhe não é delegado na qualidade de primeiro representante da nação, entretanto que o dogma constitucional da inviolabilidade do imperador entende-se com relação a todos os atos da realeza, de qualquer ordem e natureza que sejam.

A inviolabilidade do imperador não nasce só da qualidade de representante da nação, nem é inerente exclusivamente a ele como poder Moderador; mas é uma imunidade da realeza constitucional, que se estende a todas as suas atribuições legítimas, e tem por fundamento razões políticas de ordem mais elevada do que as em que se baseiam as imunidades dos deputados e senadores, a quem só por inadvertência se pode comparar, sob esse ponto de vista, à Coroa.

Com efeito, sr. presidente, a inviolabilidade do deputado ou do senador nada tem de comparável à do primeiro representante da nação.

O deputado e senador são invioláveis, diz o art. 26 da Constituição, pelas opiniões que proferirem no exercício de suas funções, isto é: não podem ser metidos em processo. Mas essa inviolabilidade dos membros de cada uma das Câmaras não os exime da censura pública. O deputado ou senador, contrariado na sua Câmara por seus adversários, combatido na imprensa, alvo, muitas vezes, de injúrias e calúnias, apenas escapa à responsabilidade legal pelas opiniões que proferirem. A pessoa do imperador, porém, é não só inviolável, mas sagrada, não estando sujeita à responsabilidade alguma, o que quer dizer que, além de não responder perante autoridade alguma constituída, deve ser objeto de respeito e veneração.

Demais, a inviolabilidade do senador e deputado diz respeito às opiniões que proferem no exercício de suas funções. A Coroa, porém, não profere, nem tem opiniões, o que ela pensa, o que sabe em matéria do governo do Estado, só se manifesta no interior dos seus conselhos, não transpira fora deles senão sob a referenda de seus ministros, e como atos pelos quais são responsáveis.

Assim que entre a inviolabilidade do deputado e senador, e a do imperante, há uma distância que repele toda comparação, e sobretudo convém notar, sr. presidente, que a inviolabilidade do imperador não é dada a um poder, qualquer que ele seja, mas à pessoa do imperante. A Constituição não diz que o poder Moderador é inviolável; mas, depois de declarar no art. 98 que o poder Moderador é delegado ao imperador, diz no art. 99:

"A pessoa do imperador é inviolável e sagrada; ele não está sujeito a responsabilidade alguma".

É somente a pessoa do imperador, senhores, que é inviolável e sagrada, e não sujeita a responsabilidade alguma. Nenhum poder dos que a Constituição criou tem semelhante privilégio; todos eles, ou seja o Legislativo ou o Moderador, o Executivo ou o Judiciário, como delegações da nação, são-lhe responsáveis, a saber: o Legislativo só pela censura, os outros, pela censura e, quando o caso é de processo, pela punição.

Sr. presidente, o corpo legislativo no seu todo, ou em qualquer dos três ramos de que se compõe, isto é, a Assembléia Geral com a sanção do imperador, está sujeito à censura e à crítica: o direito de analisar a Constituição e as leis e criticá-las, uma vez que se não provoque à desobediência, é reconhecido expressamente em nossos códigos. Mas o corpo legislativo não está nem podia estar sujeito à responsabilidade jurídica por nenhum de seus atos.

Um ato legislativo, sr. presidente, não pode existir sem o concurso desta augusta Câmara, do Senado e da sanção; é um ato deliberado, por assim dizer, na presença da nação, em razão da publicidade dos debates das Câmaras.

Nestas circunstâncias, para haver crime em um ato legislativo, seria mister o abuso e a conivência de todos os mandatários da nação, e a mais decidida inércia da opinião pública, o que se não pode supor.

Daí vem, sr. presidente, que se o poder Legislativo é sujeito à censura e à crítica, não são os seus atos sujeitos a nenhuma outra responsabilidade, tanto mais que não pode haver sobre a terra autoridade constituída que seja superior à do legislador para lhe tomar contas.

No mesmo caso, porém, sr. presidente, não estão os outros poderes constituídos: o Moderador, o Executivo e o Judiciário. Em todos eles o abuso é fácil, e pode o delito ter lugar em dano, quer dos indivíduos, quer da sociedade, se não houver o freio da censura e da punição.

Costuma-se dizer: *O poder Moderador é irresponsável*. Não, senhores, o poder Moderador não é irresponsável. Inviolável e sagrada é a pessoa do imperador, que não está sujeito a responsabilidade alguma; mas os atos daquele poder não só estão sujeitos à censura pública, senão também à responsabilidade jurídica que no caso couber. [Muito bem.]

Sr. presidente, o nobre deputado pelo 1º distrito da província de São Paulo, combatendo o honrado ministro da Justiça, enunciou, por sua parte, uma proposição que não me parece exata. S. exc. disse que o poder Moderador consiste somente em deliberação.

Não o entendo assim, senhores. No poder Moderador, como no Executivo, há deliberação que precede o ato, e ato que resulta da deliberação: e, pois, não me parece razoável fazer consistir o poder Moderador em pura deliberação.

Temos atos do poder Moderador como do Executivo, bons ou maus, inocentes ou prejudiciais, e até criminosos, conforme as circunstâncias; porque, embora alguém diga que os atos que emanam do poder Moderador são por sua natureza inofensivos, é mister fechar os olhos à luz da evidência para não ver as conseqüências fatais que poderiam resultar do abuso das atribuições do poder Moderador.

O temor das penas, sr. presidente, tranqüiliza a sociedade; e pois, se em perdoar as que fossem impostas pelos tribunais não houvesse medida e circunspecção, mas arbítrio e capricho, a sociedade marcharia para a sua ruína.

Se o direito de dissolver a Câmara temporária fosse posto em prática sem prudência, se o capricho chegasse ao ponto de decretar-se em vários anos seguidamente a dissolução, convocando-se nova Câmara, onde iriam parar as instituições? Para onde marcharia o país? [Apoiados.]

Notarei ainda, sr. presidente, antes de passar adiante, que na discussão um certo ódio tem transpirado contra os publicistas estrangeiros, citados para esclarecimento da questão de que se trata. Pela minha parte, sr. presidente, não citei publicista algum estrangeiro na questão vertente, limitando-me a abrir a nossa Constituição e a ler atentamente as suas disposições. Maravilha-me porém essa repugnância contra publicistas europeus, quando é certo que a parte da nossa Constituição relativa ao poder Moderador, além de outras disposições, é quase textualmente copiada da teoria de Benjamin Constant. [Apoiados.] De sorte que a instituição do poder Moderador, tal qual existe em nossa Constituição, é fruto do cérebro de um publicista francês, e não se deve citar publicista estrangeiro para bem compreender-se a mesma instituição! [Apoiados.]

Terminarei, sr. presidente, o que tinha a dizer a respeito do poder Moderador com uma declaração inteiramente oposta àquela com que o nobre ministro da Justiça acabou um de seus discursos.

S. exc. disse que estava tão convencido da doutrina que sustenta, que voltará à questão sempre que houver qualquer contradita. Eu, porém, declaro à Câmara que, convencido profundamente da exatidão das idéias que defendo, e julgando o assunto completamente discutido, prometo não voltar mais a semelhante debate, cuja continuação não pode deixar de ser inconveniente.

Discurso proferido na
sessão de 25 de julho de 1861

∽

O sr. Zacarias: ... Fui, sr. presidente, em uma das sessões passadas qualificado pelo nobre ministro da Justiça de pregoeiro do direito de revolução; s. exc. deu-me patente de tribuno e de turbulento.

O sr. ministro da Fazenda:[55] Não teve essa intenção.

O sr. Zacarias: Lerei as suas palavras, mas, antes de o fazer, lembrarei à Câmara que as idéias por mim aqui expendidas, e que provocaram tão inesperada qualificação do nobre ministro, foram em substância que os poderes políticos reconhecidos pela Constituição, como delegações da nação, são-lhe responsáveis no exercício do mandato, mediante a censura ao menos; idéias que julguei e julgo conterem ouro puro da doutrina constitucional. Entretanto o nobre ministro da Justiça, emprestando-me palavras que não proferi, pretendeu colocar-me em posição desvantajosa, que não quero, nem devo aceitar.

S. exc. atribui-me esta proposição: "O mandante conserva-se sempre em posição *ativa e decisiva* sobre o mandatário, e daí vem a necessidade da responsabilidade".

E tirando pretexto de tal asserção, que eu não pronunciei, estabelece a seguinte doutrina:

"No sistema de nossa Constituição, e nisto está a excelência do nosso sistema, todas as questões resolvem-se regular e pacificamente, todas têm solução regular e natural pelos meios pautados e estabelecidos na Constituição. Qualquer caso de responsabilidade em que porventura incorra este ou aquele indivíduo tem seguramente solução natural perante o poder competente, poder político encarregado de fazer efetiva a responsabilidade".

---

[55] Entre março de 1861 e maio de 1862, a pasta da Fazenda foi ocupada por José Maria da Silva Paranhos, o visconde do Rio Branco.

"O soberano primitivo só se manifestou na época da promulgação da Constituição do Império; depois desapareceu, porque ficou *encarnado* nos quatro poderes políticos delegados aos representantes da soberania. Dizer-se que este soberano que desapareceu, que não tem mais ocasião de manifestar-se, ainda está vigilante e prestes a chamar a contas os mandatários, os quatro poderes políticos, *é o mesmo que apregoar o direito de revolução*."

Vê-se pois, sr. presidente, que o nobre ministro da Justiça atribui-me doutrina de pregoeiro do direito de revolução; mas também é manifesto que para chegar a essa conclusão s. exc. empresta-me palavras que nunca saíram de minha boca, sendo certo que o que eu disse foi que os delegados ou mandatários da nação são-lhe responsáveis em termos hábeis, nos limites constitucionais, e não que a nação se conserve sempre *em posição ativa e decisiva sobre os mandatários*, e menos ainda que esteja prestes a tomar-lhes contas por meios não regulares e pacíficos, em casos de responsabilidade de que cabe aos poderes constituídos tomar conhecimento.

Pregoeiro de revolução e de anarquia seria quem tais idéias enunciasse; mas o nobre ministro, e não eu, proferiu-as, lançando-as à minha conta.

O sr. Araújo Lima:[56] É que v. exc. o compreendeu mal.

O sr. Zacarias: Ele é quem não me compreendeu: estou referindo-me às palavras de seu discurso que acabei de ler. Parece que o nobre ministro queria dar-me patente de tribuno, e com esse intento foi emprestando-me as palavras "posição decisiva", como equivalentes de "posição armada", para daí concluir que eu apregoava a tomada de contas por meios não pacíficos, não regulares, de casos de simples responsabilidade!

Conferida assim a patente de tribuno, o nobre ministro julgou conveniente opor ao veneno da minha doutrina (aliás filha da imaginação de s. exc.) um antídoto eficaz, expendendo a seguinte teoria:

"Tal é a verdadeira doutrina constitucional (que o soberano primitivo desapareceu, porque ficou encarnado nos quatro poderes políticos delegados), tal é a excelência de nossa Constituição que esse direito de revolução não só não existe, como não é necessário, visto que sempre, em qualquer hipótese que se dê, há uma solução regular, pacífica e a mais conveniente ao bem-estar da sociedade".

Há dois sistemas, sr. presidente, um mais especioso do que o outro, porém ambos falsos, de explicar a posição dos poderes públicos em relação ao povo.

---

[56] Raimundo Ferreira de Araújo Lima, deputado pela província do Ceará.

O primeiro é o dos doutores da escola de Rousseau,[57] em que os poderes políticos se consideram, relativamente à nação, em circunstâncias semelhantes às do mordomo para com o proprietário cujos bens administra, ou às do servo para com o amo, quase, enfim, na posição de obedecer e não de governar. É essa a escola da posição *ativa e decisiva* do mandante sobre o mandatário, ou, o que vem a ser o mesmo, da anarquia.

O outro sistema, a que aludo, ensina que a soberania da nação, uma vez criados os poderes públicos, abdica, por assim dizer, neles, que a ficam representando em toda a sua extensão. Essa é a escola do despotismo puro e simples e do direito divino.[58]

Isto posto, é evidente que o nobre ministro da Justiça ofereceu-me o primeiro sistema, reservando para si o segundo, sob o nome, que ficará para sempre lembrado nos anais do nosso Parlamento, de *encarnação da soberania do povo* nos quatro poderes delegados.

O primeiro sistema é não só falso, mas pernicioso, porque avilta e humilha o poder, estimulando conseguintemente a turbulência.

O segundo, dando força demais ao poder, produz necessariamente a opressão e acaba com a responsabilidade. Era em virtude da *encarnação* da soberania do povo no poder que Luís XIV dizia: "O Estado sou eu". Era nessa *encarnação* que se firmavam Cromwell, a Convenção e Bonaparte.[59] [Apoiados.]

---

[57] Rousseau (1712-1778), escritor francês de origem suíça, é considerado pré-romântico. Faz a apologia do instinto e da natureza, é considerado precursor da ideologia democrática e do jacobinismo.

[58] A teoria do direito divino serviu de base ideológica ao absolutismo monárquico, pois fazia derivar diretamente de Deus a autoridade do monarca sobre as coisas e os homens incluídos em seus domínios.

[59] Exemplos de governantes que se caracterizariam pelo despotismo. Luís XIV reinou sobre a França entre 1643 e 1715, absolutista, aboliu o conselho ministerial e governou segundo a doutrina do direito divino dos reis. Oliver Cromwell (1599-1658) foi o chefe militar inglês que, vencendo os exércitos reais, fez-se "lorde protetor" da Inglaterra, concentrando o poder em suas mãos durante a República instalada entre 1648 e 1659 (Commonwealth). A Convenção foi o regime de governo francês instalado entre 1792 e 1795 depois da adoção do decreto pelo qual a realeza francesa foi abolida. Há ainda a referência a Napoleão Bonaparte, general e estadista francês que em 1799 substituiu a Constituição republicana por outra na qual todo o poder concentrava-se no cargo de primeiro-cônsul então ocupado por ele, governou de maneira autoritária sendo proclamado imperador em 1804.

Como quer que seja, eu recuso por falso e perigoso o sistema da posição *decisiva*, e se o nobre ministro da Justiça insiste em adotar o segundo, forma uma idéia singular de nossa Constituição, porque, senhores, se a delegação importasse *encarnação* da soberania nacional nos poderes delegados, a Constituição não fora um pacto fundamental, senão um testamento: não existiriam delegações, mas legados. [Apoiados.]

Em todo o caso a verdade é que nem o sistema que o nobre ministro me atribui, nem o que s. exc. adota é o regime representativo. O sistema representativo repele a soberania inquieta e turbulenta da escola de Rousseau, da mesma forma que não aceita a que se *encarna* nos poderes delegados. Justo meio entre tais extremos, o regime representativo, reconhecendo o direito de governar na inteligência, assinala ao poder uma posição de superioridade, sem eximi-lo da necessidade de constantemente atender à opinião pública, antes obrigando-o a não perdê-la de vista, porque, sendo a sua missão promover por meio de leis e medidas adequadas a felicidade do país, e sendo certo que o poder constituído, por melhor organizado que seja, não resume toda a sabedoria da nação, daí resulta-lhe o dever de prestar atenção e acolhimento à voz da opinião pública, não debalde chamada rainha do mundo, em ordem a não perder a mínima parcela de luz, donde quer que provenha.

No regime representativo por esse modo entendido combina-se perfeitamente o direito da maioria com o da minoria: aquela governa porque supõe-se compreender melhor as necessidades do país e os meios de satisfazê-las, sem que esta deixe de ter o direito de mostrar que a maioria está em erro e sem que perca a esperança de trazer às suas idéias a opinião geral do país. Se porém prevalecesse o modo de pensar do nobre ministro da Justiça sobre a *encarnação* da soberania da nação nos poderes constituídos, não sei que papel ficaria reservado à oposição: para a maioria a *encarnação* do direito de governar o país, para a minoria a *encarnação* permanente da derrota!

Imputando às minhas idéias sobre a responsabilidade dos poderes delegados o resultado de apregoar o direito de revolução, o nobre ministro da Justiça achou motivo para dizer: *o direito de revolução não só não existe como não é necessário.*

Ora, sr. presidente, não tendo eu nem de leve aludido, quanto mais apregoado tal direito, e sendo por outro lado o nobre ministro da Justiça tão ilustrado e incapaz de enunciar proposições de tal ordem a esmo, fiquei entendendo que o nobre ministro, enunciando essa tese, teve em vistas lançar sobre o tapete um cartel a ver quem o levantaria, se a oposição ou se alguém do grupo que apóia o governo com reservas.

Se a oposição, sr. presidente, contestasse nessa parte o nobre ministro da Justiça, diriam os seus adversários: "não perde as tendências de recorrer à força!".

Se algum membro do grupo a que me refiro contrariasse o honrado ministro, dir-se-ia logo: está *angariado*, mudou de partido!

Eu, porém, sr. presidente, apoiado em meus precedentes, ouso dizer ao nobre ministro que o direito que ele tão formalmente nega é atestado pela história de todos os tempos e nações, e reconhecido pela ciência não por abusos ordinários, nem para um partido ou fração do povo, mas para a nação em geral, e quando na ordem de coisas estabelecida ela não encontra segurança nem recurso.

No magistério que outrora exerci sempre guardei a maior reserva na exposição do direito de resistência que compete à nação no caso de extrema necessidade; há nesta casa alguns membros, cujo testemunho posso a tal respeito invocar. [Apoiados.]

Há dez anos, sr. presidente, combati desta tribuna com toda a força a doutrina de compêndios adotados em uma de nossas faculdades onde o direito de resistência era exposto com extrema franqueza. Impugnando essa direção do ensino o meu pensamento não era contestar o direito em si, mas fazer sentir a conveniência de se dar grande desenvolvimento à sua exposição, facilitando-o talvez. Mas, sr. presidente, se há inconveniente no largo ensino do direito de resistência da nação em caso de necessidade, maior inconveniente há em negar absolutamente um tal direito.

Ora, o nobre ministro, sem que a isso fosse provocado, veio à tribuna sustentar que não existe jamais para a nação o direito de recorrer à força, quaisquer que sejam as circunstâncias a que se veja reduzida; e pois há de permitir que o contrarie.

Há, sr. presidente, grande analogia entre o direito de defesa que compete aos indivíduos em caso de agressão, e o de resistência ativa com que as nações procuram libertar-se da opressão.

Porque os indivíduos não precisam usar freqüentemente do direito de defesa, não se segue que esse direito não exista. Da mesma sorte, porque nem sempre, nem por motivos de pouca monta, deva ter lugar a resistência ativa da nação, porque esse direito seja mesmo terrível, não se segue que deixe de manifestar-se nas ocasiões graves.

Sr. presidente, a civilização com todas as suas tendências benéficas encaminha-se a inutilizar nos indivíduos o uso da força privada em própria defesa, sendo certo que em número sem limites nascem e morrem indivíduos e famílias sem que jamais no curso da vida tivessem ocasião de usar desse meio extremo de segurança; mas se, apesar das providências das leis e das autoridades, o homem é assaltado, o seu direito de defesa, em que talvez ele nunca seriamente cogitasse, surge tão vivaz e enérgico como é de razão.

Semelhantemente entendo que o regime representativo estabelece uma ordem de coisas o mais possível adaptada a fazer reinar a liberdade e segurança, sem que a nação, que delegou os poderes, precise recorrer à força para defender esses direitos sagrados. Mas, se, não obstante todas as previsões, chegasse um dia em que a nação não encontrasse, como eu disse acima, na ordem estabelecida segurança nem recurso, nesse dia perdendo o poder público o direito à fidelidade, a nação teria incontestavelmente o direito de proteger-se pela força.

É essa a opinião dos escritores mais ilustrados e respeitáveis, que abstenho-me de citar por ser desnecessário.

Lembrarei todavia a passagem do doutrinário Guizot relativa à guerra da independência dos Estados Unidos da América do Norte,[60] em que o exímio escritor diz:

"Evidentemente esse dia era chegado, em que nasce para os povos o direito de proteger-se pela força, dia terrível e desconhecido, que nenhuma ciência humana pode prever, que nenhuma Constituição pode regular, mas que não obstante surge às vezes designado pela mão de Deus, sendo certo que, se do ponto misterioso onde reside, *esse grande direito social* não pesasse sobre a cabeça dos poderes mesmo que o negam, o gênero humano, de há muito tempo subjugado, teria perdido toda a dignidade, assim como toda a ventura".

Também referirei as palavras com que Stuart Mill, no seu escrito este ano publicado sob o título de *Considerações sobre o governo representativo*, lacônica, mas concludentemente, reconhece o direito em questão dizendo — que com toda probabilidade não há de gozar por muito tempo da liberdade o povo que não tiver disposição de combater por ela quando diretamente atacada.

Eu não compreendo, sr. presidente, o horror que a certas pessoas inspira a idéia de resistência contida nos termos que tenho definido, quando é certo que, graças a esse recurso, somos nação independente, e que se não fora a resistência que produziu a independência, não teríamos hoje liberais,

---

[60] Provável referência à obra de Guizot, *Histoire de Washington et de la fondation de la République des États-Unis*, de 1850.

é verdade, teríamos só conservadores, mas conservadores de jugo e de ferros coloniais.

Diz-se que, feita a delegação, não tem mais a soberania nacional ocasião de manifestar-se, e todavia aí está a manifestação de 7 de abril de 1831 com todos os seus efeitos![61]

Voltando à idéia que acima enunciei, repito, sr. presidente, que o direito que tem a nação de em certos casos resistir ao poder público não há mister ser apregoado, mas também não deve ser negado por pessoa alguma, e muito menos por um ministro de Estado.

O verdadeiro meio de evitar o poder público a resistência não é negar ao povo o direito de empregá-la em caso extremo, mas proceder de modo a não excitar o ressentimento do país. É o que deve fazer todo governo esclarecido, e é o que acredito fará sempre o nosso.

---

[61] Referência ao dia em que d. Pedro I, após uma série de manifestações e conflitos entre os "cabras" (brasileiros) e os "pés-de-chumbo" (portugueses), vê-se forçado a abdicar do trono brasileiro em favor de seu filho d. Pedro II, então com cinco anos de idade.

TERCEIRA PARTE[*]

---

[*] Os números entre colchetes nesta Terceira Parte referem-se às páginas da edição do livro *Ensaio sobre o direito administrativo*, do visconde do Uruguai, lançada pela Coleção *Formadores do Brasil* (*Visconde do Uruguai*, organização e introdução de José Murilo de Carvalho, São Paulo, Editora 34, 2002).

O autor do *Ensaio sobre o direito administrativo*[62] declara que a questão do poder Moderador, por vezes agitada entre nós, nunca chegou a uma solução definitiva, solução que ele propõe-se dar por meio da análise, que faz objeto dos capítulos 28 e 29 do 2º tomo da sua obra, precedida no capítulo 27 da apreciação dos debates, a que o assunto tem dado lugar nas Câmaras Legislativas.

Não pretendo acompanhar o autor em todos os argumentos e observações que aduz em seu extenso trabalho (o qual abrange seguramente a quarta parte do *Ensaio*) para concluir que os atos do poder Moderador não carecem de referenda, nem de responsabilidade ministerial: a minha apreciação tornar-se-ia em extremo longa.

Discutirei apenas, nos seguintes artigos, o que no mencionado trabalho me parecer mais importante, começando pela análise e indo depois à história da questão, no que protesto haver-me com a franqueza que a verdade exige, mas sempre com o respeito devido ao nome e elevada posição do autor.

---

[62] Paulino José Soares de Sousa, o visconde do Uruguai.

Por que razão o poder Moderador é uma delegação nacional

Diz o *Ensaio* à p. 61 [355]:

"É o poder Moderador (bem como outros) delegação da nação, porque oferecida a Constituição (assim o declara o seu preâmbulo), pelo sr. d. Pedro I, às observações dos povos deste Império, para serem elas depois presentes a uma nova Assembléia Constituinte, requereram os mesmos povos, juntos em Câmaras, que fosse jurada e executada, aprovando-a".

E em uma nota correspondente a esse período observa o autor:

"Na Carta Constitucional da monarquia portuguesa não é o poder Moderador (nem o são os outros poderes) delegação da nação, porque essa Carta não foi oferecida à aprovação dos povos, foi decretada, dada e mandada jurar pelo sr. d. Pedro IV,[63] como se vê do seu preâmbulo. Não contém por isso, como contém a nossa Constituição, artigo que declare os quatro poderes delegações da nação. E, tratando do poder Moderador, diz simplesmente, no art. 71: 'O poder Moderador é a chave de toda a organização política, e compete *privativamente* ao rei, como chefe supremo da nação, para que vele sobre a manutenção da independência, equilíbrio e harmonia dos mais poderes políticos'".

Certo, nem o texto, nem a nota citados, abonam-se com a ciência do direito público antiga ou moderna.

---

[63] Referência a d. Pedro I, imperador do Brasil, conhecido como d. Pedro IV em Portugal.

O poder Moderador no Brasil é delegação nacional, não porque o preâmbulo da Constituição diga que foram ouvidas as Câmaras Municipais a respeito do projeto da mesma Constituição, nem porque o art. 12 da lei fundamental declare os quatro poderes políticos (em cujo número entra o Moderador) delegações da nação, mas por uma razão mais alta, a que aquele preâmbulo e o referido art. 12 tributam homenagem, sem contudo serem necessários ao reconhecimento efetivo da delegação.

Por outro lado, e atenta a mesma razão, a falta de audiência do povo português e de artigo expresso da sua Constituição política, declarando que o poder Moderador e os demais poderes políticos são delegações da nação, não inibe que naquela monarquia tais poderes sejam tão eficazmente delegados pelo povo, como o são no Brasil.

A razão a que aludo, e que dominando toda a Constituição não depende do laconismo ou prolixidade com que porventura fosse redigido o pacto fundamental, é a da soberania.

Ora, a respeito de soberania há duas escolas opostas: uma que só a reconhece no príncipe por direito divino, outra que a faz residir no povo, ou seja, conforme inexatamente, a meu ver, pretende Rousseau, o resultado de pequenas porções de soberania inerentes a cada indivíduo, ou resida imediatamente em toda a comunhão civil como direito essencial à entidade coletiva, às famílias constituídas em sociedade, no sentido de S. Tomás:[64] *"Non cujuslibet ratio facit legem, sed multitudinis aut principis vicem multitudinis gerentis"**.

---

[64] Referência a São Tomás de Aquino (1225-1274), filósofo e teólogo medieval.

* "Não é a decisão de qualquer um que faz a lei, mas a do povo ou do príncipe que faz as vezes do povo." Não foi possível situar em todo o texto da *Suma Teológica* onde São Tomás trata das leis (*Prima secundae, quaestiones* 95, 96 e 97) a citação *ipsis litteris* como vem aqui referida. Parece, salvo engano, uma excelente síntese do que vem na *Suma*, na *quaestio* 97, a. 3, *ad tertium*, feita talvez por algum tratado sobre o assunto. O texto de São Tomás é o seguinte:
"Si enim sit libera multitudo, quae possit sibi legem facere, plus est consensus totius multitudinis ad aliquid observandum, quem consuetudo manifestat, quam auctoritas principis, qui non habet potestatem condendi legem, nisi inquantum gerit personam multitudinis. Unde licet singulae personae non possint condere legem, tamen totus populus legem condere potest." ("Se o povo é livre para poder fazer a lei para si, mais vale o consenso de todo o povo para obedecer a algo, consenso que o costume manifesta, do que o poder do príncipe, o qual não possui autoridade para determinar uma lei senão enquanto representa a pessoa do povo. Daí que, embora cada indivíduo não possa fazer a lei, todavia, o povo em conjunto pode fazer a lei.") (N. do L.)

Na escola do direito divino, o príncipe que, desejando outorgar ao povo uma Constituição, ouve-o previamente e leva a sua deferência ao ponto de aceitar dele emendas e correções, nem por isso deixa de ser o único depositário do poder: em tal escola o príncipe pode fazer favores ao povo, mas este não tem poderes que delegar-lhe.

Na escola, porém, da soberania do povo, não há poder que não seja delegação nacional, ou a delegação se ache declarada em disposição expressa, como sucede em nossa Constituição, ou, o que é mais do que bastante, se subentenda do contexto da lei fundamental, como acontece na Carta da monarquia portuguesa.

Assim, pois, o poder Moderador no Brasil é delegação nacional, porque a Constituição aqui se baseia no princípio da soberania do povo, da mesma sorte que também o é em Portugal, porque a Carta Constitucional tem ali o mesmo fundamento.

Se o autor do *Ensaio* professa a escola do direito divino não devia reconhecer delegação no Brasil, nem em Portugal, qualquer que fosse a redação das respectivas Cartas. Se, porém, aceita o princípio da soberania nacional, cumpria ver nele o fundamento da Constituição dos dois povos, e a razão por que num e noutro país o poder Moderador e todos os mais poderes políticos são delegações nacionais.

Os próprios reis de Portugal, e sobretudo d. Pedro V,[65] de saudosa memória, não deduziram jamais, das omissões que nota o autor do *Ensaio* na Carta Constitucional da monarquia portuguesa, a conseqüência que ele tira de que o poder que exercem lhes pertence, e não é delegação nacional.

Também não consta que publicista algum português tenha entendido, como entende-a o ilustre publicista brasileiro, a Carta portuguesa, deduzindo a mencionada ilação, antes é certo que Silvestre Pinheiro[66] na presença do art. 12 da nossa Constituição, que declara os poderes políticos do Império delegações da nação, escreveu as seguintes reflexões, que são a condenação formal da hermenêutica do autor do *Ensaio*:

"Este art. 12 (da Constituição do Brasil) é puramente didático, e dizendo que os poderes políticos são delegação da nação,

---

[65] Filho de d. Maria II, d. Pedro V reinou sobre Portugal entre 1855 e 1861.

[66] Silvestre Pinheiro Ferreira (1769-1846), filósofo e publicista português, esteve no Brasil entre 1809 e 1821, retornando a Portugal com a Corte de d. João.

supõe que eles possam ser outra coisa em outro país, suposição inadmissível, porque o pretenderem alguns soberanos que o seu poder não é delegação nacional prova a ignorância dos povos que os acreditam..."[67]

E, pois, d. Pedro IV, autor das Constituições quase idênticas das duas nacionalidades, não pode sem injustiça ser argüido, como implicitamente o é pelo autor do *Ensaio*, de ter sobre a origem do poder público duas opiniões diversas e opostas, reconhecendo ao mesmo tempo que o povo brasileiro delegou poderes políticos, o português não.

Qual seja positivamente a opinião do autor do *Ensaio* sobre a questão de soberania, mal pode o leitor conhecer, porque se por um lado lêem-se à p. 70 estas palavras: "A massa da nação é fonte de todo o poder", logo à p. 71 [360-1] se encontram as seguintes bem significativas expressões:

> "O poder de agraciar supõe necessariamente a faculdade de pôr de lado as leis, cuja aplicação rigorosa circunstâncias especiais tornam menos justa. É um poder, o qual como Deus de quem emana, em parte alguma tem limites. É o único de que se pode dizer: *Princeps a legibus solutus est**".

Aí está o poder de agraciar não só declarado isento de toda restrição e quase incompatível com a observância das leis, que supõe postas de parte, quando realmente o direito de graça não é mais do que a conciliação da lei geral com a eqüidade particular, mas formalmente reconhecido como emanação de Deus!

Ora o direito de perdoar é uma das atribuições do poder Moderador, e se esta emana de Deus, as outras não há razão para que deixem de ter a mesma origem, e conseqüentemente eis o poder Moderador fundado na teoria do direito divino, quando a Constituição do Império tão formalmente o humanara, chamando-o "delegação nacional" como qualquer dos outros poderes políticos.

---

[67] Silvestre Pinheiro, *Observações sobre a Constituição do Império do Brasil e sobre a Carta do Reino de Portugal*. (N. do A.)

* "O príncipe está livre das leis" ou "O príncipe não está sujeito às leis". Citado em São Tomás de Aquino, *Suma Teológica*, I, 2, q. 96, a. 5, referente a Digest. 1, I, tít. 3, leg. 31. (N. do L.)

Num sentido, cumpre reconhecê-lo, pode-se dizer que o poder de agraciar emana de Deus, isto é: no sentido da palavra de São Paulo, *Omnis potestas a Deo est**, palavra profunda e de eterna verdade, porque o poder, supondo de um lado o direito de ordenar e do outro a obrigação de obedecer, não é produto da vontade e do esforço do homem, mas só de Deus procede.

Em tal acepção, porém, note-se bem, não é só o poder de agraciar que vem do céu, mas todo e qualquer poder, e pois tanto vem de Deus o poder paternal como o poder público, e no poder público tanto tem origem divina o poder Moderador como o Legislativo, o poder Executivo como o Judicial; porque as sagradas letras não dizem: *Non est princeps nisi a Deo***; mas: *Non est potestas nisi a Deo*.[68]***

De sorte que longe de pensar, com o autor do *Ensaio*, que o príncipe no exercício do poder de perdoar põe as leis de lado, ou é absoluto, que tanto importam as expressões *princeps a legibus solutus*; preferível é dizer com um grave historiador, a quem o mesmo autor do *Ensaio*, noutro lugar encarecidamente elogia:

"A realeza, para poder existir em perfeita harmonia com as liberdades do povo, não há de ostentar título algum que seja mais elevado nem mais venerável que aquele, em virtude do qual o mesmo povo sustenta as suas liberdades. O príncipe d'ora em diante deve ser considerado como um magistrado, magistrado elevadíssimo e altamente venerável, mas sujeito à lei e derivando o seu poder do céu no mesmo sentido em que é lícito asseverar que as duas casas do Parlamento derivam do céu os seus poderes".[69]

---

* "Todo o poder vem de Deus." É de crer que o escritor tenha feito de cabeça a citação e modificado, sem prejuízo de sentido, o original de São Paulo, Romanos 13, 1: "Omnis anima potestatibus sublimioribus subdita sit: non est enim potestas nisi a Deo..." ("Esteja toda alma sujeita aos poderes mais altos: não existe, em verdade, poder que não venha de Deus..."). (N. do L.)

** "Não há príncipe que não venha de Deus." (N. do L.)

[68] Ventura, *Pouvoir public*. (N. do A.)

*** "Não existe poder que não venha de Deus." (N. do L.)

[69] Macaulay, *History of England*, vol. 2, p. 623. (N. do A.)

Qual a razão por que o poder Moderador é delegado privativamente

∽

O autor do *Ensaio*, como todos os que seguem a opinião que ele abraça, recorre, cheio de confiança, ao *privativamente* do art. 98 da Constituição, para daí concluir que o chefe supremo da nação no exercício das atribuições do poder Moderador não há mister assinatura nem responsabilidade dos ministros de Estado.

Cumpre, porém, observar que esse advérbio famoso na questão, de que se trata, em discurso ou escrito de ninguém recebeu ainda significação mais claramente inadmissível do que na obra do sr. visconde do Uruguai.

Com efeito diz o *Ensaio* à p. 62 [355]:

> "O poder Moderador é privativo, isto é, pertence privativamente ao imperador como chefe supremo da nação, art. 98 da Constituição.
>
> Privativamente, em português (vejam-se os dicionários), quer dizer com *exclusão de outros*. Foi sempre essa a significação que teve esta palavra. Com exclusão *de outros*. Que outros? Não pode ser senão de *outros poderes*, a saber o Legislativo, o Executivo e o Judicial. Se pertencesse ao imperador como chefe do poder Executivo, não seria mais *privativo*, porque os agentes deste último poder, os ministros, teriam quinhão nele. Não se daria a exclusão que a Constituição quer".

E à p. 66 [358] lê-se ainda:

> "Já observei em outro lugar que a palavra *privativamente* em português quer dizer *com exclusão de outros*; e portanto, aqui, com exclusão de *outros poderes*.
>
> Logo o poder Moderador, por força do art. 98 da Constitui-

ção exerce as suas atribuições, isto é, as atribuições marcadas no art. 101 da Constituição, com exclusão dos outros poderes, e portanto do Executivo.

Com exclusão do poder Executivo!

Será com exclusão do imperador, que é chefe do poder Executivo? Não, porque a Constituição confere o poder Moderador expressa e nomeadamente ao imperador, que declara também chefe do poder Executivo.

Quem é, pois, o excluído pelo *privativamente*? Não o podem ser senão os ministros".

Uma breve análise mostrará o que vai de inexato e confuso nos períodos supratranscritos.

Supondo, por um momento, com o autor do *Ensaio*, que *privativamente* quer dizer "com exclusão dos outros poderes", observarei que a exclusão assim definida não é característica do poder Moderador como pretende o ilustre escritor, mas própria de cada um dos quatro poderes políticos reconhecidos pela Constituição.

Em verdade, todos os poderes políticos são independentes entre si, e, pois, cada um no exercício das respectivas atribuições procede com exclusão dos outros. Assim, por exemplo, o poder Judicial na esfera de sua legítima atividade exclui intervenção de qualquer outro poder, sendo certo que até o Moderador não pode perdoar ou moderar as penas, em que os réus incorrem, senão depois de sentença condenatória. O poder Executivo exercita-se com independência e exclusão do Judicial. No poder Legislativo não tem parte o Judicial.

E se o *privativamente* do art. 98 caracterizasse, como pretende o *Ensaio*, só o poder Moderador, tornando o respectivo exercício independente ou exclusivo de outros poderes, forçoso seria admitir que os demais poderes, o Legislativo, Executivo e o Judicial, estão sujeitos à interferência, à perturbação dos outros na sua esfera especial de atividade, o que é absurdo.

Privativamente, diz o *Ensaio*, quer dizer: com exclusão do poder Executivo. Pois bem: o poder Executivo é delegado ao imperador, e, portanto, o chefe da nação a si próprio se exclui do exercício do poder Moderador!

Ante essa conclusão incômoda foge o *Ensaio* dizendo que a exclusão se entende só com os ministros e não com o imperante, o qual, ao mesmo tempo que tem da Constituição o poder Moderador, é declarado chefe do poder Executivo.

Mas então quebrais o encanto do vosso *privativamente*. Já ele não quer dizer "com exclusão de outro poder", mas de uma parte somente, e não a parte mais nobre, porém a mais humilde e secundária de certo poder.

E depois mostrar-se-á adiante que o *privativamente*, que por vossa própria confissão não exclui a parte mais nobre do poder Executivo, também não se aplica à parte menos nobre desse poder, que chamais "ministério", porque, segundo a Constituição do Estado, o ministério não é poder Executivo, nem parte do poder Executivo: o poder Executivo não tem partes, é indivisível, e toca a uma só pessoa física.

Enquanto porém não chego no artigo seguinte à demonstração dessa tese constitucional, basta-me, para refutar o *Ensaio*, a autoridade do próprio *Ensaio*, o qual chamando aqui os ministros parte do poder Executivo, esquece que à p. 61 [354] escreveu "que alguns com a doutrina da responsabilidade ministerial nos atos do poder Moderador querem pôr essa delegação privativa na dependência *não de outro poder, mas dos ministros, agentes de outro poder*".

Esquece igualmente o autor que, falando da inteligência que exige a referenda e responsabilidade ministerial nos atos do poder Moderador, escrevera à p. 69 [360] o seguinte: "Confunde o primeiro representante, o chefe supremo, o delegado privativo da nação, com os agentes de um outro poder, os quais não são representantes, nem chefes, nem delegados da nação".

Eis aí nesses dois períodos reconhecido de plano, pelo escritor do *Ensaio*, que os ministros não são poder Executivo, mas simplesmente agentes desse poder, o qual é, sem dúvida, delegado da nação, entretanto que os seus agentes não possuem semelhante atributo.

Ora se os ministros, na teoria do próprio autor do *Ensaio*, não são relativamente ao poder Moderador, *outro poder*, mas apenas *agentes* de *outro poder*, como pretende ele, apoiando-se na palavra privativamente que, no seu entender significa, em última análise, exclusão do poder Executivo, arredar de todo o contato com o poder Moderador esses funcionários que não são o poder Executivo, mas seus agentes?

O autor do *Ensaio*, há de, pois, confessar que, à vista mesmo de idéias contidas em seu livro, se insistir em dar à palavra *privativamente* o sentido de "exclusão do poder Executivo", não há remédio senão chegar ao seguinte resultado: que o imperador no exercício do poder Moderador leva a exclusão dos outros poderes a ponto de excluir-se a si mesmo, porque só ele é poder Executivo.

Tais absurdos e inconseqüências se evitam dando-se ao termo *privativamente* a sua verdadeira significação. Senão veja-se:

Diz o autor: "Privativamente, em português (vejam-se os dicionários), quer dizer *com exclusão de outros*".

Abrindo-se os dicionários de nossa língua na palavra *privativamente*, vê-se que significa: *Com exclusão de mais pessoas*. Dir-se-ia que o autor do *Ensaio* leu nos dicionários *com exclusão de outros* para suavemente fazer concordar *outros* com poderes, e assim melhor chegar à sua desejada conclusão.

Como quer, porém, que seja, sustento que o *privativamente* do art. 98 da Constituição contrapõe-se a *coletivamente*, e quer dizer que o poder Moderador é delegado a uma pessoa só, ao imperador, e não a ele e a mais pessoa, ou a ele e a outros indivíduos.

Conforme a Constituição, o poder Legislativo é delegado ao imperador com a sua sanção, mas não a ele só, senão também e muito essencialmente ao Senado e à Câmara eletiva: art. 15. A delegação nacional, com respeito ao poder Legislativo, é pois coletiva e não privativa, porque confere-se a várias e não a uma só pessoa.

Pela mesma razão o poder Judicial não é delegado privativamente a ninguém, porque (segundo o art. 151 da Constituição) compõe-se de juízes e de jurados, isto é: de muitas pessoas.

Quanto ao poder Moderador a delegação foi, nem podia deixar de ser, *privativamente* feita ao imperador, porque a pluralidade, admissível e necessária a respeito de outros, não cabia nesse poder, mas a unidade em todo o rigor do termo.

Nesta acepção, que é, creio eu, conforme aos dicionários, o *privativamente* do art. 98 caracteriza bem o poder Moderador, porque indica uma circunstância que lhe não é comum, nem com o poder Legislativo nem com o Judicial: naquele domina a unidade, neste a pluralidade, ali a delegação é privativa, aqui é coletiva.

Suposta a inteligência que dou à delegação privativa do art. 98 da Constituição, sou o primeiro a reconhecer, e o disse expressamente na primeira parte deste pequeno trabalho, que o poder Moderador distinguindo-se no tocante ao modo da delegação dos demais poderes, não difere do poder Executivo, porque também este poder é delegado só ao imperador.

Essa doutrina é acoimada pelo ilustre autor do *Ensaio* de subversiva, porque (diz ele à p. 54 [349]) tende a mudar completamente a nossa Constituição.

Cumpre fazer de tal doutrina no artigo seguinte um estudo especial.

SE O PODER EXECUTIVO É OU NÃO DELEGADO SÓ AO IMPERADOR

A Constituição do Império, no art. 102, exprime-se assim: "O imperador é o chefe do poder Executivo, e o exercita pelos seus ministros de Estado". Em face do citado artigo, o autor do *Ensaio* escreve à p. 55 [349-50]:

> "O imperador não é o poder Executivo, não constitui por si só o poder Executivo. É simplesmente o chefe do poder Executivo. Não confundamos *a parte com o todo*. É o chefe de um corpo composto de agentes de cuja referenda dependem os atos desse poder, e sem a qual não podem ser executados. Por mais importante que seja a parte que possa caber ao imperador, como chefe do poder Executivo, nesse corpo não é ele o mesmo corpo. Podem dizer ao chefe: 'Eu sou o responsável, e não tomo sobre mim essa responsabilidade'".

De semelhante construção depreende-se: 1°) que o poder Executivo é delegado, não a um indivíduo, mas a um corpo político; 2°) que desse corpo, a quem a Constituição delega o poder Executivo, uma parte é o imperador, a outra os ministros e secretários de Estado; 3°) que na composição desse corpo a Coroa representa a cabeça, os ministros talvez braços e pernas, mas braços e pernas com direito de dizer, quando for preciso, à cabeça: "Alto, hoje não seguiremos para onde nos apontais, nem faremos o que nos prescreveis".

Certo semelhante todo, com cabeça de rei e membros de agentes do rei, se não é comparável ao monstro horaciano, parece merecer bem a qualificação que no 1° tomo do *Ensaio*, p. 184 [205], se dá à organização administrativa do nosso país, a saber: É uma cabeça enorme em um corpo entanguido!

A letra e o espírito da nossa Constituição, a sã teoria do direito público filosófico, o direito público positivo comparado, e até o próprio *Ensaio* do sr. visconde do Uruguai, protestam contra a idéia de ser o poder Executivo, pela nossa Constituição, uma delegação coletiva. Irei por partes.

1º

A nossa lei fundamental, que segue Benjamin Constant na instituição do poder Moderador, repeliu muito intencionadamente as idéias desse publicista no tocante ao poder Executivo.

O publicista francês entendia que o poder real reside em mãos do rei, e que o Executivo é confiado aos ministros.[70] Teoria com que, observa um grave historiador, reduzia Benjamin Constant na monarquia constitucional o chefe do Estado ao papel neutro e puramente moderador no centro dos princípios ativos, pois que tendo o ministério o poder Executivo, limitava-se a prerrogativa do monarca a manter as autoridades em sua esfera, ou mudando o ministério, ou dissolvendo as Câmaras, pensamento que foi posteriormente traduzido (para os que a exageravam) na fórmula: — O rei reina e não governa.[71]

É para notar-se que a doutrina de Benjamin Constant, que eleva o ministério à categoria de poder, foi sempre repelida dos publicistas franceses, sendo que Chateaubriand[72, 73], combatendo tal idéia, contempla o ministério na organização do governo constitucional não como um poder, mas como um *elemento*, e Charsau,[74] aplaudindo o pensamento de Chateaubriand, faz a crítica do de Benjamin Constant nestes termos: "O que vem a ser um poder constitucional (o do ministério), que é sujeito à jurisdição de um dos ramos de outro poder qualificado igualmente de poder constitucional?".

Ora, o nosso legislador constituinte, adotando embora de Benjamin Constant a idéia do poder Moderador, teve o bom senso de repelir a doutrina do poder ministerial ou do poder Executivo confiado a ministros, e fez bem patente o seu pensamento quando disse na segunda parte do citado art. 102: "O imperador *exercita* o poder Executivo pelos seus *ministros* de Estado".

---

[70] *Cours de pol. const.*, ed. de Brux., 1837, pp. 4 e 12. (N. do A.)

[71] César Cantu, *Histoire universelle*, cap. 18, p. 504. (N. do A.)

[72] Escritor romântico francês discípulo de Rousseau, viveu entre 1768 e 1848.

[73] *Monarchie selon la charte*. (N. do A.)

[74] *Délits et contraventions de la parole*. (N. do A.)

Exercita pelos seus ministros. Logo o poder Executivo pertence ao imperador, visto que aquele a quem o poder é delegado é que o exerce. Se a Constituição supusesse o poder Executivo delegado a um todo composto do imperador e de ministros, como pretende o sr. visconde do Uruguai, a frase devera ser: — O imperador exercita o poder Executivo com os seus (e não pelos seus) ministros. — O dizer — pelos ministros — já indica bem que estes não formam com o imperador um todo, a quem se ache delegado o poder Executivo, mas apenas têm o caráter de agentes, agentes de uma categoria elevadíssima, sem cujo intermédio nada faz o imperador, mas que não compartem com ele como seus co-delegados o poder Executivo.

Parece entretanto que para evitar toda a dúvida a respeito do papel dos ministros de Estado com respeito ao exercício do poder Executivo, acrescentou a Constituição muito de propósito um termo que fosse o mais possível significativo, o termo "seus".

O que produz dúvida no espírito de alguns e os têm levado a crer que o poder Executivo não pertence exclusivamente ao imperador, mas a ele e aos ministros, é a frase da primeira parte do art. 102: "O imperador é o chefe do poder Executivo".

É o chefe do poder Executivo. Logo, concluem, o imperador não é a única pessoa a quem foi delegado o poder Executivo, mas tem companheiros na delegação, a saber: os ministros de Estado.

A só etimologia da palavra "monarquia", que quer dizer governo de um só chefe, responde satisfatoriamente a esse argumento, que pretende, porque o imperador é chefe, repartir o poder Executivo entre ele e os seus ministros. Todavia, se a expressão "chefe", que se encontra na primeira parte do art. 102, pudesse razoavelmente suscitar alguma dúvida a respeito da delegação privativa do poder, a que se refere, essa dúvida dissipar-se-ia não só na presença dos termos positivos e claros com que logo na segunda parte, como acabamos de ver, define a posição do ministério relativamente ao poder Executivo, mas pela confrontação do mesmo art. 102 com outros da Constituição.

Noutra parte citei já os arts. 53, 56, 141 e 142 da Constituição com que se mostra que tanto o poder Executivo é delegado só ao imperador, que referindo-se nesses artigos a atribuições e negócios do poder Executivo, substitui-se indiferentemente a expressão imperador à de poder Executivo.

Citarei agora outras disposições.

Pelo art. 103, §§ 3 e 4, é atribuição do poder Executivo nomear os magistrados e prover os mais empregos civis e políticos. E contudo o art. 165 dispõe que haverá em cada província um presidente nomeado pelo *impera-*

dor, que o poderá remover quando entender que assim convém ao bom serviço do Estado: imperador aqui significa poder Executivo.

Além disso, não obstante ser atribuição do poder Executivo prover os empregos civis e políticos, é doutrina dos arts. 33 e 34 da Constituição que no intervalo das sessões poderá o *imperador* empregar um senador ou deputado, ainda fora do Império, quando isso não os impossibilite de se reunirem ao tempo da convocação da Assembléia Geral ordinária ou extraordinária, e, durante as sessões, fazê-los sair para qualquer comissão, uma vez que a respectiva câmara o determine: outro caso em que imperador é sinônimo de poder Executivo.

Convocar a nova Assembléia Geral ordinária, no dia 3 de junho do terceiro ano da legislatura existente, é atribuição do poder Executivo, pelo art. 103, § 1.

No entanto a Constituição, no art. 47 § 3º, encerra uma justa providência (também aplicável à hipótese de convocação por motivo de ter sido dissolvida a Câmara temporária), conferindo ao Senado a atribuição de expedir cartas de convocação da Assembléia, caso o *imperador* o não tenha feito dois meses depois do tempo que a Constituição determina: cabe aqui a observação feita nos períodos precedentes.

Em todos os artigos, que vêm de ser citados, trata-se de atribuições do poder Executivo, e contudo a Constituição diz o *imperador*, prova evidente de que, tendo sido o poder Executivo delegado em sua plenitude ao imperador, não há impropriedade em designar algumas vezes pela palavra *imperador* aquele poder.

Acresce que tanto o poder Executivo é só delegado ao imperador, que a Constituição, no tít. 5º, cap. 2º, que se inscreve "do poder Executivo", havendo apenas falado em ministros para dizer que por meio deles o imperador exerce o poder Executivo, não trata aí senão do imperador, marcando a fórmula do seu juramento, proibindo a sua saída do Império sem consentimento da Assembléia Geral etc., ao passo que do ministério se ocupa em outra parte, isto é, no cap. 6 do mesmo tít. 5.

2º

A sã teoria do direito público opõe-se à delegação coletiva do poder Executivo, por um princípio de todos bem conhecido, e é: que a deliberação compete a muitos, a ação a um só.

A unidade na delegação do Executivo, que até as repúblicas, quando bem organizadas, adotam, tendo em vista a alta conveniência de tornar pronta e enérgica a execução, em nossa forma de governo torna-se uma condição sem a qual deixaria de ser o que realmente é, a saber: monarquia.

Montesquieu[75] diz que a monarquia é a espécie de governo em que um só governa: é a definição de todos os publicistas.

Mas para que um homem só governe, e, por conseqüência, exista o governo monárquico, uma de duas há de necessariamente suceder.

Ou o imperante concentra em suas mãos os poderes Legislativo e Executivo, e então a monarquia é absoluta.

Ou participando, com o Parlamento Nacional, do poder Legislativo, ele possui a plenitude do poder Executivo, e nesse caso a monarquia é limitada ou constitucional.

Silvestre Pinheiro Ferreira resume em poucas palavras essa doutrina, dizendo: "Si le monarque qui possède déjà le pouvoir exécutif, coopère avec d'autres représentants de la nation à la confection des lois, la monarchie est dite constitutionnelle ou représentative. Mais s'il a, à lui seul, la plénitude du pouvoir législatif, on le nomme monarque absolu".[76]

De sorte que a unidade na delegação, ao menos do poder Executivo (a par com a perpetuidade da mesma delegação), é condição essencial para que se salve em uma forma de governo a idéia de monarquia.

Forma de governo em que o príncipe, constituído apenas um dos três ramos do poder Legislativo, não tivesse a plenitude do poder Executivo, mas partilhasse, em uma proporção qualquer, com certo número de funcionários, quase como um presidente de conselho de ministros, o poder Executivo, decididamente seria tudo, menos forma de governo monárquico.

Nem se diga que a nossa forma de governo ficava isenta de tal inconveniente com a criação do poder Moderador conferido exclusivamente ao imperador, porquanto sendo esse poder, como lhe chamam, neutro, poder que não freqüentemente, mas, por assim dizer, com largas intermitências exerce a sua ação, a posse dele conferida exclusivamente ao imperante não seria motivo bastante para asseverar-se a existência da monarquia ou do governo de um só.

Como disse acima, Benjamin Constant, com o seu romance (assim chama César Cantu às teorias desse publicista) de poder Executivo ou minis-

---

[75] Escritor e jurista francês, humanista, viveu entre 1689 e 1755.

[76] *Cours de droit public interne et externe*, t. 1, § 34. (N. do A.)

terial separado ou independente, foi precursor daqueles que alguns anos depois usaram e abusaram da fórmula: o rei reina e não governa.

E, na verdade, o príncipe que fosse reduzido a possuir só a plenitude das funções, cujo complexo forma o que Benjamin Constant denomina poder real, que é, com pequenas diferenças, o nosso poder Moderador, tendo apenas no poder Executivo uma parte, esse príncipe reinaria somente, não governaria, porque, se entre tais palavras pode haver diferença, como em outro lugar examinarei, reinar é o papel daquele que só observa e inspeciona para intervir em casos de desinteligência e desarmonia, ao passo que governar é atributo de quem mesmo fora dessa hipótese põe mãos no leme da nau do Estado, e a dirige a bom porto.

E o que admira é que o autor do *Ensaio*, seguindo na questão — o rei reina e não governa — o parecer de que o imperador não só reina, mas governa, e governa, em casos graves, sem dependência de referenda, nem responsabilidade de ministro, seja quem tão abertamente venha aqui sustentar as idéias do poder ministerial, ou de poder Executivo confiado a ministros, idéias de que a fórmula "o rei reina e não governa", em sua maior exageração, é filha legítima.

3º

O direito público positivo comparado não menos condena a inteligência que o escritor do *Ensaio* dá à delegação do poder Executivo pela nossa Constituição, em virtude de dizer esta que o imperador é chefe do poder Executivo.

No direito público eclesiástico, o pontífice é chamado chefe supremo da Igreja Universal, mas apesar da qualidade de chefe da Igreja, ou antes por isso mesmo que é chefe supremo da Igreja, nele reside a plenitude do poder espiritual no grande interesse da unidade católica, e ninguém disse jamais, sem ferir a ortodoxia, que aí o ser chefe implicasse a idéia de partilhar com outros o poder supremo.

Segundo a Constituição francesa de 1791, o rei se denominava "chefe supremo da administração geral", e contudo o poder Executivo era delegado expressamente só ao rei.

A Constituição de 1830 também designava o rei pelo título "chefe supremo do Estado", e todavia o poder Executivo era delegado exclusivamente ao mesmo rei. Dizia o art. 12 dessa Constituição: "La personne du roi est inviolable et sacrée. Ses ministres sont responsables. Au roi seul appartient la puissance exécutive". E o art. 13: "Le roi est le chef suprême de l'etat etc.".

Destarte aquele código político autoriza duas ilações inteiramente desfavoráveis à doutrina do *Ensaio*.

A primeira é que a qualidade de chefe do poder Executivo, dada ao príncipe, não exclui, antes supõe, a plenitude do mesmo poder.

A segunda é que exercitar o príncipe o poder Executivo por seus ministros responsáveis não significa de modo algum que estes formem com aqueles um todo, ao qual se ache delegado e distribuído o poder Executivo.

Ficou dito acima que, mesmo nas repúblicas, a unidade na delegação do poder Executivo assenta melhor que a pluralidade.

Assim é que a Constituição francesa de 1848 no art. 43 dispunha: "O povo francês delega o poder Executivo a um cidadão com o título de presidente da República"; artigo que sugeriu a um grande jurisconsulto as seguintes reflexões: "A Constituição de 1848 é, no que toca à organização do poder Executivo, muito superior à do ano III, porque em lugar dessa hidra de cinco cabeças (o Diretório) que reciprocamente se mordiam, manteve-se o grande princípio da unidade do poder, unidade, não nominal, mas fortemente organizada".[77]

Nos Estados Unidos, diz m. de Tocqueville,[78] fez-se do presidente o só e único representante do poder Executivo da União, sendo que a vontade desse funcionário não depende da de um conselho.[79]

À vista disso seria bem estranhável que, quando nas formas republicanas mais regulares o poder Executivo só tem como representante um indivíduo, o poder Executivo na monarquia brasileira fosse representado por um *todo*!

4º

Por último, ninguém faz mais justiça ao erro de considerar o poder Executivo da nossa Constituição delegado em parte ao imperador e em parte

---

[77] *Constitution de La République Française accompagnée de notes, par M. Dupin.* (N. do A.)

[78] Charles Alexis Henri Clével de Tocqueville (1805-1859), historiador e político francês.

[79] *De la démocratie en Amérique.* (N. do A.)

aos ministros, ou, na frase do *Ensaio*, a um *todo*, do que o próprio autor dessa obra em mais de uma passagem, a que já noutro artigo aludi, e que de novo acho conveniente trazer à memória do leitor.

Numa dessas passagens, a de p. 61 [354], se diz expressamente que os ministros não são poder Executivo, mas agentes desse poder: "querem pôr o poder Moderador na dependência, não de outro poder (o Executivo) mas dos ministros, agentes de outro poder".

Noutra passagem (p. 69 [360]) o escritor, falando dos ministros, designa-os assim: "agentes de outro poder (o Executivo), os quais não são representantes, nem chefes, nem delegados da nação".

Não são os ministros delegados da nação! Logo eles não formam com o imperador um todo a quem fosse delegado o poder Executivo. Isto me parece decisivo.

Creio haver assim demonstrado, até com a autoridade do *Ensaio*, que em nossa Constituição o poder Executivo é delegado só ao imperador.

Mas se não há diferença no modo por que são delegados o poder Moderador e o Executivo, se ambos pertencem ao imperador, refunde-se (pondera o autor à p. 112 [388]) o poder Moderador no Executivo, põe-se o exercício de suas atribuições na absoluta dependência dos ministros, as coisas mudaram completamente, e ter-se-á dado um grande passo para a extinção da monarquia no Brasil!

Avaliarei a força desse argumento *ad terrorem* com a devida pausa.

SE A DOUTRINA DA DELEGAÇÃO EXCLUSIVA TANTO DO PODER MODERADOR COMO DO EXECUTIVO AO IMPERADOR É NOCIVA À MONARQUIA

A Constituição do Império diz no art. 9:

"A divisão e harmonia dos poderes políticos é o princípio conservador dos direitos dos cidadãos e o mais seguro meio de fazer efetivas as garantias que ela oferece".

É esse artigo didático a consagração do preceito que Montesquieu estabeleceu do seguinte modo:

"Quando na mesma pessoa ou no mesmo corpo de magistratura o poder Legislativo se reúne ao Executivo, deixa de haver liberdade, porque é de temer que o mesmo monarca ou o mesmo senado faça leis tirânicas para tiranicamente executá-las. Da mesma sorte sofre a liberdade se o poder Judicial não é separado do Legislativo e do Executivo. Se estivesse reunido ao Legislativo seria ilimitadamente arbitrário o poder sobre a vida e a liberdade dos cidadãos, e, reunindo-se ao Executivo, o juiz poderia ter a força de um opressor".[80]

Montesquieu exprimindo-se assim, não se referia à divisão de atribuições monárquicas como formando dois poderes distintos, porque, segundo observa Madisson[81, 82] ele tinha os olhos sobre a Constituição de Inglater-

---

[80] *De l'Esprit des lois*, l. 11, cap. 6. (N. do A.)

[81] James Madison (1715-1836). Político norte-americano e um dos principais redatores da Constituição dos Estados Unidos.

[82] *The Federalist*, cap. 47. (N. do A.)

ra como os poetas épicos sobre Homero, e na Constituição inglesa o chamado poder real ou Moderador não se destaca do acervo de atribuições, que constituem o poder Executivo para fazer um poder à parte. Nem julgava essa divisão interessante à liberdade dos cidadãos, porque, não obstante a acumulação de funções de que a Coroa está de posse, o cidadão inglês é livre, e tanto mais altivamente livre quanto só a ele nos tempos modernos é dado repetir, em qualquer parte do mundo, o *civis romanus sum*.

Convertido, pois, no art. 9 da Constituição do Império o preceito de Montesquieu, é óbvio que esse artigo se aplica especialmente à divisão daqueles poderes cuja promiscuidade envolveria perda da liberdade para os cidadãos brasileiros, isto é, dos poderes Legislativo, Executivo e Judicial.

Separando o poder Moderador do Executivo, o legislador constituinte não podia tornar essa divisão perfeita como a dos outros poderes: a natureza das coisas lho vedava.

Cometer às Câmaras com a sanção do imperador a faculdade de legislar, a de executar ao elemento monárquico, e a juízes e jurados a de julgar, isto é, a pessoas não só diversas mas entre si independentes, é dividir o poder de um modo tão claro e real quanto é possível; mas, desanexar das faculdades que em todas as monarquias competem ordinariamente ao chefe do Estado um grupo com o nome de poder Moderador para conferi-lo, como um poder à parte, à Coroa, que aliás possui, no meu entender, a plenitude, e no do autor do *Ensaio*, a melhor parte (pois que é chefe) do poder Executivo, é apenas fazer dois grupos de atribuições — porque no Moderador o rei é único, ou Executivo único, ou, pelo menos, principal: em ambos, conseqüentemente, prepondera a mesma individualidade, o que propriamente não importa divisão de poder, se dividir o poder é colocá-lo em mãos diversas.

Que a divisão entre o poder Moderador e Executivo não é caracterizada como a que existe entre os outros poderes, o autor do *Ensaio*, apesar de se mostrar tão estrênuo adversário da necessidade da referenda e responsabilidade ministerial nos atos do poder Moderador, solenemente o reconhece escrevendo os períodos, que vou transcrever.

Diz o autor à p. 104 [383]:

"Enquanto o poder Moderador e o Executivo estão conformes, não há necessidade de distinguir e separar seus atos. Formam um todo político. *Vis unita fortior*.*"

---

* "A força, se unida, é mais forte." (N. do L.)

E acrescenta à p. 113 [388-9]:

"Quando se pretende que, conforme a Constituição, os atos do poder Moderador sejam exeqüíveis sem referenda, e sem a responsabilidade, *quer legal, quer moral* dos ministros, não se quer excluir sempre os ministros e a sua responsabilidade moral, não se pretende que cada poder marche para seu lado em direções diversas. Semelhante pretensão seria absurda e funesta.

O que se pretende é que fique bem entendido e patente que, havendo desacordo entre os dois poderes, quando perigar a independência dos poderes, quando estiver perturbado o seu equilíbrio e harmonia (hipóteses da Constituição), possa o poder Moderador, coberto pelo Conselho de Estado, obrar eficazmente, como é nos termos que a mesma Constituição determinou, e *que ninguém possa obstar à execução de seus atos com o fundamento de que não estão revestidos da referenda dos ministros de outro poder.*"

Quer-se que, sobretudo nas grandes crises, a Coroa tenha a necessária largueza e força para evitar ou fazer abortar as revoluções".

Resulta da expendida doutrina do *Ensaio*:

1º) Que o poder Moderador e Executivo, enquanto existe acordo entre eles, formam um todo político — *vis unita fortior* — e não é necessário distinguir e separar os seus atos.

2º) Que só em casos extraordinários e havendo desacordo entre o poder Executivo e Moderador, cumpre que este prescinda da referenda dos ministros sobretudo para evitar ou fazer abortar revoluções.

Deixando para outro lugar a apreciação da virtude que o autor do *Ensaio* descobre na falta de referenda para evitar ou fazer obstar revoluções, creio concluir com toda lealdade dos períodos supratranscritos que na opinião do sr. visconde do Uruguai a separação do poder Moderador e Executivo não é igual à dos outros poderes.

A separação dos outros poderes — Legislativo, Executivo e Judicial —, o autor não pode deixar de reconhecê-lo, é e deve ser completa em todos os tempos e circunstâncias, porque no momento em que se confundirem, desaparecendo o meio seguro de tornar efetivas as garantias constitucionais, de que fala o art. 9 da Constituição, feito é da liberdade.

Não assim a respeito da separação do poder Moderador e Executivo, segundo a teoria do próprio *Ensaio*. Ele a quer, a bem dizer, latente a maior parte do tempo, e que só se faça sentir em ocasiões de crise. Quer que anos e anos se não trate de distinguir, de separar o poder Executivo do Moderador, contanto que em conjunturas graves o poder Moderador se divorcie do Executivo e faça economia separada até que voltem os tempos normais.

Que analogia há, logo, entre a separação dos poderes Legislativo, Executivo e Judicial, e a do Moderador e Executivo? Ou que motivo tendes para recear a confusão de dois poderes que vós mesmos desejais ver sempre unidos de modo a não se distinguirem os seus atos? E, com franqueza, onde foi o autor buscar essa teoria de dois poderes ora unidos — *virtus unito fortior* —, ora divididos conforme as circunstâncias?

Uma Constituição regular não podia acolher semelhante sutileza.

Se da referenda e responsabilidade ministerial nos atos do poder Moderador vem o aniquilamento desse poder

~

Todo o horror, que o ilustrado publicista tem à referenda e responsabilidade dos ministros nos atos do poder Moderador como condição indispensável da exeqüibilidade desses atos, nasce da persuasão, claramente por ele enunciada, de que os ministros, desde que houvesse consciência de serem necessários à expedição de tais atos, dominariam a Coroa!

Ele bem claro revela o seu pensamento, dizendo às pp. 111 e 112 [387 e 388]:

> "Por que os ministérios não têm procurado dominar a Coroa? Por que a não podem dominar? Porque a Constituição constituiu-o não satélite dos ministros, mas primeiro representante da nação, e fez dele um ente inteligente e livre... Ponde o exercício de suas atribuições na absoluta dependência dos ministros e as coisas mudarão completamente".

Assim na opinião do autor do *Ensaio* a necessidade da referenda nos atos do poder Moderador faz a Coroa perder a sua independência, tornando-a satélite dos ministros.

Pois bem! Vós reconheceis como expresso na Constituição que os atos do poder Executivo não são exeqüíveis sem referenda e conseqüente responsabilidade dos ministros. Admitis, logo, por força de vossa doutrina, que, em relação ao Executivo, a Coroa é satélite dos ministros, é dominada pelos ministros, é aniquilada pelos ministros!

De sorte que o imperador, que como chefe do poder Executivo possui, segundo eu penso, a plenitude desse poder, e que, conforme mesmo o autor do *Ensaio*, é a cabeça do corpo, a quem tal poder é delegado, só porque nada pode ordenar nem praticar, no que pertence a esse poder, sem assinatura e responsabilidade dos ministros, deixa de ser chefe, de ser cabeça, de ser até um ente inteligente e livre, e torna-se em tudo dependente dos ministros e seu satélite!

Ora, absurdo de tal gravidade convence que a doutrina, de que emana, é falsa, e, por conseqüência, que a referenda do ministro, a qual decerto o não eleva acima da Coroa quando se trata de atos do poder Executivo, não produziria jamais, nos atos do poder Moderador, semelhante efeito.

O que são os ministros? Como já mostrei, e o reconhece aliás o *Ensaio*, eles não são poder, mas agentes de um poder. E, pois, a Constituição, quando assegura a independência dos poderes, garante à Coroa sua perfeita independência em relação a poderes reconhecidos (Legislativo e Judicial) e não em atenção a ministros, seus agentes, que ela nomeia e demite livremente, e que jamais lhe podem por isso mesmo estorvar seriamente o exercício de suas atribuições constitucionais.

O mais que o ministério pode fazer, no caso de julgar contrário ao bem público qualquer ato da Coroa, é, negando-lhe a referenda, pedir a sua demissão. Nesse caso ou a medida é justa e conveniente, ou não.

Se a medida é justa e popular à Coroa, demitindo o ministério que irrefletidamente recusar a referenda, com extrema facilidade achará outros que se prestem à realização de suas idéias. "Em tal conjuntura (diz Benjamin Constant, tratando desta questão) basta ao rei demitir os ministros, porque, ao passo que não encontrasse alguém que quisesse afrontar a opinião pública e as luzes do tempo, acharia mil para serem órgãos de medidas úteis, a que a nação prestasse o apoio de seu assentimento".[83]

Se, porém, a medida não é realmente profícua, mas, ao contrário infensa aos interesses do país, então a recusa do ministério nada tem de estranhável, antes muito seria para desejar que o seu exemplo fosse adotado por quantos houvessem de ser sucessivamente chamados aos conselhos da Coroa até que esta, reconsiderando a matéria, se abstivesse de insistir em seus errados pensamentos.

Assim que da recusa da referenda não provém dano, mas só utilidade: a Coroa conserva intactos o direito e os meios de fazer o bem, e só pode ficar privada de fazer o mal.

Se o regime representativo não tivesse esse meio, ao menos, de obstar que se traduzisse em atos a vontade do monarca quando (pois que como homem pode errar) não se encaminhasse ao bem geral, o regime representativo, digo, seria pior que a monarquia feudal ou cristã, porquanto nesta,

---

[83] *Politique constitutionnelle*, p. 74. (N. do A.)

como observa uma autoridade competente, o poder era único, perpétuo e limitado, único na pessoa do rei, perpétuo em sua família, limitado, porque encontrava por toda parte uma resistência material em uma hierarquia organizada... visto que um poder sem limites é um poder anticristão que ultraja a um tempo a majestade de Deus e a dignidade do homem, um poder sem limites não pode ser nem um ministério nem um serviço, e o poder político, sob o império da civilização cristã, outra coisa não é.[84]

A referenda, pois, incapaz absolutamente de embaraçar o bem, podendo apenas servir às vezes de barreira ao mal, é uma idéia que não se pode atacar como aniquiladora do poder, quando evidentemente ela tende a preservá-lo, entretanto que o poder Moderador sem referenda, isto é, sem um limite tão razoável como tenho mostrado, pode, segundo as idéias do insuspeito Donoso,[85] considerar-se um fragmento de poder anticristão.

---

[84] Donoso Cortès, *Oeuvres*, tít. 2, p. 259. (N. do A.)

[85] Juan Donoso Cortés, marquês de Val-de-Gamas (1809-53), escritor e político espanhol. Sua principal obra é o *Ensaio sobre o catolicismo, o liberalismo e o socialismo*, na qual se opõe às correntes individualistas do liberalismo.

Se a referenda é inútil
porque não impede as revoluções,
e prejudicial porque as provoca

Sob o nome de *irmãos terríveis* da responsabilidade, designa o *Ensaio* (à página 53 [348]) aqueles que pensam ser indispensável nos atos do poder Moderador a referenda dos ministros como importante garantia constitucional, garantia que à página 77 [365] denomina *teia de aranha*, e que portanto sustenta ser completamente inútil.

"Porventura (pergunta o autor à p. 20 [373]) os atos que provocaram a queda de Carlos X não foram referendados pelos seus ministros? Não foram referendados todos os atos do reinado de el-rei Luís Felipe? Não foram referendados todos os atos do reinado do senhor d. Pedro I?"

"Evitou porventura a referenda e responsabilidade dos ministros, as invenções dos gabinetes secretos, da Camarilha, da Joana, da Oligarquia?"

E o mesmo autor responde: "A referenda não lhes serviu de escudo".

Não conheço argumentação mais improcedente e falsa do que essa.

Em primeiro lugar, se o argumento provasse, provaria demais, porque da inutilidade da referenda nos atos do poder Moderador seguia-se que sem proveito algum é exigida nos atos do poder Executivo.

Em segundo lugar, discorrer assim é como se alguém perguntasse: "Porventura a medicina salva todos os enfermos? Não há moléstias que zombam de todas as diligências da arte? Porventura as penalidades do Código contêm e reprimem sempre com eficácia o braço do sicário, as sinistras intenções do homem sem costumes e sem religião?". E respondesse: Dispense-se a medicina, são inúteis as punições legais.

Sem dúvida, tem havido revoluções apesar de referenda, e as que derribaram Carlos X, Luís Felipe e d. Pedro I, o provam; mas essa não é a questão.

Quando se insta pela necessidade da referenda geralmente nos atos da realeza, e portanto nos do poder Moderador, não se pretende (seria absurdo pretendê-lo) que os reis ou mal intencionados ou iludidos, que acham infelizmente ministros ou tão mal intencionados ou tão iludidos como eles, conservem ilesos os seus tronos pela força mágica dessa fórmula constitucional.

Todos sabem que, assim como o guerreiro antigo não ia ao campo da batalha sem um escudo, o que não impedia que a lança do adversário atravessasse às vezes o escudo e ferisse o guerreiro, também a referenda, que, no regime constitucional, é a égide da Coroa, em certas conjunturas não a protege eficazmente, e são vítimas reis e ministros.

Em tais conjunturas, porém, se atentamente se considerarem as coisas, ou houve abuso da referenda, e o abuso não é argumento, ou causas poderosas impeliam os povos ao abismo das revoluções, e nesses casos extraordinários a referenda não podia ser garantia eficaz.

Os que pedem a referenda em todos os atos da realeza consideram-na uma garantia excelente para os tempos regulares, e capaz mesmo de prevenir esses tremendos abalos, se ministros dignos desse nome usarem dela discretamente, porque assim, e só assim, a Coroa, ao abrigo de censuras que naturalmente se dirigirão aos ministros, adquirirá no país aquele grau de respeito e veneração que é o primeiro e mais sólido apoio dos tronos.

Teia de aranha da responsabilidade! Mas sem a responsabilidade dos ministros, sem essa *teia de aranha*, os reis expostos à censura por atos que diretamente praticam, não se comprometeriam mais depressa, e não seriam mais certas e inevitáveis as catástrofes? Essa é a questão.

Alguém comparou o orgulho dos reis ao furor do oceano. Pois bem! O oceano que, bramindo, parece querer engolir a terra, recua ante as areias movediças de suas margens.

Não é muito, portanto, que a *teia de aranha* da responsabilidade possa algumas vezes no regime representativo impedir o mal, indicando à vontade irresponsável o melhor caminho.

E não é isso um grande mérito?

O autor do *Ensaio* não somente opina, como acabei de mostrar, que a referenda é coisa escusada, porque não obsta invencivelmente as revoluções, mas acoima-a de positivamente danosa, porque tem sido causa de haverem caído muitas constituições, e com elas as monarquias que consagravam.

As Cartas francesas de 1814 e 1830 (diz o *Ensaio*, p. 112 [388]) desapareceram em conseqüência da necessidade da referenda em todos os atos da Coroa, de que resultavam entre o rei e os ministros lutas, surdas intrigas e enredos parlamentares, que foram fatais à monarquia: o mesmo sucederia à nossa forma de governo, se o poder Moderador não fora independente da referenda e responsabilidade ministerial.

Não são somente as Cartas francesas de 1814 e 1830 que o *Ensaio* supõe terem perecido por falta de poder real ou Moderador, independente de referenda de ministros: de todas as modernas constituições que pouco duraram, o autor do *Ensaio* explica a perda, atribuindo-a ao fato de não terem distinguido do poder Executivo o Moderador, e dado a este, como supõe ter feito a nossa Constituição, a faculdade de obrar diretamente.

Muito se tem escrito a respeito das causas por que na França, desde fim do século passado para cá, se sucedem umas às outras as revoluções e não há governo que esteja seguro; mas não me consta que alguém se lembrasse jamais de atribuir essa espantosa instabilidade à circunstância de não ter tido o chefe do Estado nas monarquias constitucionais ali estabelecidas o direito de exercer certas atribuições sem referenda de ministros.

Uns explicam essas vicissitudes dizendo que o excessivo despotismo dos antigos reis de França de tal sorte provocou as iras do povo, que este, quebrando enfim o jugo, reagiu de modo a perder todo o respeito à autoridade.

Outros, remontando-se a causas que não são especiais à França, mas comuns à Europa, e talvez ao mundo, vão buscar na impiedade a origem de tais catástrofes, e nesse sentido abunda Donoso Cortés no seu famoso discurso de 4 de janeiro de 1849, dizendo:

"Só existem duas repressões possíveis, uma interna, outra externa, uma religiosa, outra política. E são elas de tal natureza que, se o termômetro religioso sobe, o termômetro da repressão política desce, e se aquele desce, este necessariamente sobe... de sorte que, quando o termômetro religioso chega abaixo de zero, uma de duas, ou aparece uma reação religiosa que salve o país, ou não vem essa reação, e em tal caso não há governo que resista".

Foi o que sucedeu em França: enfraquecida, e um tempo até extinta, a repressão religiosa com os triunfos do filosofismo, era natural que instituições e governos, sem base na religião, decaíssem, como se desmoronam edifícios levantados na areia.

Ora, nesse estado melancólico da sociedade, que barreira poderia oferecer ao desregramento das paixões populares uma subdivisão do poder Executivo com o nome do poder Moderador, e confiada ao rei para dela usar diretamente sem depender de referenda?

Em todo o caso, para rebater vitoriosamente o argumento deduzido contra a referenda, do mau fado de algumas monarquias, em que ela se achava em vigor, aí está a Inglaterra, onde não há ato da realeza sem referenda e sem responsabilidade de ministros, e que entretanto não há cessado de prosperar à sombra do regime representativo, tendo ainda diante de si, como lhe agoura Montalembert,[86] risonho e brilhante futuro.[87]

---

[86] Charles Forbes, conde de Montalembert (1810-1870), político francês, líder dos católicos liberais.

[87] *L'avenir de l'Angleterre*. (N. do A.)

Se o poder Moderador como inofensivo dispensa a responsabilidade ministerial

～

Os adversários da responsabilidade ministerial nos atos do poder Moderador costumam recorrer a um argumento que lhes parece sem réplica. O poder Moderador, dizem eles, é naturalmente benéfico e inofensivo, e, pois, a responsabilidade, que pressupõe o mal, não cabe em atos de um poder, que, pela natureza de suas atribuições constitucionais, só pode fazer bem.

Esse argumento não escapou ao autor do *Ensaio*, que largas páginas escreveu (desde 48 a 53 e de 65 a 82) para demonstrar "que o poder Moderador por sua índole é incapaz (textualmente) de invadir, de usurpar, de engrandecer-se e prejudicar as liberdades públicas, nem prejudicar os direitos e liberdades dos cidadãos", submetendo à análise cada uma das atribuições desse poder.

Eu só conheço um poder incapaz de fazer mal: é o poder de Deus. Não há (permita-se a expressão) de telhas abaixo poder, que não seja suscetível de abusos, e grandes abusos.

O poder paternal, de todos os poderes humanos o mais santo, o que mais raízes tem no coração, é contudo tão sujeito a desvairar-se que não se conhece legislação de povo culto em que se não tomem bem calculadas precauções para contê-lo nos limites do justo.

Os poderes políticos, em que se resolve a soberania nacional, têm todos por fim, cada um em sua esfera, promover o bem da sociedade, o Legislativo fazendo leis conformes à utilidade pública, o Judicial julgando com justiça e eqüidade, o Executivo dando às leis boa e fiel execução, o Moderador, enfim, desempenhando, em proveito do país, as suas atribuições conservadoras.

Ora, se os legisladores podem abusar de suas atribuições, se os juízes e tribunais deslizam-se dos seus deveres, se o Executivo infringe as suas obrigações, por que razão particular, por que espécie de privilégio só o poder Moderador, escapando à lei comum dos poderes humanos, há de sempre fazer o bem e nunca o mal?

Será pela posição de príncipe, que o torna eminentemente e mais do que ninguém interessado na prosperidade do país e no esplendor do trono, que se deve perpetuar em sua família? Mas o príncipe, apesar de suas melhores intenções, é homem e como tal sujeito a enganar-se, além de quê, segundo o pensamento de um filósofo, assim como as grandes eminências físicas produzem vertigens, também costumam as grandes eminências morais, e a história exuberantemente o prova, inspirar grandes desvarios.

Será que a natureza das atribuições do poder Moderador exclui o mal? Mas tal suposição é repugnante ao bom senso que nos mostra por toda a parte o mal ao lado do bem, em luta mesmo com ele, de tal arte que não há instituição, por mais veneranda e santa que seja, que se não desvirtue e degenere, se as tendências ao abuso se não reprimem convenientemente, parecendo até que o mal produzido pela instituição, que se corrompe, está sempre na razão do bem que ela era destinada a produzir.

Isto posto, o poder moderador, por isso mesmo que é a chave da organização política, assim como está no caso de fazer grandes benefícios velando sobre a manutenção da independência, equilíbrio e harmonia dos mais poderes políticos, é capaz de causar os maiores danos, se não velar como determina a Constituição, ou se, velando, não apreciar devidamente as circunstâncias, em que a sua eficaz intervenção se torne precisa.

Que as atribuições do poder Moderador não são sempre inofensivas, e que, ao contrário, no exercício delas, podem haver não só faltas, senão crimes merecedores de severo castigo, mostra-o a própria Constituição, quando no art. 143 declara responsáveis os conselheiros de Estado pelos conselhos que derem opostos às leis e interesses do Estado, manifestamente dolosos, ou os atos sejam do poder Executivo ou do Moderador.

O que significaria a responsabilidade imposta aos conselheiros de Estado por causa de conselhos dados em negócios concernentes ao poder Moderador, se esse poder fosse por sua natureza sempre inofensivo e quase angélico?

Contra a inocência intrínseca dos atos do poder Moderador protesta energicamente a seguinte proposição, que copio do tomo 1, p. 288 [281] do *Ensaio*:

> "A audiência do Conselho de Estado sobre os atos do poder Moderador deveria ser obrigada, e não (como é) facultativa. Porquanto será então o Conselho de Estado o antemural que sempre cobrirá a Coroa, que deve estar sempre coberta, como a cobria sempre a Constituição, como a cobre sempre o Conselho de Es-

tado em Portugal. É do maior interesse da nação, e não só da Coroa, que esta esteja sempre coberta".

Da passagem supra-referida deduz-se:

1º) Que na opinião do autor o poder Moderador carece indispensavelmente de antemural, que o traga sempre coberto.

2º) Que, no sentir do mesmo autor, o antemural da Coroa no exercício do poder Moderador é o Conselho de Estado, se a sua audiência nos negócios desse poder, em vez de facultativa, como presentemente é, for necessária.

Ora, tão inconsistente é o pensamento do autor contido na segunda dedução, como verdadeira e incontestável o da primeira.

Com efeito o Conselho de Estado, seja facultativa ou obrigatória a sua audiência em atos do poder Moderador, não pode ser o antemural que cubra sempre a Coroa; porque, pela natureza das instituições constitucionais, o Conselho de Estado é apenas consultivo, e, pois, a sua responsabilidade, limitando-se aos conselhos que dá, se são manifestamente dolosos, não pode resguardar e defender a Coroa nos casos em que o chefe da nação, não se conformando com o parecer emitido, decidir em sentido contrário à consulta, como é do seu direito e prerrogativa.

Agora que a Coroa, por máximo interesse da nação, deva estar, segundo a frase do *Ensaio*, sempre coberta, é uma verdade incontestável, e em que estou de perfeito acordo com o autor. Mas essa necessidade, que ambos reconhecemos, de constante amparo e defesa para a Coroa no exercício do poder Moderador, ao mesmo tempo que se explica bem na doutrina que sigo, é para a do autor do *Ensaio* uma dupla incoerência.

Na doutrina que sigo, a Coroa, ainda prescindindo-se da responsabilidade do Conselho de Estado, quando não é ouvido, ou, sendo consultado, não se adota o seu parecer, tem, para resguardá-la, a responsabilidade dos ministros.

Na doutrina do *Ensaio*, porém, há dupla incoerência: 1º) porque por um lado sustenta que o poder Moderador não invade, não usurpa, não ofende as liberdades públicas nem particulares, e por outro lado exige para ele como altamente indispensável um antemural; 2º) porque o antemural lembrado, sendo mais curto do que o objeto sagrado, que tem por fim amparar, deixa-o em parte exposto a golpes que, por conveniência do país, nunca devera sofrer.

A análise que o autor faz dos diversos parágrafos do art. 101 da Constituição, que contém as atribuições do poder Moderador, no desígnio de mostrar que não podem envolver prejuízo, nem às liberdades nacionais, nem às dos cidadãos, pode-se avaliar pelo que vou dizer da sua opinião a respeito de alguns deles, visto que além de ser enfadonho acompanhá-lo no que diz acerca de todos, ocorre que, conhecer o seu pensamento em um, é conhecê-lo em todos: *ab uno disce omnes*.*

Falando do direito que tem o poder Moderador de dissolver a Câmara temporária, diz o autor à p. 51 [347]:

> "A dissolução tem o caráter de uma apelação, e o poder Moderador tem de convocar imediatamente outra câmara que substitua a dissolvida, e que tem de ser o juiz da questão que provocou a dissolução. Não é o poder Moderador que a resolve. É a nação que escolhe homens que pensem como ela para julgar a questão... O poder Moderador apenas provoca o juízo da nação, recorre à origem e fonte de todos os poderes. Pode a dissolução embaraçar alguma medida que se pretendia fazer passar, adia-a somente se a nação a quer, dá-lhe ocasião de a reprovar mais categoricamente se a não quer, e em todo o caso conserva o que está e não confere poderes e força que a Constituição não tenha dado."

A faculdade de dissolver a Câmara temporária, conforme essa teoria, é tão simples e inofensiva, pois que, enfim, é um apelo que a Coroa interpõe para a nação, como entre os particulares é inocente o direito de apelar das sentenças da primeira instância para os tribunais superiores: é um direito, em cujo exercício se não ofende a ninguém.

Não é isso, porém, o que determina a Constituição do Império.

A Constituição diz que o poder Moderador tem a atribuição de dissolver a Câmara dos Deputados *nos casos em que o exigir a salvação do Estado, convocando imediatamente outra que a substitua*.

---

* "A partir de um fica sabendo como são todos". A expressão é extraída do livro II, vv. 65-66, da *Eneida*, onde Enéias narra a Dido o embuste que o grego Simão arma aos troianos: "Accipe nunc Danaum insidias, et crimine ab uno/ Disce omnes" ("Ouve agora as perfídias dos gregos e a partir de um só crime [do crime de um só] fica sabendo como são todos [os gregos]").

Evidentemente, o sentido em que a expressão se usa no texto de Zacarias de Góis e Vasconcelos não é o do original da epopéia de Virgílio, quando o poeta põe nos lábios de Enéias a proverbial desconfiança romana com relação aos gregos, mas apenas uma maneira literária de, usando uma forma consagrada na literatura, dizer a possibilidade de se construir uma indução, na contramão da lógica, a partir de somente um exemplo, tal a semelhança de todos. (N. do L.)

Nos casos em que o exigir a salvação do Estado. Logo, não dissolver a Câmara em casos semelhantes pode importar a perdição do Estado, e, por outro lado, dissolvê-la quando o não exija a salvação pública seria, em certas circunstâncias, uma calamidade.

Assim, julgar se é ou não oportuno o momento de dissolver a Câmara temporária é sempre uma questão gravíssima, e um erro a esse respeito, de tímida abstenção, ou de ação precipitada, pode ser origem de males incalculáveis, como a repetição caprichosa de tal medida trazer a aniquilação da forma de governo estabelecido e a ruína do Estado.

Se há, pois, hipótese, em que a Coroa precise de antemural, e a nação de garantias, é quando se trata de dissolver a Câmara temporária, e o antemural e as garantias não são outros senão a responsabilidade dos conselheiros da Coroa, incluindo nesse número e em primeira plana os ministros de Estado.

Mas diz o autor à p. 71 [361]:

"O poder Moderador dissolve a Câmara. Exerce uma atribuição que a Constituição lhe dá. Não invadiu, não usurpou. Está no seu direito. Não pode haver responsabilidade pelo exercício de um direito *que a lei confere sem condições*".

Não invade, não usurpa, está no seu direito; mas quem não vê que pode invadir e usurpar, usando não, mas abusando de seu direito? De que arma com preferência serviram-se os Stuarts na Inglaterra para seus fins sinistros, senão de repetidos adiamentos e dissoluções do Parlamento?

Não há responsabilidade pelo exercício de um direito que a lei confere sem condições! Mas a Constituição não faz depender o exercício do direito de dissolver a Câmara de uma condição indispensável quando diz: *nos casos em que o exigir a salvação do Estado?*

Ninguém o contestará.

Sobre a atribuição de suspender magistrados, eis como discorre o autor à p. 52 [348]:

"Se o magistrado suspenso é condenado pelo poder Judicial, ao qual é entregue, nenhum inconveniente, antes vantagem provém do exercício do poder Moderador. Se é absolvido, lucra o magistrado na sua independência. Nada perde na sua antiguidade e honorários. Em todo caso não é por aí que pode o poder Moderador invadir, usurpar e prejudicar as liberdades públicas".

Não sei o que o dilema, a que se reduz a opinião acima enunciada, mais ofenda, se as leis do raciocínio, se a dignidade do juiz.

O magistrado suspenso, diz o ilustre publicista, ou é condenado ou absolvido.

Se condenado queixa-se dos tribunais, do poder Moderador não. Nisso estamos de acordo.

Se é absolvido, o magistrado nada perde, antes lucra: nada perde porque vence antiguidade e honorários, e lucra porque triunfa a sua inocência e requinta a sua independência. Aqui está o vício do argumento e o insulto à magistratura.

Com efeito, a absolvição do magistrado que fora suspenso pelo poder Moderador revela que o ato da suspensão fora injusto, e, porventura, caprichoso, que o magistrado fora portanto vítima de uma arbitrariedade.

Em tal hipótese, que não é gratuita, mas mui factível, é irrisão dizer ao magistrado absolvido: não vos queixeis de pessoa alguma, contentai-vos com a absolvição que vos declara inocente, com os honorários, que vos são restituídos, e com a antiguidade, que se vos conserva.

O magistrado não é o pariá da sociedade, não pode estar em piores condições que os mais humildes cidadãos.

Ora a qualquer é permitido, pelo artigo 235 do Código Criminal, quando prove ser caluniosa e intentada de má-fé a acusação proposta em juízo, pedir contra o acusador as penas do crime imputado, e essa garantia é indispensável para amparar em toda sua plenitude a honra e dignidade de cada um contra seus inimigos, os quais de outra sorte teriam o privilégio de incomodar e afligir sem expor-se a sofrimento algum.

Entretanto, ao magistrado que, depois de injustamente suspenso por falsas e caluniosas imputações, é absolvido, nega-se, na teoria do *Ensaio*, um justo e indispensável desagravo, e dá-se-lhe para sossegá-lo antiguidade e dinheiro correspondente ao tempo da suspensão!

Essa teoria pois é falsa. O magistrado que, vítima de perseguição e de calúnias, for suspenso por ato do poder Moderador tem direito de queixar-se não só dos conselheiros de Estado pelo conselho, se o houve, mas dos ministros pelo ato da injusta suspensão, e de pedir contra eles a vindita da lei nos termos do artigo 133 da Constituição, e nos da lei de 15 de outubro de 1827.

Nem se diga que em todo o caso não é por aí que o poder Moderador pode invadir, usurpar e prejudicar as liberdades públicas; porquanto não são as liberdades públicas somente que cumpre resguardar dos abusos e violências do poder, mas as individuais também, e, além disso, se não impedir-se eficazmente que o poder Moderador suspenda sem justas razões qualquer magistrado, a arbitrariedade praticada contra um deve assustar a todos, e reproduzida contra diversos abalará profundamente a independência do poder Judiciário. E, sem perfeita independência do poder Judiciário, o que será das liberdades públicas?

Fica, assim, demonstrado que os atos do poder Moderador, da mesma sorte que os de qualquer poder, assim como produzem bens, podem produzir dano e ser matéria de crime, cuja responsabilidade, pois que a nenhuma está sujeita a Coroa, deve recair nos ministros de Estado, sob pena de falsear-se completamente o regime representativo no país.

SE É BASTANTE A RESPONSABILIDADE MORAL DOS MINISTROS

∼

Não se pense que o autor recusa toda a responsabilidade ministerial nos atos do poder Moderador. A sua opinião, ao que parece, é que alguma responsabilidade sempre lhes cabe por tais atos, a saber: a responsabilidade moral, que ele (à p. 95 [377]) define "a censura imposta pela opinião pública".[88]

A verdadeira doutrina segundo a Constituição (diz o livro à p. 97 [378]) é a seguinte:

> "O ministério pelo fato de estar aderente ao chefe do Estado, aquele a quem privativamente confere a Constituição esse poder, é responsável moralmente. Não incorre porém em responsabilidade legal, porque no que toca às funções e prerrogativas do poder Moderador não há nem pode haver responsabilidade legal, pois não há autoridade constituída que possa tomar conta dos atos do poder Moderador... Se assim não fosse admitir-se-ia o absurdo de estar acima do primeiro representante da nação, do seu chefe supremo, uma autoridade constituída, e esta então substituiria aquele, ocuparia a primeira plana".

Não há responsabilidade legal para os ministros nos atos do poder Moderador, porque não existe autoridade constituída que tome conta de tais atos, e se existisse, essa autoridade estaria acima do imperador, ocuparia a primeira plana: eis toda a argumentação do *Ensaio*.

---

[88] Digo *"ao que parece"*; porque no mesmo *Ensaio* (à p. 113 [388] já uma vez citada) está escrito: "Quando se pretende que, conforme à Constituição, os atos do poder Moderador sejam exeqüíveis sem a referenda e sem a responsabilidade, *quer legal, quer moral* dos ministros etc.". (N. do A.)

Mas os conselheiros de Estado, pelo artigo 143 da Constituição, são responsáveis legalmente pelos maus conselhos que derem em matéria de competência do poder Moderador. Isto não pode ser contestado pelo douto publicista.

Aí está, portanto, uma autoridade constituída (o Senado) a conhecer de conselhos sobre negócios da competência do poder Moderador, sem por isso ficar acima do chefe da nação, sem substituí-lo nem ocupar a primeira plana. E, pois, essa mesma autoridade pode conhecer dos delitos dos ministros no que pertence à especialidade do poder Moderador, sem por isso ficar acima do Imperador, nem tomar-lhe o lugar.

A falsa argumentação, que combato, afirma dos atos do poder Moderador o que só se aplica à pessoa do imperador. A pessoa do imperador é inviolável, sagrada e completamente irresponsável: para ela não há autoridade constituída. Os atos, porém, que partem do imperador, quer como poder Executivo, quer como poder Moderador, esses ou se considerem em relação ao conselho, ou quanto à execução, podem ser julgados pelo Senado como tribunal judicial, punindo-se os conselheiros de Estado e os ministros, que houverem delinqüido.

A pretensão de distinguir a responsabilidade moral da legal para reconhecer os ministros sujeitos somente àquela e não a esta é totalmente inadmissível, porque, como diz o *Ensaio* à página 93 [376], a verdade é esta:

"Na há meio termo... O exercício das atribuições do poder Moderador depende ou não depende de referenda".

Se não dependem de referenda, se os ministros são totalmente estranhos a esses atos, então não são responsáveis legal nem moralmente, porque ninguém responde de qualquer modo que seja por aquilo a que é alheio, e de que não tem culpa alguma. O direito desconhece o que seja responsabilidade de pura cortesia.

Se, porém, dependem de referenda, tem lugar a responsabilidade não só moral, mas legal, não só de censura, mas de pena, qual no caso couber.

Tem o autor para si que os sectários da responsabilidade ministerial em atos do poder Moderador querem-na aplicada freqüente e inexoravelmente, como o dá a entender expressamente nos períodos que vou transcrever. Eis aqui um extraído da p. 97 [378]:

"Certos políticos nossos dão uma importância exagerada à responsabilidade legal, ao medo das penas. Para alguns são remédios para tudo, a cadeia para os ministros, a revolução para o chefe do Estado. É gente carrancuda, sombria e terrível. Contudo é na prática a responsabilidade legal, na máxima parte dos casos, uma verdadeira burla. Ainda não tivemos um ministro condenado".

Outro da p. 100 [380]:

"Deixemos isso (contínuas acusações e processos contra ministros) para algumas de nossas aldeias onde as odientas parcialidades, alcunhadas políticas, que as dividem, se batem e procuram desmontar-se com pronúncias. Infelizmente não falta quem queira transportar esse espírito e meios mesquinhos para a alta política!"

E da p. 101 [381]:

"Outros querem tudo apurar e levar a responsabilidade ao mais pequeno recanto, como se fosse isso possível em negócios políticos, em sociedades de homens".

A gravidade de publicista, a lealdade devida a adversários que se estimam, quadravam bem à questão, de que se trata; mas a linguagem dos períodos acima transcritos permite duvidar que fossem guardadas no *Ensaio*.

Aqueles que sustentam que os ministros respondem pelos atos do poder Moderador são, como se acaba de ver, acoimados de ter como panacéia, contra todos os males públicos, a cadeia para os ministros, a revolução para o chefe do Estado! São argüidos de querer transportar para a alta política do país as paixões odientas e desregradas das aldeias, onde, à força de processos, os partidos procuram inutilizar senão extinguir os adversários!

O que autorizava, entretanto, semelhante exageração, não em uma gazeta partidária, mas em uma obra de direito administrativo?

Os que opinam pela responsabilidade ministerial nos atos do poder Moderador sustentam uma doutrina que está longe de prestar-se a tão malignas insinuações.

Eles combatem, em nome dos princípios constitucionais, a opinião que declara existir no Estado um poder confiado ao monarca irresponsável, sem que pelos atos desse poder respondam os ministros, exceto moralmente, e isso mesmo por simples deferência.

Combatendo, porém, essa opinião perigosíssima, em vez de provocarem, arredam as revoluções, que só provocam aqueles que nos tempos presentes compreendem e defendem a existência de um poder, fração da soberania nacional, exercendo importantes atribuições sem ser possível opor-se jamais aos seus atos de repressão legal.

E todavia, pugnando pela repressão legal, como um princípio, cuja falta importaria uma lacuna extraordinária em nossa forma de governo, nem por isso a consideram remédio único, universal.

Todos os que assim pensam têm por certo que a responsabilidade moral em regra é suficiente para chamar o poder à órbita de seus deveres, por que devassando as más intenções do governo antes mesmo que tomem a consistência de plano resolvido, quanto mais de atos consumados, a censura tende a prevenir delitos e a dispensar a imposição de penas que só terão de aplicar-se em casos mais graves e extraordinários.

Não é aqui somente que são raros os processos e punições de ministros: também o são e muito na Inglaterra e em todos os países, onde prevalecem as formas representativas. Nesse sentido não deixa de ter alguma razão o ilustre autor do *Ensaio* quando (à p. 95 [377]) diz:

> "Nos países regidos pelo sistema representativo e sobretudo nos nossos tempos, a responsabilidade moral representa um papel muito mais importante, é muito mais eficaz, do que a responsabilidade legal, *a qual fica reservada para os Testes e Cubières*.[89] Os homens políticos temem muito mais a responsabilidade moral, até porque é infalível e inevitável. A penal não".

Mas pergunto eu: se aos abusos nos atos do poder Moderador, aconselhados e executados pelos ministros, só é dado opor-se a responsabilidade moral, quando aparecerem Testes e Cubières, quando o freio da censura for fraco para ministros sem pudor, o que se há de fazer? Deixá-los gozar em paz o fruto de seus abusos e prevaricações? Tal seria, entretanto, a conseqüência da doutrina do *Ensaio*, e o resultado que os que seguem a doutrina oposta propõem-se com a sua opinião embaraçar.

---

[89] Referência a Jean Teste (1780-1852) e a Despaus de Cubière (1786-1853), respectivamente ministro da Justiça e ministro da Guerra franceses entre 1839 e 1840. Envolveram-se num caso de corrupção e foram condenados pela Câmara dos Pares. O primeiro foi preso por três anos e o segundo pagou a pena de degradação civil, sendo reabilitado anos mais tarde.

Os artigos 101 e 102 da Constituição

∽

Com essa epígrafe escreve o autor o parágrafo que vai da p. 82 à 84 [368 a 369], julgando levar à última evidência que os atos do poder Moderador não carecem de referenda nem responsabilidade de ministros. Eis o seu raciocínio:

> "O artigo 101 diz simplesmente: o imperador exerce o poder Moderador".
> "A frase do art. 102 é: o imperador exercita o poder Executivo pelos seus ministros de Estado".

Logo se morando (são expressões textuais do *Ensaio*) na Constituição paredes meias os artigos 101 e 102, aquele não declara por intermédio de quem o imperador exerce o poder Moderador, e este expressamente determina que exercita o poder Executivo pelos ministros de Estado, os quais, conforme o artigo 132, devem referendar todos os atos desse poder, entra pelos olhos que as palavras "por seus ministros" do artigo 102 confirmam, tornam mais patente a sua exclusão no artigo 101, isto é: no exercício do poder Moderador.

Aos olhos do corpo, sem dúvida, patenteia-se que no artigo 101 não existem as palavras "por seus ministros", que se lêem no artigo 102; mas os olhos do espírito descortinam logo que essa omissão notada no artigo 101 não tem o alcance que lhe dá o autor do *Ensaio*, de tornar escusada, no exercício do poder Moderador, a referenda ministerial.

A hermenêutica jurídica está-nos advertindo que, quando da letra da lei segue-se absurdo, devemos buscar-lhe o espírito, não acolhendo facilmente ilações, que, deduzidas de supostas lacunas, vão de encontro ao pensamento e ao fim conhecido da lei. Ora o absurdo da inteligência literal do artigo 101 é manifesto.

Sem sair-se mesmo dos capítulos da Constituição relativos ao poder Moderador e Executivo, depara-se com mais de uma ilação nas circunstâncias indicadas.

Assim no capítulo do poder Moderador se declara o imperador (art. 99) inviolável, sagrado, não sujeito a responsabilidade alguma: no capítulo do poder Executivo não se afirma que o imperador, como chefe desse poder, é inviolável e sagrado. Dir-se-ia, a *contrario sensu*, que a inviolabilidade do imperador só prevalece em relação ao poder Moderador e não quanto ao Executivo?

No capítulo do poder Executivo se diz que o imperador prestará juramento, e determina-se a fórmula desse juramento. Porventura há de se sustentar que o juramento prestado pelo imperador só se refere ao poder Executivo e não aos atos do poder Moderador, como se o imperante, que, no exercício desse poder e a certos respeitos é, na frase do *Ensaio*, "princeps a legibus solutus", para ser bem solto e livre, até dos influxos da religião deve ser isento?

Por outro lado, no capítulo do poder Moderador é que se designam os títulos e o tratamento do imperador. Segue-se daí que tais títulos e tratamento lhe não competem como chefe do poder Executivo?

Da mesma sorte o dizer-se no capítulo do poder Executivo (artigo 102) que o imperador exerce pelos ministros esse poder, omitindo-se igual declaração no capítulo do poder Moderador (artigo 101), não inibe que pelos ministros exercite igualmente o último poder, visto que, com a inteligência contrária, se ataca diretamente a inviolabilidade da Coroa, princípio fundamental da monarquia representativa.

Atentando nos artigos a que o *Ensaio* alude, Silvestre Pinheiro Ferreira chegava a conclusão inteiramente diversa da do nosso publicista. Dizia ele:

> "A colocação deste capítulo em que se trata do poder Executivo, depois do que tinha por objeto o poder Moderador, induz o leitor a crer que a cláusula de que o rei exerce o poder Executivo por via dos seus ministros de Estado se restringe ao poder Executivo, mas que quanto ao poder Moderador, bem como ao poder Legislativo, o monarca os pode exercer sem dependência dos ministros de Estado: conclusão diametralmente oposta aos princípios do sistema constitucional, conforme ao qual nada se deve fazer no Estado sem que alguém seja responsável pelas conseqüências que possam daí resultar em detrimento quer seja de particulares, quer seja do público. Sendo, pois, o monarca irres-

ponsável por tudo o que praticar no exercício das funções da realeza, quaisquer que elas sejam, é forçoso que por todas fiquem responsáveis os ministros de Estado".[90]

A omissão das palavras "por seus ministros" no artigo 102 diz o *Ensaio* (às pp. 85 e 86 [368 e 369]) que está perfeitamente de acordo com a independência do poder Moderador, porque assim como o poder Judicial, por ser independente, faz obrigatórias as suas sentenças, independentemente de acordo e execução de outro poder, assim como a Câmara dos Deputados, decretando a pronúncia de um ministro, dá ao seu ato força de obrigar por si mesmo, apenas é conhecido, assim como, enfim, o Senado, tendo de convocar a Assembléia Geral Legislativa, expede e executa o seu ato diretamente, também o imperador, para exercer o poder Moderador, não há mister socorrer-se a *outro poder*.

Reproduz-se aqui, bem se vê, a equivocação, com que o *Ensaio* supõe que os ministros são um poder, e que, conseguintemente, exercer por meio deles o poder Moderador seria torná-lo dependente de um poder estranho; mas já suficientemente demonstrei que os ministros não são um poder, são apenas agentes do poder, que em nada alteram a independência do poder a quem servem.

De acordo com essa falsa idéia de independência do poder Moderador, o autor pretende que uma lei regulamentar indique pessoa (estranha ao ministério), por intermédio de quem os atos do poder Moderador se expeçam e executem, e que enquanto semelhante lei não se promulgar, pode o imperador empregar nesse mister quem lhe parecer.

Eis as palavras do autor, à p. 87 [371]:

"Quem há de escrever os atos do poder Moderador, quem há de autenticá-los, quem há de fazer as comunicações necessárias? Certamente quem e como uma lei regulamentar mui simples determinar, e quem e como o imperador resolver na ocasião, enquanto não existir essa lei".

Uma tal opinião é dissonante dos princípios que regem esta matéria, segundo os quais, longe de ser lícito ao monarca chamar quem lhe parecer

---

[90] *Observações sobre a Constituição do Império do Brasil e sobre a Carta Constitucional do Reino de Portugal.* (N. do A.)

para executar seus atos, só são atos de monarca os que ele executar por pessoas que, sendo, na forma da lei, hábeis para ministros de Estado, tenham sido com efeito investidos dessa dignidade com as formalidades, que a mesma lei deve ter prescrito.

É essa opinião dissonante até do pensamento verdadeiro e luminoso que o autor expende à p. 139 [412] nas palavras:

> "Quererão dizer que os atos do poder Moderador sejam referendados por qualquer pessoa a quem se imponha a responsabilidade legal? *Não é possível exigir a referenda e conseqüente responsabilidade* (nos atos do poder Moderador) *de entidade não conhecida e não destinada para esse fim pela Constituição, sem alterar a mesma Constituição*".

Eis a verdade escrita pelo autor como para refutar toda a sua falsa doutrina: designar uma pessoa, não conhecida, não destinada pela Constituição, para referendar e responder pelos atos do poder Moderador, seria alterar a mesma Constituição.

Ora bem: se em vossa opinião só uma entidade reconhecida pela Constituição pode referendar e responder pelos atos do poder Moderador, como sustentais que uma lei regulamentar pode indicar pessoa não conhecida pela Constituição, por meio de quem o imperador exerça esse poder impondo-lhe a conseqüente responsabilidade?

Ainda mais: se não se pode, sem ofensa da Constituição, designar por uma lei entidade não reconhecida na mesma Constituição para referendar e responder pelos atos do poder Moderador, como é que, em falta dessa lei, o imperador pode chamar na ocasião quem lhe parecer idôneo para esse fim?

Só uma entidade conhecida pela Constituição é capaz de referendar e responder pelos atos do poder Moderador: concordo com o autor do *Ensaio*.

Mas na Constituição não há entidade que esteja no caso de referendar e responder pelos atos do poder Moderador senão o conselheiro e o ministro de Estado, um pelo conselho somente, e outro não só pelo conselho, mas também pela execução.

Se chamais o ministro de Estado à referenda e responsabilidade dos atos do poder Moderador, salva-se a máxima da inviolabilidade do imperante base da monarquia representativa. Se, porém, apartais o ministro da referenda e responsabilidade de tais atos, sois obrigados a admitir uma de duas: ou que o imperador seja o seu próprio ministro dispensando a referenda e a responsabilidade de quem quer que seja, ou que ele possa, no momento de expedir qualquer ato do poder Moderador, chamar quem lhe parecer para a referenda e responsabilidade. Num e noutro caso quebranta-se a inviolabilidade da Coroa, e expõe-se a monarquia ao mais sério perigo; porque, em qualquer deles, o chefe do Estado arrogar-se-ia uma verdadeira ditadura!

Assim para que os ministros de Estado deixassem de referendar os atos do poder Moderador, não bastava a omissão do nome deles no artigo 101 da Constituição, mas era preciso que a lei fundamental indicasse expressamente outra entidade, a quem, apesar das regras da boa organização constitucional, competisse tal referenda e responsabilidade.

Se houvesse tal disposição expressa, seria ela oposta aos princípios constitucionais, mas, enfim, seria uma lei: não havendo-a, porém, está entendido que o ministro é a entidade competente pela nossa Constituição para referendar e responder pelos atos do poder Moderador.

Petição de princípio

~

O esclarecido escritor do *Ensaio* considera os seus adversários desprovidos de tal sorte de razões sólidas em favor de sua opinião, que os supõe reduzidos a não apresentarem mais do que um argumento (textual) diversamente *guisado*, e esse mesmo vicioso por ser uma petição de princípio. Vou citar o que se lê às pp. 63 e 64 [356]:

"Os que pretendem que os atos do poder Moderador dependem da referenda para a responsabilidade dos ministros demonstram essa tese, descarnadas as demonstrações, da seguinte maneira: É absurdo que a inviolabilidade do imperador não seja coberta e protegida pela referenda dos ministros do Executivo. Logo os atos do poder Moderador, para que sejam exeqüíveis, dependem da referenda pela qual assumam os ministros a responsabilidade de tais atos. É uma verdadeira petição de princípio, porque o membro principal do silogismo é aquele mesmo que é questionado".

Em nota correspondente observa o autor:

"O folheto (refere-se ao folheto de que dou agora segunda edição) que acima citei coloca nele as suas baterias como se vê dos seguintes trechos: Todas as teses da Constituição relativas ao poder Moderador são, como se vê, dominadas por aquela, que solenemente declara a pessoa do imperador inviolável e sagrada e não sujeita a responsabilidade alguma.

Ora diz o bom senso que declarar (em país livre) irresponsável uma pessoa a quem se confiam tão transcendentes funções implicaria grave absurdo se a sua inviolabilidade não fosse protegida pela responsabilidade de funcionários sem os quais nada pudesse levar a efeito".

Denunciada a petição de princípio dos contrários, diz o *Ensaio*:

"Pode-se retaliar do modo seguinte: É absurdo formar com todas as atribuições de natureza neutra um quarto poder, elevá-lo à categoria de poder político, declará-lo delegado da nação, confiá-lo ao chefe supremo e primeiro representante da nação exclusivamente, isto é, com exclusão de todos os outros poderes, e portanto do Executivo, distingui-lo e separá-lo acuradamente do Executivo, tratar dele em capítulo separado da Constituição, e logo depois, por uma inexplicável reviravolta, convertê-lo em *rabadilha* do Executivo".

Quem confrontar com a doutrina do folheto, citado pelo autor do *Ensaio*, o que ele, depois de descarnar à sua vontade e reduzir a esqueleto, chama petição de princípio, notará sem dúvida que o autor do folheto não está incurso no vício de argumentação com que a anatomia do *Ensaio* o aquinhoa.

Não disse o folheto (nem o dizem os que têm as mesmas idéias) com a transgressão de lógica suposta pelo *Ensaio*: "O imperador não pode ser inviolável sem a referenda de ministros. Logo a referenda e responsabilidade dos ministros é indispensável aos atos do poder Moderador".

Não é dando por líquido o que está em dúvida, mas partindo de princípios inconcussos e geralmente aceitos, e mostrando que tais princípios estão adotados em nossa Constituição, que os defensores da responsabilidade ministerial nos atos do poder Moderador chegam à conclusão: que ela é indispensável.

Argumentam assim:

O primeiro princípio da monarquia representativa é a inviolabilidade do monarca.

A inviolabilidade do monarca supõe que ele só pode fazer o bem e nunca o mal.

O pressuposto de fazer o rei só bem, e não mal, é uma ficção do sistema representativo.

Essa ficção legal da monarquia representativa implica necessariamente a idéia de serem os agentes do príncipe responsáveis pelo mal que apareça em qualquer ato da realeza.

Agentes responsáveis na monarquia constitucional são essencialmente os ministros, isto é, aqueles funcionários que, merecendo a confiança do rei e do Parlamento, aproximam, por assim dizer, um do outro, falando nos conselhos da Coroa com a autoridade de homens que têm por si a opinião do país e das Câmaras, e nos conselhos da nação com a de homens versados nos grandes negócios e de posse dos segredos do Estado, funcionários que, portanto, constituem na monarquia representativa o elemento indispensável para a realização do governo parlamentar.

A Constituição do Império adota e consagra esses princípios cardeais do regime representativo.

Os atos do poder Moderador, que ela criou, são atos de realeza, capazes de produzir bem ou mal, como todos os atos dos poderes humanos, e portanto sujeitos à responsabilidade.

Tais são as premissas com que os seguidores da responsabilidade ministerial em atos do poder Moderador tecem os seus raciocínios para concluir que os ministros de Estado devem referendar e responder pelos atos do poder Moderador.

Podem estar em erro os que assim pensam; mas é certo que não dão por líquido o que está em dúvida, não caem numa petição de princípio.

Verdadeira petição de princípio é o argumento do *Ensaio*.

Aí, sim, parte-se da suposição "que os ministros são poder Executivo" para concluir que, sendo o poder Executivo separado do Moderador, não é admissível que os ministros referendem e respondam pelos atos do poder Moderador sem ficarem desde logo confundidos, contra o pensamento e a letra da Constituição, os dois poderes, convertendo-se o poder Moderador em um apêndice, e apêndice indecente, dos ministros.

Suposição não só duvidosa, mas positivamente falsa, porque os ministros, já o demonstrei, não são poder Executivo, e, pois, não é do contato deles com o imperador nos atos do poder Moderador que há de vir a inculcada confusão dos dois poderes.

BENJAMIN CONSTANT
MAL COMPREENDIDO

∼

Não falta quem tenha querido apadrinhar a opinião de que os ministros não respondem pelos atos do poder Moderador, com o nome de Benjamin Constant, reputado autor da teoria desse poder.

O escritor do *Ensaio sobre o direito administrativo* diz à p. 57 [351]:

> "Benjamin Constant esboçou a distinção entre o poder Moderador e o Executivo nos seguintes termos: O poder ministerial, bem que emanado do poder real, tem contudo uma existência realmente separada deste último, e a diferença é essencial e fundamental entre a autoridade responsável e a autoridade invertida da irresponsabilidade. O poder ministerial é tão realmente a única mola para a execução em uma Constituição livre, que o monarca nada propõe senão pelo intermediário de seus ministros, nada ordena sem que a sua assinatura ofereça à nação a garantia de sua responsabilidade. Quando se trata da nomeação dos ministros o monarca decide só: é direito seu incontestável".

E acrescenta em nota correspondente do período supra transcrito:

> "Estas e outras preposições de Benjamin Constant pela sua letra, e, por que de outro modo seria completamente contraditório, referem-se aos atos do poder Executivo ou ministerial como ele lhe chama. Tenho-as lido citadas com aplicação aos atos do poder Moderador, o que prova que os que assim as citaram e argumentavam, ou por falta de reflexão mais detida ou pelo hábito de estudar as questões às pressas de um dia para outro, não haviam compreendido bem aquele distinto publicista".

Não obstante a sobranceria com que o autor do *Ensaio* assevera que os que, divergindo de sua opinião, socorrem-se à autoridade de Benjamin Constant, ou não refletem detidamente, ou têm o hábito de estudar as questões às pressas de um dia para outro, é fácil de mostrar que, desta vez ao menos, é no *Ensaio* que se encontra a falta de reflexão detida ou o hábito de estudar as questões às pressas.

E por que o autor omitisse, na citação que fez de alguns períodos da obra de Benjamin Constant, uma parte mui importante, eu os reproduzirei por inteiro, e, para que o leitor melhor os aprecie, na própria língua desse publicista:

> "Le pouvoir ministériel, bien qu'émané du pouvoir royal, a cependant une existence réellement séparée de ce dernier; et la différence est essentielle et fondamentale entre l'autorité responsable et l'autorité invertie de l'inviolabilité.
>
> Le pouvoir ministériel est si réellement le seul ressort de l'éxécution, dans une constitution libre, que le monarque ne propose rien que par l'intermédiaire de ses ministres, il n'ordonne rien que leur signature n'offre à la nation la garantie de leur responsabilité.
>
> Quand il est question de la nomination des ministres, le monarque décide seul: c'est son droit incontestable. *Mais dès qu'il est question d'une action directe, ou même seulement d'une proposition, le pouvoir ministériel est obligé de se mettre en avant pour que jamais la discussion ou la résistence ne compromette le chef de l'État*".[91]

Em vista dessa passagem, cujo final, omitido na citação do *Ensaio*, tanta luz derrama a respeito do pensamento do publicista francês, torna-se evidente que, na teoria de Benjamin Constant, os ministros, apesar de separar-se o poder ministerial do real, respondem pelos atos deste último poder, porque nela o distinto publicista declara formalmente:

1º) Que o poder ministerial, em uma Constituição livre, é a única *mola de execução*.

2º) Que, em conseqüência, o monarca nada propõe senão por intermédio dos seus ministros.

3º) Que o rei nada ordena sem que a assinatura dos ministros ofereça à nação a garantia de sua responsabilidade.

---

[91] *Cours de pol. const.*, p. 73. (N. do A.)

4º) Que dessa regra apenas excetua-se a nomeação dos ministros, por ser direito incontestável do monarca decidir só por si.

E a razão da regra é bem explícita: "desde que se trata de uma ação direta ou somente de uma proposição, o poder ministerial deve colocar-se na frente *para que jamais a discussão ou a resistência comprometa o chefe do Estado*".

Diz o autor do *Ensaio* que Benjamin Constant, falando de execução na passagem por ele citada, refere-se à execução do que propriamente pertence à alçada do poder, que o mesmo publicista denomina Executivo ou ministerial, e não à dos atos do poder real: há nisto manifesto engano.

Precedentemente o publicista francês dividira, no seu *Esboço de Constituição*, o poder real do ministerial ou Executivo, e designara as atribuições de um e outro.

O poder real (*Esboço de Const.*, cap. 2, pp. 4-11) tem por atribuições: nomear e destituir o poder Executivo, sancionar as resoluções das Câmaras, adiar e dissolver a Câmara eletiva, nomear os magistrados, perdoar as penas, resolver a paz e a guerra etc.

O poder ministerial (*Esboço*, cap. 3, pp. 12-4) tem, por seu lado, a atribuição de propor leis, em seu próprio nome, no seio das assembléias representativas, concorrentemente com os membros das mesmas assembléias, assinar, também em seu nome, todos os atos do poder Executivo etc.

Isto posto, e entrando o publicista no que chama "desenvolvimentos do seu *Esboço de Constituição*", é evidente que quando escreve a passagem, citada pelo *Ensaio*, afirmando que o monarca nada faz nem propõe sem ser por intermédio e com a responsabilidade dos ministros, refere-se aos atos do poder real por três razões bem simples e peremptórias: 1ª) que a nomeação de ministros, apontada como exceção da regra, é da competência do poder real, e, pois, a regra, que essa exceção limita, concerne também às atribuições daquele poder; 2ª) que seria uma futilidade, inadmissível em um escritor da ordem de Benjamin Constant esforçar-se por demonstrar que o poder ministerial deve assinar e responder pelos atos de sua especial competência; 3ª) que o capítulo dos "desenvolvimentos", de que o autor do *Ensaio* extraiu a passagem de cuja inteligência se trata, inscreve-se "do poder real", donde ainda resulta que a execução de que nessa passagem se diz ser única mola o poder ministerial é, e não pode ser outra, a execução de atos da competência do poder real.

Assim que, na teoria de Benjamin Constant, o poder ministerial é um poder duplamente executivo: executivo, porque tem atribuições próprias, que lhe dão o caráter de um poder constitucional separado do real, e executivo, porque é por intermédio dele que o poder real tudo faz e mesmo propõe, exceto unicamente a nomeação dos ministros: "Le pouvoir ministériel est réellement le seul ressort de l'exécution".

Diversas outras passagens confirmam que tal é o pensamento do publicista francês.

Diz ele à p. 13:

> "A irresponsabilidade do monarca força-o a nada fazer senão por intermédio dos seus ministros".

Tratando do direito de graça atribuído ao rei, diz à p. 190:

> "A inviolabilidade é o primeiro princípio da monarquia constitucional. A inviolabilidade supõe que o monarca não pode fazer mal, ficção legal que entretanto não isenta dos afetos e fraquezas da humanidade o indivíduo colocado sobre o trono...
>
> Conforme esse princípio, na ação do poder só cumpre ver os ministros que aí estão para responder".

Lê-se à p. 378 a seguinte proposição:

> "Tal é o mecanismo da monarquia constitucional. O poder real é o poder conservador; o poder ministerial o poder ativo, *sem o qual o poder real nada pode fazer — le pouvoir ministériel est le pouvoir actif, sans le quel le pouvoir royal ne peut rien faire*".

Mas para que se dissipem todas as incertezas, se alguma incerteza pudesse haver, sobre o pensamento de Benjamin Constant no assunto em questão, vou encerrar este artigo com uma passagem terminante, decisiva.

O direito de paz e de guerra é, segundo Benjamin Constant, atribuição do poder real. Ele diz no *Esboço da Constituição*, à p. 11: "O rei decide da paz e da guerra".

E, passando aos desenvolvimentos, entra de novo no exame dessa tese, formulada assim, à p. 77:

> "O direito de paz e de guerra não pode, em uma monarquia, pertencer senão ao poder real".

Ora bem: se o direito de paz e da guerra pertence ao poder real, quem responderá pelo exercício desse direito? Eis uma questão que naturalmente ocorre e a que o publicista responde de modo a não deixar dúvida a respeito da má inteligência, que deu à sua obra o *Ensaio sobre o direito administrativo*. Vou citar da p. 77 suas próprias palavras:

> "Mais alors où sera, dira-t-on, la responsabilité? Dans les ministres, non pour avoir declaré la guerre, ce que n'est pas un acte de leur ressort, mais pour avoir conservé une place et continué leurs services, si le sujet de la guerre se trouve n'avoir pas été juste et légitime.
>
> *On n'entend pas bien la nature du pouvoir royal et de la responsabilité tant qu'on ne sent pas que le but de cette admirable combinaison politique est de conserver au roi son inviolabilité, en lui ôtant ses instruments dès que cette inviolabilité menace les droits ou la sureté de la nation. C'est là tout le secret: si pour conserver l'inviolabilité royale on exigeait que la volonté royale fut à l'abri de toute erreur, l'inviolabilité serait une chimère. Mais en la combinant avec la responsabilité des ministres, on fait qu'elle peut-être respectée réellement, parce que s'il advenait que la volonté royale s'égarât, elle ne serait plus exécutée*".[92]

Quer isso dizer:

1º) Que, na teoria de Benjamin Constant, a separação do poder ministerial ou Executivo do poder real não veda (quanto mais perante a nossa Constituição, que não reconhece no ministério um poder constitucional) que o poder Executivo responda pelos atos do poder real.

2º) Que a razão da referenda e da responsabilidade não é pertencerem ao poder ministerial atos que são da competência do poder real, mas o prestarem-se os ministros à respectiva execução, continuando a conservar os seus lugares e a servir ao chefe do Estado.

3º) Que o segredo e fim da combinação política, consistente em separar o poder real do ministerial, é manter a inviolabilidade do monarca, privando-o, mediante a responsabilidade ministerial, de instrumentos para o mal.

4º) Que a inviolabilidade do monarca, sem o apoio da responsabilidade dos ministros, e só fundada na suposição de que a vontade real é naturalmente isenta de desvairar-se e de errar, seria uma quimera.

Em face dessas proposições, que são fiel tradução dos citados períodos de Benjamin Constant, avalie o leitor a sem razão com que o *Ensaio sobre o*

---

[92] *Cours de pol. const.*, p. 77. (N. do A.)

direito administrativo pensa ter de seu lado esse autor, o *Ensaio* que adere e sustenta com afinco a opinião daqueles que descobriram o *segredo* de conservar ilesa a inviolabilidade do chefe do Estado no exercício do poder Moderador pela eminência de sua posição, pelo grande interesse de transmitir aos seus descendentes o trono que lhe deixaram seus gloriosos ascendentes, pela inocência intrínseca das atribuições moderadoras, pela só força da disposição constitucional que a consagra, pela responsabilidade, quando muito do Conselho de Estado, mas arredada e bem arredada a idéia de ser necessária a referenda e responsabilidade dos ministros!

E dizem, em cima disso, que os que seguem opinião diversa não refletem detidamente, ou têm o hábito de estudar as questões de um dia para outro!

Os artigos 132, 133 e 135
da Constituição

~

Dispõe o art. 132:

"Os ministros de Estado referendarão ou assinarão todos os atos do poder Executivo, sem o que não poderão ser executados".

Art. 133:

"Os ministros de Estado são responsáveis:
1º) Por traição.
2º) Por peita.
3º) Por abuso de poder.
4º) Pela falta de observância da lei.
5º) Pelo que obrarem contra a liberdade, segurança ou propriedade dos cidadãos.
6º) Por qualquer dissipação dos bens públicos."

Art. 135:

"Não salva o ministro da responsabilidade a ordem do imperador vocal ou por escrito".

Observa o autor do *Ensaio* (p. 83, 108 e 109) que todos esses artigos da Constituição acham-se colocados no capítulo que trata especialmente e tem por título "Do poder Executivo", inferindo daí que, pois todos são relativos aos atos do Executivo, a referenda e a responsabilidade ministerial, que estabelecem, só em relação ao Executivo devem ser entendidas, e não ao Moderador.

Ele se exprime assim:

"Os arts. 132, 133, 134 e 135, todos relativos ao poder Executivo, têm uma concatenação lógica tão cerrada, todos eles estão tão fixados pelo art. 1º (132), e pela rubrica do capítulo na hipótese de que os atos são do poder Executivo, que nem a *martelo* se pode neles dar ingresso ao poder Moderador".

Antes de tudo direi não ser exato que o capítulo em que se acham tais artigos se intitule "Do poder Executivo". O título do capítulo em questão é "Do ministério".

Dir-se-ia que o autor do *Ensaio*, imbuído no falso pressuposto de achar-se adotada pela nossa Constituição a teoria de Benjamin Constant, na parte que elevou o ministério ao grau de um poder constitucional, sob o nome de "Poder ministerial ou Executivo", tomou as palavras "Do ministério", que se acham no alto do cap. 6º do tít. 5º da Constituição, como equivalentes destoutras "Do poder Executivo", e assim as foi traduzindo, persuadido talvez, de que tal equipolência muito aproveitava à sua causa.

O certo é, porém, que a nossa Constituição não confunde poder Executivo com ministério: daquele trata no cap. 2, deste no cap. 6 do tít. 5. E, pois, da inscrição do capítulo, a que pertencem os artigos de que se trata, não há argumento em favor da opinião do *Ensaio*.

Examinarei cada um desses artigos.

Pelo art. 132 da Constituição, pondera o *Ensaio*, os ministros são obrigados a referendar os atos do poder Executivo, sem o quê não poderão ser executados. Logo, os do Moderador dispensam a referenda dos ministros, ou estes a prestam (expressões que se lêem à p. 107) como *tabeliães do Estado, que certificam em público e raso que o documento e assinatura imperial são verdadeiros!*

Contra a dispensa da referenda ministerial nos atos do poder Moderador protesta energicamente a prática não interrompida no país, desde que começou a executar-se a Constituição até o presente, pois é certo, e o autor do *Ensaio* o reconhece, que jamais deixaram eles de ser referendados como são os do Executivo.

Nem diga o autor do *Ensaio:* "Do fato não se conclui o direito". Porquanto, responde-lhe o aforismo: *"Optima est legum interpres consuetudo"*. E com efeito, se há mais de 40 anos e em dois reinados, nenhum de tantos ministérios que se têm sucedido na administração dos negócios públicos, ministérios de opiniões e tendências diversas, hesitou ainda em referendar os atos do poder Moderador, esse estilo constante prova que acertada interpretação da lei fundamental é a dos que julgam necessária a referenda ministerial nos atos do poder Moderador, e assim pode-se afoitamente dizer que a jurisprudência constitucional tem fixado nesta parte a verdadeira inteligência da Constituição.

Contra a idéia de serem os ministros tabeliães do Estado, que certifiquem em público e raso ser com efeito do monarca a assinatura imperial exarada em qualquer ato do poder Moderador, protestam não menos energicamente até as próprias idéias do *Ensaio*.

As idéias do *Ensaio*, sim, porque, segundo elas, os ministros respondem se não legal, moralmente pelos atos do poder Moderador, e a responsabilidade moral ou censura por tais atos, quer dizer que os ministros, referendando-os, fazem alguma coisa mais do que o simples ofício de tabelião, porque o tabelião desde que a identidade das pessoas de que dá fé, é verdadeira, a nenhuma increpação mais está sujeito, qualquer que seja o ato expedido, entretanto que o ministro não se isenta de argüição dizendo que a assinatura do ato do poder Moderador é verdadeiramente do monarca, mas responde por ele expondo-se (na doutrina do *Ensaio*) à censura, a qual pode elevar-se à proporção de o fazer perder o lugar, se as Câmaras por isso lhe retirarem a confiança.

Quanto aos arts. 133 e 135, entendem muitos que, declarando aquele os ministros responsáveis pelas classes de delitos que estabelece, e dizendo este que não salva o ministro da responsabilidade ordem do imperador, vocal ou por escrito, resolvem literalmente a questão, de que se trata, no sentido da responsabilidade ministerial pelos atos do poder Moderador, visto como a disposição, quer do art. 133, quer do 135, é geral, não fazendo distinção alguma entre atos do poder Executivo e Moderador. E nessa interpretação abundou o digno senador o sr. marquês de Olinda[93] no importante discurso que na respectiva Câmara proferiu em sessão de 14 de agosto de 1861.

O autor do *Ensaio* diz que nem a *martelo* se pode dar ingresso nos dois citados artigos aos atos do poder Moderador!

Mas eu acho que, sem auxílio desse instrumento mecânico, com que talvez o *Ensaio* desse ingresso no alto do cap. 6 do tít. 5 da Constituição a uma rubrica que lá não existe, é fácil mostrar que a responsabilidade estabelecida no art. 133 não se restringe exclusivamente aos atos do poder Exe-

---

[93] Pedro de Araújo Lima, regente do Império entre setembro de 1837 e julho de 1840, visconde (1841) e marquês de Olinda (1854), foi nomeado senador em 1842. Várias vezes ministro, presidiu os gabinetes formados em 29 de setembro de 1848, 4 de maio de 1857, 30 de maio de 1862 e 12 de maio de 1865.

cutivo, e mostrá-lo com a autoridade de uma lei importantíssima: a de 15 de outubro de 1827.

Em verdade, a lei de 15 de outubro de 1827, promulgada nos termos do art. 134 da Constituição para especificar a natureza dos delitos, de que trata o art. 133, e maneira de proceder contra eles, a qual tem por título "Lei da responsabilidade dos ministros e conselheiros de Estado", depois de haver no capítulo 1º especificado, pelo que diz respeito aos ministros, a natureza dos delitos — de traição, peita, suborno, concussão, abuso de poder, falta de observância de lei, ofensa de liberdade, segurança ou propriedade dos cidadãos —, e marcado as penas correspondentes a esses delitos, limita-se, no cap. 2º, constante de um único artigo, a estabelecer, quanto aos conselheiros de Estado, o seguinte:

"Art. 7º Os conselheiros de Estado são responsáveis pelos conselhos que derem:
1º) Sendo opostos às leis.
2º) Sendo contra os interesses do Estado, se forem manifestamente dolosos."
Os conselheiros de Estado por *tais conselhos* incorrem nas mesmas penas em que os ministros e secretários de Estado incorrerem por *fatos análogos a estes*.
Quando, porém, ao conselho não se seguir efeito, sofrerão a pena no grau médio, nunca menor que a suspensão do emprego de 1 a 10 anos".

Do citado artigo depreende-se que perfeita analogia existe entre a responsabilidade do conselheiro de Estado e a de ministro: tanto um como outro pode incorrer, exercendo as suas funções, no crime de traição, peita, suborno, abuso de poder, ofensa de liberdade etc., nos delitos em suma, referidos no art. 133, e nas penas que a lei regulamentar desse artigo da Constituição estabeleceu, só com a diferença que o ministro responde pelo *ato*, o conselheiro pelo *conselho*, sendo a penalidade, em que este incorre, menor quando ao conselho se não seguiu, do que seguindo-se-lhe, o efeito.

Ora, a responsabilidade dos conselheiros de Estado, conforme os arts. 142 e 143 da Constituição, e art. 7º da lei de 15 de outubro de 1827, abrange expressa e inquestionavelmente os atos tanto do poder Executivo como do Moderador, e estes com especialidade, porque a audiência do Conselho de Estado sobre negócios do poder Moderador não era como a respeito dos do Executivo, meramente facultativa, mas necessária.

E, pois, deve-se concluir que o autor da lei de 15 de outubro de 1827 não considerou, como considera o escritor do *Ensaio*, a responsabilidade de que fala o art. 133 da Constituição, circunscrita exclusivamente aos atos do poder Executivo, e só própria deles, porque seria absurdo aplicar a delitos de conselheiros de Estado, no que toca ao poder Executivo ou ao Moderador, disposições legais que só coubessem a crimes de ministros em assuntos do poder Executivo.

O IMPERADOR É SUJEITO A RESPONSABILIDADE MORAL?

O Ensaio agitando essa importantíssima questão, resolve-a no cap. 29, § 12, pp. 95 e 100 [*377*], como se vê dos períodos abaixo transcritos:

> "Há uma espécie de responsabilidade chamada moral, ou *censura imposta pela opinião pública*, em muitos casos mais eficaz do que a legal. Ninguém a pode evitar e produz sempre todos os seus efeitos. Vai direta ao causador do mal, não respeita condições e hierarquias; pelo contrário quanto mais elevada é a posição do indivíduo mais o persegue, mais com ele se *agarra*, não há soberano, por mais poderoso, que a não tema, porque ela mina e destrói a força moral, sem a qual não pode durar um poder.
>
> Não se limita aos atos exercidos em virtude de ofício público, estende-se ainda mesmo aos particulares de funcionários públicos, e enfraquece ou destrói o privilégio dos que exercem os altos cargos do Estado. Penetra por toda a parte.
>
> *É um perfeito engano acreditar que o chefe do Estado, se der justa causa, possa escapar a essa responsabilidade. Pelo contrário, porque está muito alto, é muito visto e mais a provoca.*
>
> A audiência necessária do Conselho de Estado remove a responsabilidade moral do imperante para aquela corporação... E se não a remover completamente, certamente a atenuará de um modo considerável, *dividindo-a*".

Mais clara e terminante não pode ser a opinião do autor. Ele sustenta:

1º) Que a responsabilidade moral é a censura da opinião pública, às vezes mais eficaz que a responsabilidade legal.

2º) Que nenhum poder sobre a terra é capaz de evitar essa responsabilidade moral.

3º) Que, pois, o chefe do Estado, *se der justa causa*, não pode escapar à mesma responsabilidade, antes porque se acha mais altamente colocado, mais a provoca.

Sinto dizê-lo, essa doutrina é uma heresia constitucional.

O art. 99 da Constituição dispõe: "A pessoa do imperador é inviolável e sagrada: ele não está sujeito a *responsabilidade alguma*".

A frase "não está sujeito a responsabilidade alguma" quer dizer que quaisquer que sejam as espécies de responsabilidade, nenhuma se aplica ao chefe do Estado.

Ora o escritor do livro, que estamos procurando apreciar, reconhece duas espécies de responsabilidade, uma legal, outra moral.

E, pois, a nenhuma dessas responsabilidades, nem a legal nem a moral, é sujeita a pessoa do imperador.

Esta é a conclusão lógica, irrecusável da letra do art. 99 da Constituição quando isenta o chefe do Estado de *toda responsabilidade*.

Tal é também a conclusão única que permite o espírito do artigo citado.

A monarquia representativa assenta na idéia de que o rei é inviolável, sendo a origem de todo o bem e não podendo fazer mal algum: e o príncipe que se acha em tais condições, deixando quase de ser um homem para se converter num princípio, numa instituição, não é muito que se considere impecável e portanto não mereça, já não digo repressão legal, mas censura alguma, por mais indireta e remota que seja.

Ora o art. 99 tem evidentemente por fim consagrar em toda a sua plenitude essa máxima cardeal, *a impecabilidade do príncipe*, e portanto o seu espírito como a sua letra condenam a distinção altamente reprovada com que o *Ensaio* isenta o chefe do Estado da responsabilidade legal, mas sujeita-o, ainda que repartidamente com os seus conselheiros, à responsabilidade moral, ou à censura.

Que diferença haveria, se fosse exata a opinião do autor, entre o imperador primeiro representante da nação e os demais representantes do povo? Nenhuma; porque se o imperador não está sujeito à responsabilidade jurídica, também os membros de cada uma das duas Câmaras não respondem juridicamente pelas opiniões que proferem no exercício de suas funções, e se os membros das Câmaras não podem subtrair-se à censura pública, o chefe do Estado, pela teoria do *Ensaio*, acha-se igualmente sob a influência desse meio de repressão, às vezes mais eficaz que a responsabilidade legal, e que quanto mais alto o poder mais se lhe *agarra*.

A verdade, porém, é que entre o primeiro representante da nação e os membros das Câmaras, no que toca à inviolabilidade, há uma distância inacessível.

A inviolabilidade do senador e do deputado estende-se somente quanto à responsabilidade legal, e quer dizer que não estão sujeitos por suas opiniões a nenhum tribunal constituído; mas à censura estão eles expostos como todo funcionário público de qualquer categoria, e convém que assim seja.

A inviolabilidade do príncipe é incomparavelmente mais extensa: isenta-o da jurisdição de tribunais constituídos, e também das penas com que o tribunal da opinião pública, sob o título de censura, fulmina os que se deslizam da senda do justo e do honesto.

Ainda mais: pelo art. 99 o príncipe não é só inviolável legal e moralmente, é também sagrado, e esta expressão, que não foi debalde acrescentada àquelas, designa no imperante uma pessoa digna de respeito e da veneração de todos.

Pouco ter-se-ia feito em favor da Coroa em nossa organização constitucional se somente a isentassem da responsabilidade jurídica, e não da moral; porque, como observa o mesmo autor do *Ensaio*, esta responsabilidade mina e destrói a força moral, sem a qual não pode durar o poder, e no dizer de Hello: "Avant l'inviolabilité légale, il y a une inviolabilité morale sans laquelle la première est inutile: c'en est fait de celle-ci, quand on se dispense de l'autre. On ôte tout au prince dont on s'habitue à médire; rien ne résiste à l'action continue du dénigrement et du sarcasme, et il n'y a pas de majesté humaine qui ne s'evanouisse dans les outrages".[94]

Entretanto o *Ensaio sobre o direito administrativo* não hesita em sujeitar o imperante à ação da censura, *que mina e destrói o poder*, à influência da censura, a que nada resiste, e diante da qual não há majestade humana que não sucumba!

É tão ábsona a doutrina do *Ensaio* nesta parte, que quase não posso acreditar que os períodos supramencionados sejam produção do jurisconsulto que escreveu essa obra; mas as dúvidas se dissipam à força de ver a doutrina repetida em diversas passagens do livro como estas:

> "Quando a responsabilidade (p. 96 [378]) moral não afeta, quando a censura pública não *repreende* o chefe do Estado por um ato, como emanado dele, repreende-o muitas vezes por tolerá-lo e por havê-lo deixado praticar.
>
> O rei deixa fazer o mal — responsabilidade moral. O rei não

---

[94] *Du régime constitutionnel*. (N. do A.)

deixa os ministros governarem, envolve-se em tudo, impõe-lhes a sua vontade — é a causa do mal.

Os atos são dos ministros e são eles os responsáveis, dizem uns. Mas, dizem outros, não vê o chefe do Estado esses atos, não preside o Conselho, não os assina, e por que não busca outros ministros? É ele o pedaço de pau, que, como narra o fabulista, deu Júpiter às rãs, as quais se queixavam porque era um rei que não se mexia?"

Há nada mais positivo do que essa censura pública repreendendo o chefe do Estado até por atos que são propriamente dos ministros, e principalmente se ele é pacato e inalterável como o rei das rãs?

Cumpre, porém, advertir que se a doutrina exarada nas diferentes passagens do *Ensaio*, que acima ficaram referidas, é heterodoxa, essa doutrina decorre todavia naturalmente da opinião professada pelo autor — de que no exercício do poder Moderador o imperante obra diretamente.

Com efeito, não está ao alcance de preceito de lei nem de expediente de qualquer natureza embaraçar que, dada uma ação, deixe o autor dela de responder pelas conseqüências que da mesma se derivem, e se o imperante possui uma fração de soberania nacional de tal forma delegada que o habilite a exercê-la diretamente, *nesse caso é um perfeito engano acreditar que o chefe do Estado, se der justa causa, possa escapar à responsabilidade moral*, e justa causa pode ele dá-la por erro de inteligência ou de vontade, a que todos os seres humanos, sem distinção, estão sujeitos.

Se o autor, falando da responsabilidade, que atinge os reis, se referisse à responsabilidade histórica, isto é, aquela que avaliando os monarcas como avalia todos os homens, recomenda-os às bênçãos ou à execração da posteridade, conforme os seus méritos ou deméritos, teria razão de sobra, porque a história, como a morte, não respeita condições, e tanto penetra os palácios dos reis, como as mais humildes moradas.

Ainda mais: se o autor dissesse que os reis não podem evitar que cada um de seus súditos pense deles conforme as suas obras, estimando-os com dedicação, se são bons, e detestando-os se mal inclinados, alguma razão teria. Os reis como entes racionais e livres estão sujeitos à apreciação de seus súditos, que são também entes dotados de inteligência e liberdade, e que nada neste mundo pode constranger a amar o mau e aborrecer o bom.

Mas o autor, tratando da responsabilidade dos reis, não se restringe à responsabilidade perante a história, nem a que se exerce no foro interior dos cidadãos, e que, quando muito, se revela em conversações íntimas: alude à responsabilidade que a opinião pública torna efetiva pela censura, e diz que a Coroa está-lhe sujeita, já dividindo-a com outros, já assumindo-a toda.

Dividindo-a (diz ele às pp. 99 e 101) com o Conselho de Estado, quando este é ouvido, assumindo-a toda quando não ouve o mesmo conselho, "*como aconteceu* (palavras de uma nota à página 99 [380]) *ultimamente na retirada do último ministério do sr. visconde de Abaeté, que insistia pelo adiamento da Câmara dos Deputados. Não foi ouvido o Conselho de Estado, o qual somente então podia cobrir a Coroa*".

Quanto mais se examina, pois, a opinião do autor, mais transparece que, arredando os ministros dos atos do poder Moderador, entende que o chefe do Estado, se não ouve o Conselho de Estado a respeito de negócios pertencentes a esse poder, fica descoberto e exposto às censuras que tais atos provocarem, e que consultando-o apenas reparte e atenua a sua responsabilidade.

Importa isso a negação do princípio cardeal da monarquia constitucional "a inviolabilidade da Coroa em todo o sentido", importa o nivelamento do primeiro representante da nação às condições de um senador ou deputado; mas está escrito no *Ensaio*!

O certo, todavia, é que quando a Coroa, sem ouvir o Conselho de Estado, recusou em 1859 ao sr. visconde de Abaeté o adiamento, que solicitava da Câmara dos Deputados, não ficou descoberta, da mesma sorte que não ficou exposta à censura, recusando a dissolução daquela câmara, aos gabinetes de 2 de março de 1861 e de 24 de maio do corrente ano, sem audiência daquela corporação: em todos esses casos a responsabilidade dos ministros que se retiraram, e dos que entraram, resguardara perfeitamente a Coroa.

Eis aqui como um abismo chama outro. Admite-se como ponto de partida que o imperador exerce ou pode exercer o poder Moderador diretamente: grande erro! Reconhece-se depois que o chefe do Estado pode ser censurado pelo modo por que exerceu o poder Moderador. Outro erro, conseqüência necessária do primeiro, e que ataca pela base a monarquia. É a lógica do abismo, ou a lógica infernal, de que falava o sr. marquês de Olinda no discurso, de que já fiz menção.

Ao passo que o autor do *Ensaio* professa às claras no § 12 do cap. 29, donde extraí as proposições supracitadas, a doutrina da responsabilidade moral do chefe do Estado no exercício do poder Moderador, escreve no § 10 do mesmo cap., p. 29 [374], uma nota, que merece alguma observação. Ei-la:

> "E com efeito, se dependesse (a persistência da monarquia representativa no país) da *andrajosa* cobertura que podiam ofere-

cer alguns ministérios, que temos tido, já não existiria a monarquia há muito tempo. A legislação criminal necessária para tornar efetivo, principalmente na imprensa, o art. 99 da Constituição, isto é, a inviolabilidade do imperador, está ainda por fazer, e é entretanto indispensável. Há de cobrir a Coroa tanto ou mais eficazmente do que a referenda às vezes de ministros sem importância. Pois que! Um representante da nação não pode chamar a Coroa à discussão e qualquer o poderá fazer na imprensa!"

Essa nota, bem considerada, quer dizer:
1º) Que assim como nas Câmaras não se chama à discussão a Coroa, também na imprensa não se pode fazê-lo, em virtude do art. 99 da Constituição.
2º) Que esse art. 99 pede uma lei penal que embarace principalmente na imprensa o abuso de alusões e referências à Coroa.
3º) Que a legislação penal que no sentido indicado se fizer, há de cobrir a Coroa tanto ou mais do que a referenda de ministros sem importância!

A primeira observação que ocorre é que a nota está em contradição com o texto.

O texto diz que a Coroa não escapa à responsabilidade moral, a que também está sujeito o Conselho de Estado, e geralmente qualquer depositário de poder. A nota não consente que nas Câmaras se façam alusões à Coroa, e pede com razão uma lei penal que reprima na imprensa qualquer abuso nesse sentido.

O texto admite a censura à Coroa; a nota proíbe-a completamente.

A doutrina do texto é totalmente falsa e perigosa, como já mostrei.

A doutrina da nota, sendo em parte verdadeira, não deixa de ser em parte falsa e perigosa. É, por um lado verdadeira, porque presta homenagem ao princípio da inviolabilidade completa e absoluta do monarca, indicando a conveniência de resguardá-lo da menor censura pública.

É porém, falsa por outro lado e mui perigosa, porque, ao passo que julga um crime qualquer censura à Coroa, combate a responsabilidade ministerial (que chama relativamente a certos ministros "andrajosa cobertura"), de sorte que, no caso de haver motivos de queixa a respeito de atos do poder Moderador, não se deixa ao país (permita-se a expressão) válvula alguma legítima por onde o ressentimento produzido por supostas ou verdadeiras queixas, se faça conhecer sem explosão. Da Coroa nada se pode dizer; o ministério, esse nada tem com os atos do poder Moderador; o Conselho de Estado, porque a sua audiência não é necessária, pode ter deixado de ser ouvido. Sofra-se, pois, em silêncio, ou quando muito recite-se (é o remédio que para tais casos aponta o autor à p. 102 [381]), o verso de Horácio:

> *Verum ubi plura nitent... non ego paucis*
> *Offendar maculis...**

 Não terminarei este artigo sem fazer um reparo. O general Foy (e mais tinha a desculpa do arrebatamento da tribuna e era um orador militar) chamou andrajos as vestes ministeriais comparativamente ao manto do rei: o autor do *Ensaio* (escrevendo como publicista no remanso do seu gabinete) fala em *andrajosa cobertura de alguns ministérios* que temos tido e desdenha a referenda de ministros sem importância.

 De sorte que num livro de direito estabelece-se diferença entre ministério e ministério, entre referenda e referenda: há ministérios, cuja cobertura é andrajosa; outros capazes talvez de abrigar convenientemente a Coroa de toda responsabilidade; há referenda que presta, porque os ministros gozam de consideração, outra que de nada serve, porque os ministros não têm importância!

 Assim se amoldam os princípios de direito às conveniências de pessoas e de partidos!

---

 * "Verum ubi plura nitent in carmine non ego paucis/ Offendar maculis..." ("Mas, quando inúmeras qualidades brilham num poema/ não vou chocar-me com uns poucos senões..."). Horácio, *Arte poética*, v. 351. (N. do L.)

DAS DISCUSSÕES A QUE TEM DADO LUGAR A QUESTÃO DO PODER MODERADOR NAS CÂMARAS LEGISLATIVAS

∽

As observações históricas a respeito da questão do poder Moderador, com que o autor do *Ensaio sobre o direito administrativo* se propôs esclarecer o assunto no sentido de suas doutrinas, estão, em meu humilde conceito, longe de terem a procedência que lhes atribui.

Apreciá-las-ei acompanhando o autor nos três parágrafos, de que se compõe o cap. 27, por ele exclusivamente consagrado a esse objeto.

§ 1º: Discussão da lei da Regência em 1831 na Câmara dos Deputados

A lei de 14 de junho de 1831 no art. 10 dispõe:

"A regência nomeada exercerá, *com a referenda do ministro competente*, todas as atribuições que pela Constituição do Império competem ao poder Moderador e ao chefe do poder Executivo, *com as limitações e exceções seguintes*".

Pensa o autor que a cláusula desse artigo *com a referenda do ministro competente* importava uma limitação da autoridade da Regência quanto aos atos do poder Moderador, os quais assim ficavam dependentes de referenda, e é portanto uma prova irrefragável de que os atos desse poder, quando praticados pelo imperante no pleno exercício de suas atribuições constitucionais, dispensam referenda e responsabilidade de ministros.

E assevera o ilustre escritor (p. 7) que tal era com efeito o pensamento da grande maioria dos oradores, que na Câmara tomaram parte na discussão da citada lei.

"Vê-se portanto que a grande maioria dos oradores da Câmara dos Deputados entendia que os atos do poder Moderador, exercidos pelo imperador, não tinham, pela Constituição, necessidade de referenda e era justamente por isso que a respeito deles se tratava de limitar o poder da Regência".

O argumento, que o autor deriva da indicada cláusula do art. 10 da lei da Regência, concludentíssimo em sua opinião e na de alguns indivíduos, que a este respeito seguem as mesmas idéias, não se pode sustentar em face da lei, nem dos debates que ela provocou.

Leia-se a lei de 14 de junho de 1831, atente-se especialmente na redação de seu art. 10, e ver-se-á que a referenda, de que declara dependerem todos os atos da Regência, ou pertençam ao poder Moderador ou ao Executivo, não constitui limitação ou exceção do que a Constituição estabelece relativamente ao exercício dos dois poderes.

A Regência, diz a lei, exercerá, *com a referenda do ministro competente*, todos os atos... *com as limitações e exceções seguintes*.

Logo, as limitações e exceções, de que fala a lei, hão de encontrar-se nos artigos que se seguem ao 10, e, pois, a referenda dos ministros nos atos do poder Moderador e Executivo, incluída logo na primeira linha desse artigo, não se deve considerar como uma das limitações ou exceções que ela se propõe estabelecer.

O art. 10 firma a regra que a Regência exercerá todas as atribuições que competem pela Constituição ao poder Moderador e Executivo, e anuncia logo exceções e limitações a essa regra, as quais constam do art. 11 em diante, e realmente são muitas e gravíssimas.

Tais são, por exemplo, no que toca ao poder Executivo, o provimento de certos empregos da competência do chefe do poder Executivo, concedido na corte à Regência, nas províncias aos respectivos presidentes; a proibição de conceder títulos, honras, ordens militares e distinções etc.; e, no que diz respeito ao poder Moderador, a faculdade de suspender os magistrados exercida pela Regência cumulativamente com os presidentes das respectivas províncias; a proibição de dissolver a Câmara temporária; de perdoar aos ministros e conselheiros de Estado em crimes de responsabilidade; de conceder anistia etc.

A referenda do ministro competente nos atos do poder Moderador e Executivo, não era, nem podia ser, limitação ou exceção concernente à Regência, quando é fora de dúvida, e o autor do *Ensaio* não o nega, que no Primeiro Reinado nunca houve, como no Segundo não tem havido, ato algum do poder Moderador sem referenda do ministro respectivo, e que, pois, não importando a cláusula inovação da prática anteriormente seguida, a sua presença no artigo em questão não restringe, apenas confirma e ratifica o que estava em uso.

Desta sorte a cláusula com a *referenda dos ministros* foi posta naquele artigo, não porque fosse necessária, mas provavelmente por entender o legislador que: *quod abundat non nocet**, não se lembrando de que essa regra falha às vezes, como nesse caso sucedeu, porquanto é precisamente da inserção da mencionada cláusula no art. 10 que se tem pretendido tirar o argumento que combato: "A Regência precisava de referenda para exercer atos do poder Moderador. Logo, fora do governo regencial, essa referenda se dispensa nos atos desse poder".

Releva ponderar que a cláusula de que se trata, tanto entrava por demais no referido artigo e não teve por fim restringir as faculdades da Regência quanto ao poder Moderador, que abrange em sua generalidade os atos do poder Moderador e do Executivo, isto é, não só os atos de um poder em cujo exercício é possível, suposto que não razoável, questionar se há ou não necessidade de referenda, como os atos de outro em que semelhante dúvida é impossível.

Fosse ou não expressa na lei da Regência a disposição concernente à referenda de todos os atos que exercesse, desde que, conforme o art. 129 da Constituição, a Regência ou regente é irresponsável, a referenda dos ministros era indispensável em todos esses atos, quer fossem do poder Executivo, quer do Moderador, como condição sem a qual aquela irresponsabilidade não poderia existir.

Assim a alegada cláusula do art. 10 da lei de 14 de junho de 1831, não pôs limite à autoridade constitucional da Regência, o que fez foi indicar expressamente, o que aliás pudera omitir, a condição indeclinável para que aquela autoridade fosse exercida normalmente.

Os debates, que houve nas Câmaras por ocasião da lei a que se alude, também não autorizam o argumento do *Ensaio*.

Nove oradores menciona o autor como havendo tomado parte na discussão da lei na Câmara temporária, a saber: os srs. Evaristo, Carneiro da Cunha, Ferreira França, Lino Coutinho, Rebouças, Ernesto França, Araújo Lima (hoje marquês de Olinda), Feijó e Paula Sousa.

---

* "O que (de bom) se tem em abundância, não prejudica." (N. do L.)

Pois bem: o sr. Feijó[95] votou pela cláusula do art. 10 *como confirmação do que era usado*.

O sr. Paula Sousa[96] opinou no mesmo sentido, *porque não tendo havido até aquele momento ato algum que não fosse referendado, não convinha então retrogradar*.

O sr. Araújo Lima[97] ponderou que, sem embargo de não marcar expressamente a Constituição que os atos do poder Moderador precisassem de referenda para serem executados, ela, todavia, era indispensável, porque todas as vezes que o exercício de um poder está sujeito a regras, como está o Moderador, *fazia-se precisa uma garantia da execução dessas regras...* e concluía que era, portanto, necessário sujeitar à referenda dos ministros tudo quanto pertencia ao expediente e tinha de ser por eles executado.

Não é, pois, exato o *Ensaio* afirmando, como afirma, que os únicos oradores que na discussão sustentaram clara e abertamente que a Constituição exigia a referenda para os atos do poder Moderador foram os deputados Feijó e Paula Sousa. O deputado Araújo Lima opinou inteiramente de acordo com os dois distintos paulistas.

Acresce que o sr. Lino Coutinho,[98] que o autor do *Ensaio* inclui na grande maioria dos oradores opostos à referenda ministerial nos atos do poder Moderador, quando exercidos pelo imperante, discorria, entretanto, com manifesta incerteza sobre o assunto, dizendo: *que alguns atos do poder Moderador admitiam responsabilidade, mas não a sanção das leis, e talvez outros mais*.

Dos nove oradores indicados, portanto, apenas cinco clara e abertamente sustentaram que a Constituição não exigia a referenda dos ministros nos atos do poder Moderador. E é isso o que o autor chama uma grande maioria?

Como quer que seja, o que da discussão da lei resulta é que a cláusula do art. 10 passou indistintamente com votos dos que admitiam a necessidade da referenda dos ministros nos atos do poder Moderador, quando exercidos pelo imperante, e dos que a impugnavam; e, pois, a adoção dessa cláu-

---

[95] Diogo Antonio Feijó foi regente do Império entre 12 de outubro de 1835 e 18 de setembro de 1837, anteriormente fora deputado geral (1826-29 e 1830-33), ministro da Justiça (julho de 1831 a agosto de 1832) e senador do Império (1833).

[96] Referência a Francisco de Paula Sousa e Melo (1791-1851), político brasileiro que chefiou o Partido Liberal, era senador por São Paulo.

[97] Pedro de Araújo Lima era, naquele momento, deputado por Pernambuco.

[98] José Lino Coutinho era deputado pela Bahia.

sula não tem o alcance que lhe atribui o *Ensaio*, não exprime o pensamento de que a referenda, desnecessária ao imperante, quando exerce atribuições do poder Moderador, torna-se, como exceção, precisa à Regência no exercício de semelhantes atribuições.

§ 2º: DISCUSSÃO NO SENADO, EM 1832,
DO PROJETO DE LEI DE REFORMA DA CONSTITUIÇÃO,
DE QUE RESULTOU A LEI DE 3 DE OUTUBRO DAQUELE ANO

Existiam no projeto de lei da reforma da Constituição os dois seguintes parágrafos:

§ 2º A Constituição reconhecerá somente três poderes políticos — o Legislativo, o Executivo e o Judicial.

§ 6º Passarão para o poder Executivo as atribuições do poder Moderador que for conveniente conservar, as outras serão suprimidas.

Esses parágrafos do projeto de lei de reforma da Constituição foram rejeitados pelo Senado.

Historiando os debates do mencionado projeto, afirma o autor do *Ensaio* que a disposição que suprimia o poder Moderador e a que passava as respectivas atribuições, que conviesse manter, para o poder Executivo, baseavam-se na persuasão de que os atos do poder Moderador não dependiam de referenda, sendo esse o motivo real e ostensivo da pretendida supressão, que alegavam os mais estrênuos propugnadores da medida, como os senadores Vergueiro e José Inácio Borges.[99]

Observa, por outro lado, o autor, que no Senado os dois parágrafos foram vivamente impugnados pelos senadores marquês de Caravelas e Almeida Albuquerque,[100] os quais procuraram salvar o poder Moderador, sustentando que os seus atos estavam sujeitos à referenda dos ministros, ofere-

---

[99] Nicolau Pereira de Campos Vergueiro era senador por Minas Gerais e José Inácio Borges senador por Pernambuco, nomeados em 1828 e 1826, respectivamente.

[100] José Joaquim Carneiro de Campos, senador nomeado pela Bahia em 1826. Manuel Caetano de Almeida Albuquerque, senador nomeado por Pernambuco em 1828.

cendo o primeiro desses senadores (marquês de Caravelas) uma emenda de supressão dos mencionados parágrafos, que veio a ser adotada.

Grande temeridade fora querer devassar as intenções desses dois senadores para atribuir-lhes o pensamento (que as suas palavras de certo não revelam, e que até seria ofensivo de seu caráter) de procurarem salvar o poder Moderador por um argumento sofístico, qual seria o da necessidade da referenda ministerial nos atos do poder Moderador, estando eles convencidos do contrário, como se falassem a gente inculta que se pudesse facilmente embair.

É certo, entretanto, que se o motivo alegado dos §§ 2º e 6º, que suprimiam o poder Moderador, era a falta de referenda ministerial nos atos desse poder, e se a emenda de supressão daqueles parágrafos fundava-se, ao menos ostensivamente, em negar que os atos do poder Moderador não estivessem sujeitos à referenda, a votação que, fundidas as Câmaras, rejeitou os referidos parágrafos, e deu vencimento de causa à emenda do marquês de Caravelas, se não é um argumento irrespondível em favor dos que sustentam a responsabilidade ministerial nos atos do poder Moderador, é decididamente mais favorável a essa opinião que à do autor do *Ensaio*.

Outra é porém a conclusão do *Ensaio*. Diz ele à p. 15 [317]:

> "A opinião liberal de então forcejava para fundir o poder Moderador com o Executivo, porque entendia que pela Constituição os atos do poder Moderador não têm referenda, e que por eles não são responsáveis os ministros.
>
> (A opinião liberal de hoje é de opinião diametralmente contrária.) Mas a Assembléia Geral rejeitou a disposição que tinha por fim consagrar essa referenda e responsabilidade. Logo, a Assembléia Geral sustentou por uma votação solene, posto que tacitamente, a verdadeira inteligência da Constituição — que os atos do poder Moderador são exeqüíveis, sem dependência de referenda".

A história e a lógica protestam contra esse aparatoso silogismo.

Primeiramente a história, porque não é exato que fosse artigo de fé da opinião liberal de então a inteligência de que os atos do poder Moderador não têm referenda. Feijó e Paula Sousa eram vultos consideráveis do lado liberal e sustentavam o contrário com a franqueza e tenacidade que os distinguia.

Agora a lógica. A Assembléia Geral não rejeitou disposição que tivesse por fim consagrar a referenda e responsabilidade ministerial nos atos do poder Moderador.

O que a Assembléia Geral rejeitou foi a supressão do poder Moderador, deixando de adotar os §§ 2° e 6° do projeto de reforma da Constituição, que acabavam com esse poder, e bem se vê que uma coisa é votar contra a supressão do poder Moderador, e outra decidir que semelhante poder funcione sem a referenda de agentes responsáveis, e o exemplo está no citado marquês de Caravelas, que com a sua emenda salvou o poder Moderador, e todavia não o desejava exercido sem referenda, antes combateu os adversários desse poder, mostrando que a razão por eles alegada, de não serem os respectivos atos sujeitos à referenda, era falsa.

E, pois, do fato de haver a Assembléia Geral Legislativa votado contra os parágrafos do projeto de lei da reforma da Constituição, que extinguiam o poder Moderador, não é lícito concluir que sustentou por uma votação solene, se bem que tacitamente, que os atos do poder Moderador são exeqüíveis sem dependência de referenda: é conclusão fundada em um falso pressuposto, e como tal sem valor.

§ 3°: QUESTÃO DO PODER MODERADOR
EM 1841 E POSTERIORMENTE

Em 1841, por ocasião de discutir-se no Senado a lei que criou o atual Conselho de Estado,[101] o senador Alves Branco (depois visconde de Caravelas)[102] propôs a seguinte emenda:

> "Nestes casos (em que ao Conselho de Estado incumbe consultar, havendo-o por bem o imperador) poderá o imperador ouvir o seu conselho e *expedir suas resoluções sem assistência ou dependência dos ministros do Executivo*".

O autor da emenda sustentou-a com todos os recursos de sua inteligência, e foi nesse empenho grandemente auxiliado pelo senador Bernardo Pereira de Vasconcelos.[103]

Ambos opinaram que o poder Moderador exercita as suas atribuições

---

[101] Lei de 23 de novembro de 1841.

[102] Manuel Alves Branco, nomeado senador pela Bahia em 1837.

[103] Senador nomeado por Minas Gerais em 1838.

diretamente e sem dependência de referenda e responsabilidade de ministros, e de trechos dos discursos de um e outro abunda, se não se compõe exclusivamente, o parágrafo do *Ensaio*, de cuja apreciação se trata.

Tomar aqui em consideração todos os argumentos produzidos pelos dois distintos senadores fora escusado, porque tais argumentos são pela maior parte precisamente os mesmos que o autor do *Ensaio* apresenta e desenvolve em sua análise, e que já tiveram neste trabalho a apreciação conveniente. Farei todavia a respeito desses discursos algumas considerações.

Uma circunstância surpreende-me nesta parte do *Ensaio sobre o direito administrativo*, e vem a ser: o elogio pomposo que se tece ao finado sr. Alves Branco (visconde de Caravelas).

"O senador Alves Branco", dizia o *Ensaio*, "uma das cabeças mais profundamente conservadoras que tenho conhecido, de quem somente pelas suas alianças, nos tempos em que eu militava, não fui amigo político, empregou os recursos de sua formosa inteligência em levar a questão à sua maior altura".

Grande exemplo é esse de justiça póstuma! Em vida do visconde de Caravelas não me consta que de penas profundamente conservadoras saísse jamais elogio tão cabal como esse que a do sr. visconde do Uruguai ora lhe traça nas linhas que acima ficam transcritas.

Durante a vida era aquele visconde amiúde tratado de poeta, e, como tal, embora lhe reconhecessem merecimentos, desejavam vê-lo arredado dos negócios públicos, da mesma forma que Platão diz que baniria de sua república, se lhe aparecesse, o próprio Homero, lançando-lhe todavia flores e perfumes.

Agora que já não existe aquele visconde proclama-se formosa a sua inteligência, e até na sua cabeça se descobrem protuberâncias as mais salientes de conservador!

Associo-me sinceramente ao autor do *Ensaio* nas homenagens que tributa ao talento eminente do finado visconde de Caravelas, de todo o Império bem conhecido e avaliado; mas essas homenagens me não privam de considerar a sua emenda e os discursos, com que a sustentou, não merecedores da benevolência póstera, que o *Ensaio* lhe assegura.

Vejo que a razão cardeal com que o autor da emenda pretende isentar o poder Moderador da necessidade da referenda é esta:

"Em política", diz ele, "não posso considerar um poder independente senão aquele que delibera e faz obrigatórias suas deliberações sem dependência de outro poder, *ou que dentro de si mesmo tem todos os meios de deliberar*, como acontece com o poder Judicial e Executivo".

E daí conclui que o poder Moderador não seria um poder independente, se por si mesmo não executasse os seus atos.

Ora esse princípio é falso; porquanto o poder Legislativo, por exemplo, é um poder independente, e contudo delibera e resolve, mas não faz obrigatórias as suas deliberações sem dependência de outro poder, porque é aos poderes Executivo e Judicial, cada um na sua especialidade, que incumbe dar-lhes o devido cumprimento.

A independência do poder Moderador, portanto, não envolve a necessidade de ter *dentro de si mesmo todos os meios de deliberar e obrar*.

Também leio no discurso do autor da emenda esta outra proposição, que está bem longe de ser verdadeira:

"O poder Moderador é o supremo do Estado, não porque possa fazer tudo, mas porque pode conservar todos os direitos, todos os interesses, todas as instituições até o tempo em que possam sem dano destruírem-se etc.".

Disse que está longe de ser verdadeira tal proposição; porque, segundo a Constituição, aquele dos quatro poderes por ela reconhecidos que, relativamente aos demais, se deve considerar supremo por excelência é o Legislativo.

Conforme o art. 11 da Constituição, os representantes da nação brasileira são o imperador e a Assembléia Geral, a saber: as pessoas a quem, segundo o art. 13 da mesma Constituição, o poder Legislativo é delegado.

Essa qualidade de representantes da nação brasileira, atribuída aos três ramos do poder Legislativo, indica a preeminência de tal poder.

E como não ser assim? Na organização política o poder Legislativo está para com os outros poderes no mesmo caso em que a razão no homem para com as outras faculdades de que é dotado. Aquele poder prescreve a regra à sociedade, como esta faculdade aponta ao indivíduo a norma de suas ações: ocupam portanto o primeiro lugar, aquele no corpo social, esta no indivíduo.

O art. 98 da Constituição diz que o poder Moderador é delegado ao imperador, como chefe supremo da nação e seu primeiro representante.

Isto significa que o imperador, a quem o poder Moderador é delegado, é o chefe supremo da nação e seu primeiro representante, mas não que o poder Moderador em si seja o poder supremo do Estado.

O imperador é chefe supremo da nação porque é um dos três ramos da representação nacional, porque tem o poder Moderador, porque exerce o poder Executivo.

Essa acumulação de poderes coloca o imperador no vértice da pirâmide social; mas isso não embarga que, comparados entre si os diversos poderes políticos reconhecidos pela Constituição, seja o Legislativo o poder supremo do Estado: ninguém reúne tantos elementos de soberania como o imperador, mas dentre os poderes políticos o primeiro e principal é sempre o poder Legislativo, que lhe é delegado e à Assembléia Geral.

É assim que na Inglaterra o Parlamento, de que são partes constitutivas a majestade do rei e as duas casas legislativas, é no dizer de Blackstone, o poder verdadeiramente soberano *"parliament is the sovereign power"*, sendo todavia o rei nessa grande corporação política *"caput, principium et finis"*, porque sem o rei não há começar parlamento, e porque o rei pode dissolvê-lo.[104]

Os argumentos, pois, derivados da supremacia do poder Moderador para combater a necessidade da referenda nos atos respectivos, não são procedentes.

Outro argumento especioso se encontra no discurso do finado visconde de Caravelas:

"A lei elevou tão alto este poder (Moderador), encheu-o de tantos bens da fortuna, fê-lo guarda de tão rico patrimônio a transmitir à sua sucessão, pô-lo tão inacessível à ambição e às vicissitudes da vida, que não é possível, em boa razão, que se acredite que essa personagem ponha em risco tudo isto para ter o gosto de subverter a sociedade ou praticar atos ilegais".

É a primeira vez que na própria grandeza e preciosidade do depósito se faz consistir a garantia dele, e que a avultada soma dos bens da fortuna, com que alguém é favorecido, se diz trazer em si mesma a segurança de perfeita conservação. A experiência, ao contrário, mostra, que na razão do valor do depósito deve estar a fiança exigida, e que fortunas de Creso freqüentemente se dissipam, se a tempo não se impede o desbarato.[105]

---

[104] *Commentarios*, vol. 1, p. 153. (N. do A.)

[105] Referência a Creso, último rei lídio cujo governo se estende de 561 a 547 a.C. Sua riqueza legendária provinha das minas e das pepitas de ouro do rio Pactolo e do controle das rotas comerciais que levavam ao mar Egeu.

E a que vêm exagerações? Para justificar-se a referenda e responsabilidade ministerial nos atos do poder Moderador, não há mister supor que o príncipe queira pôr em risco tudo para ter o gosto de subverter a sociedade, como esse déspota romano, que mandou pôr fogo à capital do mundo para ter o prazer de assistir ao incêndio,[106] não há mesmo mister supor a concepção de crimes propriamente ditos: basta a possibilidade de erros, de falsas apreciações, a que não escapa homem algum por mais sábio e altamente colocado que seja.

Acha-se mais no discurso o seguinte:

> "É impossível haver um pensamento de crime na realeza, tal como deve ser constituída, tal como está constituída entre nós; tais suposições só cabem aos chefes de repúblicas, aos Jacksons[107] e outros, que por agradarem à multidão frenética, atacam as fortunas e créditos dos seus concidadãos e do mundo inteiro; que monarca faria isto, senhores? Certamente nenhum".

Tal como deve ser, tal como é entre nós a monarquia, certo não há crime na realeza nem mesmo erros: o rei goza do privilégio da perfeição, é impecável. Porquanto se há erros no governo, se há crime na suprema direção dos negócios, toda a culpa recai sobre os seus conselheiros e agentes responsáveis: os ministros de Estado.

Fora dessa suposição, a história protesta contra a afirmativa do orador, e obrigá-lo-ia a reconhecer que Washington não era monarca, nem Carlos II ou Jaime II, presidentes de república.[108]

Um outro argumento do autor da célebre emenda é este:

> "Se suceder que algum ministério procure subverter a ordem pública e desorganizar tudo, não haverá (na suposição de ser necessária a referenda) meio legal de o fazer parar em sua carreira,

---

[106] Referência a Nero, imperador romano de 54 a 68 d.C.

[107] Referência a Andrew Jackson (1767-1845), político democrata que se tornou o sétimo presidente dos Estados Unidos, eleito em 1828 e reeleito em 1832.

[108] George Washington, militar e político norte-americano, foi o primeiro presidente dos Estados Unidos, eleito em 1789 e reeleito em 1792. Carlos II foi reconhecido como rei da Grã-Bretanha em 1660, quando da restauração da monarquia inglesa, reinou até 1685 assegurando a sucessão do trono a seu irmão Jaime II.

não vejo meio legal para isso... O poder Moderador para evitar essa posição violenta não terá remédio senão organizar ministérios fracos, desunidos e impossibilitados de fazer o bem. Que dois resultados da necessidade da referenda dos ministros nos atos do poder Moderador — impossibilidade de fazer parar o mal, impossibilidade de fazer o bem!"

Esses dois resultados são quiméricos: assentam no falso pressuposto de que, sendo necessária a referenda ministerial nos atos do poder Moderador, um ministério perverso tem em suas mãos o meio de, negando-a, perpetuar-se no governo.

A Coroa tem meio legal e muito eficaz de evitar tais resultados na faculdade, que lhe compete, de nomear e demitir livremente os seus ministros. A referenda, se os demitidos a recusarem, nada obsta que a prestem os nomeados: o essencial é que haja referenda.

Noto ainda no discurso:

"Sim, o poder Executivo ficará menos exposto (no caso de não ser necessária a referenda) aos ódios dos partidos contrários que atribuirão tudo ao Conselho de Estado e serão por isso os ministérios mais duradouros do que são".

Sem dúvida a estabilidade dos ministérios é de evidente interesse público; mas não para ser conseguida a troco de injustiças e tortuosidades, fazendo-se do Conselho de Estado o bode emissário, que carregue com as suas e com as alheias culpas. Ele que sofra a própria responsabilidade pelos maus conselhos que der; mas não é possível que se lhe impute o mal que foi inspirado realmente e executado pelos ministros.

E depois quem pode acreditar que de ficar atado só o Conselho de Estado ao poste da censura pelos atos do poder Moderador resultaria a estabilidade, que se deseja, dos ministérios? A supressão da responsabilidade dos ministros nos atos do poder Moderador seria um ônus de menos no cargo, conservadas todas as vantagens que lhe são inerentes: era, pois, natural que mais estimulasse do que arrefecesse os candidatos às pastas.

Quanto ao respeitável estadista o sr. Bernardo Pereira de Vasconcelos é certo que ele se inclinava à opinião dos que negam a referenda e responsabilidade dos ministros nos atos do poder Moderador, mas, no conceito mesmo do autor do *Ensaio*, não levou o assunto à altura a que, sob a palavra do outro orador, havia subido.

Dizia ele:

> "Entendo que o poder Moderador delibera em conselho, e *que seus atos podem ser executados pelos mesmos ministros do poder Executivo*, os quais devem adotar uma denominação apropriada para esses atos a fim de ficar entendido que tal ou tal deliberação foi tomada pelo imperador em conselho e não é ministerial. E se algum ministro tiver escrúpulo em sua execução, tem remédio, que é pedir ao monarca a graça de o dispensar".

Bem se vê quanto essa doutrina difere da que se continha na emenda. Segundo esta o imperador podia expedir os atos do poder Moderador sem assistência ou dependência de ministros do Executivo, entretanto que na opinião do senador Vasconcelos os ministros são os executores naturais das resoluções do poder Moderador, sem contudo as referendarem nem terem outra responsabilidade que a moral.

A razão principal que o abalizado orador dava para repelir a referenda em tais atos era, dizia ele, deduzida de um ato legislativo. Eis aqui suas palavras:

> "Esse ato é a lei da Regência: esta lei diz que a Regência continuará a exercer atos do poder Moderador com a referenda dos ministros. Para que esta declaração se os mesmos atos do monarca deviam ser referendados? Se os legisladores estivessem convencidos de que os atos do poder Moderador deviam ser referendados pelos ministros, decerto não fariam a declaração, que fizeram, de que durante a Regência, esses atos fossem referendados pelos ministros: *esta declaração era escusada*".

A resposta não é difícil.

Essa lei da Regência, como já fiz ver, no mesmo artigo (10), na mesma cláusula e pelas mesmas palavras, com que faz a declaração, a que o orador alude, diz também que a Regência continuará a exercer os atos do poder Executivo com a referenda dos ministros competentes, e fizeram os legisladores semelhante declaração apesar de profundamente convencidos de que os atos de semelhante poder nunca prescindiram, nem podiam prescindir de referenda.

Se a exigência da referenda dos atos do poder Executivo durante a regência não significa que, sendo exercidos pelo imperador, dispensam essa garantia, a exigência da referenda nos atos do poder Moderador durante a regência não pode importar a significação de que os atos do poder Moderador, estando a Coroa no pleno gozo dos seus direitos, são exeqüíveis sem referenda.

A cláusula "exercerá com referenda os atos do poder Moderador e Executivo", que se encontra na lei da Regência, sendo uma e a mesma para os atos de ambos os poderes, não pode soar de um modo para este, e de outro modo inteiramente diferente para aquele.

A declaração que essa cláusula encerra, se fora escusada para os atos do poder Moderador no caso de que eles antes da Regência tivessem, como tinham, referenda, seria escusadíssima para os atos do poder Executivo, que decididamente nunca deixaram de a ter. Mas se para estes uma tal cláusula faz continuar o que já achava em vigor por efeito de lei expressa, como para aqueles não há de significar continuação da prática anterior, fundada em justa e razoável interpretação da mesma lei?

Continua o orador:

> "Eu não entro no exame da doutrina; o que eu quisera é que se decidisse esta questão, questão importante. Até o presente o que *está decidido é que, pelos atos do poder Moderador, são responsáveis, não os conselheiros de Estado, mas os ministros, que são os que se supõe conselheiros do imperador*".

E mais adiante diz:

> "Entretanto eu reconheço a diferença da questão, desejo que a matéria seja ventilada, que se tome sobre ela uma decisão, a fim de que, em nossos juízos, nas censuras que fizermos à administração, saibamos como nos devemos comportar. *Até o presente parece que os ministros respondem pelos atos do poder Moderador, não como ministros, mas como conselheiros, por isso que há a presunção de que o monarca não pode fazer mal*; mas pode muito bem acontecer que o Conselho todo seja oposto à deliberação do monarca, nesse caso cabe ainda ao Conselho demitir-se, e, se se não demite, *a ele cabe toda a responsabilidade de que o ato é suscetível*".

Dos dois trechos que aí ficam citados, cumpre reconhecê-lo, a doutrina do *Ensaio*, no tocante à questão do poder Moderador, mais recebe golpes que auxílio. Bem claro dão eles a entender:

1º) Que a questão do poder Moderador, apesar da lei da Regência e do projeto de lei da reforma da Constituição e seus respectivos debates, continuava ainda em 1841 a ser difícil.

2º) Que há mister uma decisão, a fim de que cada um saiba como deve proceder quando tiver de dirigir censuras à administração.

3º) Que entretanto o que até aquele tempo (1841) estava decidido era que pelos atos do poder Moderador são responsáveis os ministros, por isso que há presunção de que o monarca não pode fazer mal.

Agora compreende-se perfeitamente o motivo por que a respeito do assunto do poder Moderador a melhoria na admiração e no encômio do *Ensaio* coube não ao senador Vasconcelos, mas ao visconde de Caravelas!

Com relação aos debates de 1841 cita o *Ensaio* (p. 18 [320]) a opinião do sr. Carneiro Leão (depois marquês de Paraná), o qual respondendo ao sr. Andrada Machado[109] dizia:

> "O poder Moderador é delegado privativamente ao imperador, e por conseqüência os atos do poder Moderador não precisam de referenda".

Mas a nenhuma procedência dessa opinião o mesmo *Ensaio* encarrega-se de mostrar, copiando (à p. 92 [375]) a continuação do discurso do sr. Carneiro Leão, em que ele se enunciava assim:

> "Nós divergimos (o sr. Carneiro Leão do sr. Andrada Machado), porque eu entendo *que em último resultado, para execução do ato, é preciso a referenda*, mas para que o imperador faça o ato tal referenda não é necessária. Esta doutrina julgo dever-se liquidar".

Ora aí temos reconhecendo a necessidade da referenda o mesmo orador (sr. Carneiro Leão) que, pouco havia, a contestara, e tanto isso não escapou ao autor do *Ensaio*, que em seguida ao período, que acabo de citar, pondera:

> "Essa doutrina que o distinto estadista não dava por líquida, pois a queria liquidar, importava praticamente *contradição*".

---

[109] Honório Hermeto Carneiro Leão era deputado por Minas Gerais, líder conservador, foi nomeado senador em 1842 e marquês de Paraná em 1854. Antonio Carlos Ribeiro de Andrada Machado e Silva era deputado por São Paulo.

No que toca às discussões posteriores ao ano de 1841, o autor do *Ensaio* enfeixa-as todas em algumas linhas e duas breves notas.
Diz ele à p. 33 [333]:

"Depois de 1841 esta questão tem reaparecido *esporadicamente* na nossa imprensa e tribuna, sumindo-se logo como o relâmpago. Aparece ordinariamente nas Câmaras metida a *martelo* em discussões estranhas, na fixação de força de terra, por exemplo, e sem que ninguém saiba donde veio, por que e para que veio e para onde se foi."

Esse trecho faz lembrar as palavras, com que o autor procura desculpar-se por ir consagrar ao exame de uma questão política, qual a do poder Moderador, a quarta parte do seu *Ensaio sobre o direito administrativo*, dizendo à p. 2 [306]:

"Cuido que tendo acabado de tratar do Conselho de Estado, não me levará a mal o leitor, se, como espero, for benévolo, que *enxerte* essa questão em um trabalho, ao qual se não pertence, não é, pelo menos, totalmente estranho".

Que triste sina, no conceito do *Ensaio*, pesa sobre a questão do poder Moderador! Nas discussões das Câmaras entra *esporádica* e a *martelo*, nas obras de *Direito administrativo* por via de *enxerto*! E talvez, num e noutro caso, *sem que ninguém saiba donde veio, por que e para que veio, e para onde se foi!*
Continua:

"Reapareceu em 1860 primeiramente na imprensa, por ocasião de não haver o poder Moderador escolhido um cidadão incluído em lista tríplice para senador, nomeando outro também nela contemplado".

Há nisto engano. A questão reapareceu em 1860, por motivo de demora no recurso de graça de um espanhol, que assassinara um brasileiro: a nomeação de senadores veio algum tempo depois. Isto seja dito de passagem para que se não pense que a questão reapareceu em 1860 a impulso de amor próprio ofendido.
Prossegue o *Ensaio*:

"Essa discussão da imprensa repercutiu na Câmara dos Deputados na sessão desse ano (1860) em discursos e ocasiões destacadas, de passagem e envolvida com assuntos estranhos. Reapareceu na Câmara dos Deputados, do mesmo modo, extemporaneamente, destacada, cortada, na sessão de 1861, e também nela não deu um passo para a sua solução".

Sempre *esporádica*, sempre mal cabida, a questão do poder Moderador ainda em 1861 não dera passo algum para sua solução, até que por fim veio o *Ensaio* em 1862 resolver o problema, o *Ensaio*, que aliás nada acrescentou ao que fora dito pela cabeça eminentemente conservadora, pela formosa inteligência, que há mais de 20 anos (em 1841) levara a questão à sua maior altura, nem podia acrescentar, porque aquilo que atinge o zênite não pode subir mais.

Falando das discussões de 1861, o autor não é fiel à verdade histórica, mencionando somente o que teve lugar na Câmara dos Deputados. No Senado também se discutiu essa importante questão, tomando parte nos debates os srs. marquês de Olinda, d. Manuel, e Sousa Ramos,[110] então ministro do Império, e o discurso que por essa ocasião proferiu o digno membro daquela Câmara, sr. marquês de Olinda, sustentando a referenda e responsabilidade dos ministros pelos atos do poder Moderador, admira não merecesse ser mencionado pelo *Ensaio* que de tantos outros fez menção, sendo que tal discurso, além do valor inerente à palavra sempre autorizada de tão eminente orador, tem o mérito de estar em perfeita harmonia com as idéias que já em 1831 sobre o mesmo assunto ele expendera na tribuna da Câmara eletiva; esse discurso pode ser lido nos *Anais do Senado* do ano de 1861, vol. 3, pp. 99-105.

Depois do que fica expendido é muito para notar-se a proposição, que ao concluir escreve o douto publicista à p. 110 [387]:

"A opinião geral e a dos nossos principais homens de Estado, *como já vimos*, tem sido que os atos do poder moderador são exeqüíveis sem referenda".

---

[110] Para marquês de Olinda ver nota 93, à p. 195. D. Manuel de Assis Mascarenhas, senador pelo Rio Grande do Norte nomeado em 1850. José Ildefonso de Souza Ramos, barão de Três Barras e visconde de Jaguari, nomeado senador por Minas Gerais em 1853.

Como já vimos! Mas o que vimos nós? Não foi que Andrada Machado, Feijó, Paula Sousa, marquês de Caravelas, Araújo Lima, e outros, sustentavam decididamente a necessidade de referenda e responsabilidade ministerial nos atos do poder Moderador? Não foi que o senador Vasconcelos, suposto contestasse a referenda, reconhecia que o que estava decidido era que os ministros respondiam pelos atos do poder Moderador como conselheiros do imperador, e que em certas circunstâncias cabia-lhes toda a responsabilidade de que o caso fosse suscetível? Não foi que o marquês de Paraná, *contradizendo-se*, admitia, em último resultado, a necessidade da referenda que antes e no mesmo discurso negara?

É certo que vimos o sr. Alves Branco em 1841 com uma emenda ao projeto de lei do Conselho de Estado, tendente a acabar com a referenda dos ministros nos atos do poder Moderador; mas vemo-lo também retirando a sua emenda para depois apresentá-la separadamente, e nunca mais tratar disso até o seu falecimento. Se a sua convicção profunda era, como dizia então, que a necessidade da referenda ministerial nos atos do poder Moderador *convertia a monarquia em república*, por que razão não apresentou depois essa emenda sob forma conveniente? Para se não dizer, e fora isso grave injúria a tão ilustre varão, que desde 1841 até falecer aquiescera ao atentado de, mediante a referenda, desvirtuar-se àquele ponto a forma do governo jurada, não é lícito conjecturar que as suas idéias a tal respeito se modificaram?

O IMPERADOR REINA E NÃO GOVERNA, OU REINA E GOVERNA?

Propondo-se discutir tão grave assunto, o autor do *Ensaio* começa nestes termos:

"A melhor resposta que se pode dar a essa questão seria a seguinte: o nosso imperador exerce as atribuições que a nossa Constituição lhe confere".

É o mesmo que dizer: A melhor resposta a tal questão fora não dar resposta alguma.

Excelente método de discutir, que seguido em grande escala tornaria do mister de publicista a tarefa mais fácil deste mundo!

Mas, enfim, posto de lado o cômodo expediente de não responder-se à questão que se provoca, o autor do *Ensaio* persuadido de que, não resolvendo-a, ficaria incompleto o seu trabalho a respeito do poder Moderador, procura resolvê-la, e o faz, como era de esperar, de acordo com as idéias, que já lhe conhecemos, acrescentadas de outras, que juntas constituem a negação formal do governo parlamentar no país.

Não é certamente no sentido ordinário das palavras "reinar e governar" que cumpre buscar a solução do problema. Foi em França que o problema nasceu, e aí a Academia considera sinônimas essas duas palavras, como são sinônimas em nossa língua.

Compete, pois, à ciência política determinar, se é possível, o sentido das palavras "reinar e governar", habilitando-nos a decidir se no sistema representativo o chefe do Estado reina e governa, ou se reina somente.

Para emitir sua opinião o autor examina: 1°) o que significa, segundo Thiers,[111] a locução "o rei reina e não governa"; 2°) o que é, conforme Gui-

---

[111] Adolphe Thiers (1797-1877), político e historiador francês, renomado devido a seus artigos contrários ao absolutismo monárquico.

zot, a máxima, "o rei reina e governa"; 3º) como se entendem na Inglaterra praticamente tais máximas; 4º) que aplicação podem elas ter ao Brasil.

São outros tantos pontos sobre que vai versar este estudo.

§ 1º: DOUTRINA DE THIERS

Sendo Thiers o autor da fórmula "o rei reina e não governa", justo é que pela sua teoria comecem as nossas averiguações.

Ao aproximar-se da revolução de julho de 1830 em França,[112] quando os publicistas de Carlos X assoalhavam, a respeito da prerrogativa real, doutrinas subversivas do regime representativo, como estas: que o rei tinha o direito de nomear ministros sem lhe importarem o pensamento e a fiscalização das Câmaras, e que as Câmaras não tinham direito de recusar-lhe o *budget*,[113] Thiers formulou e explicou definitivamente pela imprensa essa máxima, que anos depois, em 1846, defendeu na tribuna, tornando-se sua profissão de fé política:

"Le roi règne et ne gouverne pas".

Que significação tinha essa máxima no espírito do distinto publicista? Responde o *Ensaio*, à p. 139 [412]:

"A questão reduzia-se e reduz-se ao seguinte. Tratava-se de saber, e essa fórmula a simplifica — se no governo constitucional de França era a Coroa um poder, ou se era coisa nenhuma".

E às pp. 140 e 141 [412 e 413]:

"Pela doutrina de mr. Thiers preponderam *exclusivamente* as Câmaras e, para melhor dizer, a dos Deputados. É o astro em derredor do qual gravitam os poderes do Estado. Elas indicam os

---

[112] Referência ao movimento revolucionário liberal e aos protestos em virtude da dissolução da Câmara que levaram à abdicação do rei Carlos X e à nomeação, pelas Câmaras novamente reunidas, de Luís Felipe, ex-combatente dos exércitos revolucionários e membro do clube dos jacobinos, como "rei dos franceses".

[113] O *budget* é o orçamento de despesas.

ministros. O rei nomeia a quem elas indicam. Quase que completamente se refunde um dos ramos do poder Legislativo com o Executivo.

As prerrogativas reais de nomear membros da segunda Câmara, de dissolver a dos Deputados, as atribuições benéficas de perdoar, de anistiar etc., dependem *exclusivamente* dos ministros e de sua referenda e portanto das maiorias que os fazem nomear e os sustentam.

Segundo esse sistema a condição da inviolabilidade da Coroa é *a nulidade* pessoal do rei: O rei reina e não governa; isto é — *o rei é nulo*. Não basta que a Constituição o declare inviolável. Logo que se quer ele envolver no exercício de suas atribuições, logo que governa, logo que suspeitam que governa, logo que convém gritar que governa, deixa de ser inviolável".

Não há maior exageração. Com a sua máxima Thiers pretendia reprimir as exorbitâncias de Carlos X e seus ministros, mas não anular o rei e torná-lo uma entidade de todo nominal, estranha à administração: desejava que o rei não administrasse absolutamente, e só isso queria.

O pensamento de Thiers transparece nas seguintes palavras do seu artigo sobre a "prerrogativa" publicado a 7 de janeiro de 1830 no *Nacional*:

"A Carta, origem da nova realeza, fonte de seu poder limitado, o que é que lhe concede? A *administração exclusiva* do Estado, interna e externa, o direito de convocar os Colégios Eleitorais, de reunir as Câmaras, de dissolver a dos Deputados, de aumentar a dos Pares, de concorrer ao fazimento das leis, pela iniciativa e pela sanção; pela iniciativa, que lhe confere meio de apresentar as que lhe parecem mais convenientes, pela sanção que lhe permite rejeitar as com que não concorda. Revestido, porém, de tão importantes faculdades, não é o rei todavia o *diretor absoluto da administração do Estado*. Seus agentes são responsáveis, e a marcha de *seu governo* é submetida à fiscalização do país, representado pelas Câmaras. Em tal sistema... o país tem meio de defender-se de um partido que se apodere da administração, como o rei possui o de defender-se de um partido, que se apodere da Câmara. Este meio é, para o rei, a dissolução da Câmara, e, para a Câmara, a recusa dos subsídios".

É, pois, certo que Thiers não negava ao rei o direito de intervir na *administração*, no *governo* do Estado, mas queria que ele deixasse de ser o *diretor absoluto* da mesma administração, ponderando que seus agentes são responsáveis e que o país, representado pelas Câmaras, tem o direito incontestável de fiscalizar a marcha do governo.

O rei, diz noutro artigo Thiers, *é o país feito homem*, e o homem que assim se identifica com o país e o representa, não podia esse publicista querer que fosse apenas um nome, uma nulidade, como lhe atribui o *Ensaio*, e como exageradamente lhe atribuíam os seus adversários.

Em 1846, Thiers sustentava na tribuna a mesma doutrina, ponderando:

"Que era necessário que a realeza não se comprometesse nas lutas do governo, que aparecesse nelas o menos possível... que o governo representativo era tanto mais conforme à sua índole quanto ao lado do rei se encontrassem ministros eficazmente responsáveis".

E que o pensamento de Thiers, formulando a máxima em questão, não era tornar o rei uma nulidade, bem se deduz das sensatas reflexões, com que, na *História do Consulado e do Império*, aprecia a instituição do grande eleitor da Constituição do ano VIII, arremedo da realeza inglesa que Sieyès[114] inseriu nessa sua famosa obra.

O grande eleitor de Sieyès era um magistrado supremo que, com 6 milhões de renda e suntuosas habitações, só tinha um ato a praticar: *eleger um cônsul da paz e outro da guerra*.

Esse grande eleitor, que não pôde resistir aos sarcasmos de Napoleão, bem diverso da realeza na Inglaterra, seria dentro em pouco tempo, diz Thiers,[115] como um doge de Veneza faustoso e nulo, incumbido de, cada ano, casar-se com o mar Adriático!

E no intento de fazer sobressair a diferença entre o rei inglês e o grande eleitor, acrescenta:

---

[114] Abade Sieyès (1748-1836). Político francês atuante na Revolução Francesa e um dos organizadores do golpe de Estado que elevou Napoleão a primeiro-cônsul em 1799. Este, nomeou-o senador e conde do Império, foi exilado no período da Restauração voltando à França em 1830.

[115] *Hist. du Consulat et del'Empire*, t. 1, l. 1, p. 86. (N. do A.)

"Simples e natural em seus meios, a Constituição britânica admite a realeza, a aristocracia, a democracia, mas uma vez admitidas, ela deixa-as obrar livremente sem outra condição que a de *governarem de comum acordo*. Não limita o rei a *tal ou tal ato*... deixa sair a realeza e a aristocracia de sua origem natural — a herança —, admite um rei, pares hereditários, mas em compensação, deixa ao povo o cuidado de designar diretamente, conforme os seus gostos ou suas paixões do dia, uma câmara que, podendo dar ou recusar à realeza os meios *de governar*, obriga-a a tomar por diretores do governo os homens que têm sabido conquistar a confiança pública.

A ação da realeza, da aristocracia, não passa dos limites desejados: elas moderam um impulso que seria, sem a sua intervenção, mui rápido. A Câmara eletiva, cheia das paixões do país, mas refreada pela realeza e aristocracia, escolhe em verdade os verdadeiros chefes do Estado, leva-os ao governo, mantém-nos nele, ou os derruba se não correspondem aos seus sentimentos. Eis uma Constituição simples, verdadeira, porque é o produto da natureza e do tempo, e não, como a de Sieyès, obra artificial etc".

Um escritor, que tem tais idéias sobre o regime representativo nas monarquias constitucionais, que assim proclama a necessidade de *governarem de comum acordo* os diversos elementos que a compõem, certo não pretende reduzir a zero o elemento da realeza na administração e governo do Estado. Ele quer, e com razão, que, pois a realeza nas monarquias limitadas não é o único elemento de governo, mas concorre com a aristocracia (onde existe aristocracia) e com a democracia que existe em toda parte, não governe a realeza como se não tivesse concorrentes no poder, como se a autoridade que lhe compete não fosse uma delegação do país, e se este não tivesse o direito de por meio de seus imediatos representantes, de ministros da confiança destes, ter um voto e voto muito importante na direção dos negócios que lhe pertencem.

A máxima de Thiers "O rei reina e não governa" não teve, pois, em vista aniquilar a influência do rei, torná-lo, na frase de Lamartine,[116] a *majestosa inutilidade* da Constituição, ou, na de Napoleão, um *preguiçoso*, mas restrin-

---

[116] Alphonse Marie Louis de Prat de Lamartine (1790-1869), político e poeta romântico francês.

gir a prerrogativa da realeza aos limites necessários, obrigando-a a perder esses laivos de monarquia asiática, a não envolver-se mais do que convém nas lutas políticas, a exercer sempre suas legítimas atribuições por meio de ministros seriamente responsáveis, de sorte que influa, e influa poderosamente, nos destinos do país, mas nunca descobrindo-se.

§ 2º: Doutrina de Guizot

Quem atender somente ao teor das palavras pensará que na teoria do autor desta locução entra algum pensamento substancialmente diverso do da precedente no tocante ao papel da realeza nas monarquias constitucionais; mas o exame da doutrina de Guizot mostra o contrário.

Em 1846 Guizot, combatendo na tribuna a máxima "O rei reina e não governa", dizia:

> "O dever do rei, porque todos têm deveres, igualmente sagrados para todos, o seu dever, digo, e a necessidade de sua situação, vem a ser: 'não governar senão de acordo com os grandes poderes públicos instituídos pela Carta com sua adesão e apoio', assim como o dever dos ministros, conselheiros da pessoa real, é fazer prevalecer junto dela as mesmas idéias, as mesmas medidas, a mesma política que julgam-se capazes de sustentar nas Câmaras. Certo não é dever de um conselheiro da Coroa fazer prevalecer a Coroa sobre as Câmaras, nem as Câmaras sobre a Coroa: trazer esses poderes diversos a um pensamento, a um proceder comum, à unidade pela harmonia, eis a missão dos ministros do rei em um país livre, eis o governo constitucional, não só o único verdadeiro, senão o único legal, o único digno; porque, cumpre que todos nós respeitemos a Coroa, lembrando-nos de que ela descansa sobre a cabeça de um ser inteligente e livre, com quem tratamos, e que não é uma simples e inerte máquina destinada a ocupar um lugar que, se ali não estivera, não faltariam ambiciosos que desejassem ocupar".[117]

---

[117] *Mémoires pour servir à l'histoire de mon temps*, t. 2, cap. 12. (N. do A.)

Aludindo às prevenções de Casimir Périer contra Luís Felipe e do rei contra o seu ministro,[118] do ministro que receava quisesse o rei dominar o gabinete, do rei que supunha o primeiro ministro com desígnio de nulificá-lo, Guizot recorda a sua opinião de 1846, acima expendida, e acrescenta:

> "Estou convencido de que se em 1831 alguém perguntasse a Luís Felipe e a Casimir Périer o que pensavam desse resumo de sua situação e relações constitucionais, lhe teriam ambos sinceramente e sem reserva prestado seu assentimento. Périer, como homem sensato e bom monarquista que era, não quereria estabelecer como base da monarquia constitucional a máxima 'o rei reina e não governa', e o rei Luís Felipe, por seu lado, dotado de inteligência e moderação política, não pretenderia *governar contra o parecer dos conselheiros* que procuravam ao seu poder o concurso das Câmaras e do país. 'Le roi avait trop d' intelligence et de modération politique pour prétendre à gouverner contre l'avis des conseillers qui procuraient à son pouvoir le concours des chambres et du pays'".[119]

Os citados trechos patenteiam que o autor da máxima "o rei reina e não governa", opondo-se à idéia, que altamente condenava, de reduzir a realeza a máquina inerte, estava, contudo, longe de admitir que ela exercesse atribuições constitucionais sem ser por intermédio de ministros responsáveis.

Era essa, aliás, a opinião de Guizot muitos anos antes que Thiers formulasse a sua famosa máxima, pois que já em um escrito datado de 26 de junho de 1822, ele firmava e desenvolvia esta tese:

> "*Sous le régime constitutionnel, et quand l'inviolabilité du monarque se fonde sur la responsabilité des ministres, nul pouvoir de fait ne saurait lui appartenir, nul acte ne saurait émaner de lui que cette responsabilité n'en soit la compagne inséparable. Sans cela, où l'inviolabilité royale prendrait-elle sa raison, c'est-à-dire sa garantie?*
> ....

---

[118] Luís Felipe reinou sobre a França entre 1830 e 1848. Casimir Périer (1777-1832) era chefe da oposição liberal, unindo-se a Luís Felipe em 1830, tornou-se presidente do Conselho e ministro do Interior.

[119] *Mémoires, ibidem*. (N. do A.)

Plus nous ferons de progrès dans ce systéme, plus nous nous convaincrons que la responsabilité, sous toutes les formes, par les moyens les plus divers, morale ou légale, directe, ou indirecte, en est le caractère essentiel et le plus puissant ressort".[120]

Assim que, bem consideradas as doutrinas de Thiers e de Guizot, e as fórmulas que a respeito da questão sujeita estabelecem, pode-se dizer que entre tais fórmulas não existe completo antagonismo, como dá a entender o *Ensaio*.

A fórmula de Thiers, "o rei reina e não governa", abstém-se de reduzir o rei à nulidade ou à inércia absoluta, de recusar-lhe influência na governação do Estado, como se na cadeira do rei não estivesse um ser inteligente e livre: quer que a realeza *governe*, mas com a concorrência dos outros poderes do Estado.

A fórmula de Guizot, dizendo que o rei governa, está longe de admitir que a realeza constitucional possa, no exercício de suas atribuições, praticar ato algum sem a referenda e conseqüente responsabilidade de ministros.

Ambos os publicistas são sectários do governo parlamentar, e da essência deste governo é que as Câmaras exerçam influência na organização dos ministérios, e que os ministros sejam os agentes responsáveis da realeza na expedição de todos os atos de sua competência. Sem tal cláusula nas monarquias representativas o país deixaria de governar-se por si. Quaisquer, pois, que sejam as aparentes divergências de Thiers e Guizot, eles estão de acordo, e a isso se reduzem as referidas máximas, em pensar que a Coroa não pratica ato algum público sem a concorrência e intermédio de ministros.

§ 3º: COMO SÃO COMPREENDIDAS NA INGLATERRA AS MÁXIMAS EM QUESTÃO

No conceito do autor do *Ensaio* é esse um ponto que deve ser examinado e resolvido com autoridades inglesas de primeira ordem, e com efeito socorrendo-se aos nomes respeitáveis de Hallam, Macaulay e Lorde Brougham,[121] escreve à p. 131 [405]:

---

[120] *De la peine de mort*, cap. 10. (N. do A.)

[121] Henry Hallam (1777-1859) foi um historiador inglês. Henry Peter Brougham,

"Já se vê, portanto, que praticamente na Inglaterra não é seguido à risca o aforismo — o rei reina e não governa —, e que a Constituição inglesa está muito longe de ter a aplicação que às Cartas francesas queriam dar os sustentadores daquele princípio. A diferença está principalmente em que estes apresentavam meras e estéreis teorias para seus fins, e em que os ingleses, como homens práticos, querem e contentam-se com o que é humanamente possível".

Assim fundado, segundo diz, em escritores ingleses de primeira plana, opina o autor:

1º) Que na Constituição da Inglaterra não têm apoio as máximas de que se trata.

2º) Que na prática não são elas ali seguidas à risca.

É bom não confundir as duas questões. Uma coisa é averiguar se a Constituição inglesa estabelece que o rei reina e não governa, como lhe atribui Thiers, ou se dispõe que governa, nos termos que lhe assina Guizot, e ficaram acima expostos. Outra inquirir se de fato os reis ingleses têm ou não constantemente observado essas máximas.

Os fatos podem estar em desarmonia com a lei, e nem por isso deixar de ser incontestável a existência da mesma lei.

Isto posto, direi que as próprias autoridades de primeira ordem citadas pelo autor, e outras que se lhes podem adicionar, longe de combaterem, apoiam decididamente a crença de que a realeza inglesa, sem ser uma inutilidade, sem ser zero, não pode todavia praticar atos públicos prescindindo de referenda e responsabilidade de ministros.

Hallam, na obra e passagem indicadas pelo *Ensaio*, diz com efeito que, sem reportar-se a tempos mais remotos, sabe-se que Henrique VII, Henrique VIII, Isabel e os quatro Stuarts, posto que não tão hábeis quanto ativos, eram os principais diretores de sua política, não ouvindo conselhos que dispensavam, e que muito especialmente Guilherme III[122] assim procedera, sendo

---

primeiro barão de Brougham e Vaux (1778-1862) foi um político e jurista britânico. Para Macaulay ver nota 39, à p. 107.

[122] Henrique VII foi o primeiro rei inglês da dinastia Tudor, reinou entre 1486 e 1509; foi sucedido por seu filho Henrique VIII, que reinou até 1547. Isabel I, filha deste, reinou entre 1558 e 1603, após a morte de seus irmãos Eduardo VI e Maria I. Os quatro Stuarts são Jaime I (reinado de 1603 a 1625), Carlos I (reinado de 1625 a 1649),

com efeito o seu próprio ministro, e mais capaz de sê-lo que qualquer dos que o serviam.[123]

Note-se, porém, que já Hallam, falando de Guilherme III, havia na mesma obra dito anteriormente:

"Guillaume III, par sa disposition reservée aussi bien que par sa grande supériorité sur nos anciens rois, en fait de capacité politique, était beaucoup moins dirigé par ses conseillers responsables que ne l'exige l'esprit de notre constitution".[124]

Donde resulta com evidência que, no conceito desse historiador, o espírito da Constituição inglesa vedava que os reis de Inglaterra, Guilherme III ou qualquer outro, procedessem no exercício de suas atribuições sem conselho e responsabilidade de ministros, mas que alguns deles, por motivos mais ou menos plausíveis, sendo um dos primeiros a suposta superioridade de suas luzes, apartavam-se nessa parte do espírito da Constituição.

A máxima que o rei não pratique atos exteriores e obrigatórios sem concurso de ministros, é do espírito da Constituição: os reis, porém, às vezes têm-se desviado dessa regra, têm-na desprezado.

Eis o que nos diz Hallam.

Macaulay igualmente recusa o apoio, que dele solicita o autor do *Ensaio*, e aqui, porque a autoridade é mais grave e mais extensa a citação, a resposta também deve ser um pouco mais detida.

O autor do *Ensaio* traduz de Macaulay o período, que também vou trasladar, da sua *História da Inglaterra*, e é assim concebido:

"O princípio da irresponsabilidade do soberano é sem dúvida tão antigo como qualquer daqueles em que se firma a nossa Constituição. Que os ministros são responsáveis é também doutrina de antiguidade imemorial. A doutrina que sem responsabilidade não há garantia suficiente contra os abusos da administração, ninguém em nosso país e no presente século contestará. Dessas três proposições segue-se irrecusavelmente que o melhor governo

---

Carlos II (reinado de 1660 a 1685) e Jaime II (reinado de 1685 a 1688). Guilherme III reinou sobre a Inglaterra entre 1689 e 1702.

[123] *Histoire constitutionelle de l'Angleterre*, t. 5, p. 132. (N. do A.)

[124] Mesma obra, t. 4, p. 380. (N. do A.)

é aquele em que o soberano não exerce ato algum público sem assistência de seus ministros: *when the sovereign performs no public act without the concurrence and instrumentality of a minister*. O argumento é perfeitamente verdadeiro. Cumpre, porém, não esquecer que argumento é uma cousa e governo outra. Em lógica, uma vez admitidas as premissas, só o idiota nega a conclusão legítima. Mas, na prática, vemos muitas vezes grandes e ilustradas nações persistir, gerações após gerações, em proclamar certos princípios, e abster-se contudo de obrar em harmonia com eles. É mesmo lícito duvidar que governo algum tenha jamais realizado, de um modo completo, a idéia pura que representa. Segundo a idéia pura da realeza constitucional, o príncipe reina e não governa, e a realeza constitucional, como existe na Inglaterra, aproxima-se mais a essa idéia do que em nenhum outro país. Fora todavia grande erro supor que nossos príncipes só reinam e jamais governam. No século XVII, Whigs e Tories[125] pensavam que era não só direito senão dever do primeiro magistrado governar. Todos os partidos estranharam que Carlos II não fosse o seu primeiro ministro, assim como todos louvaram Jaime por ser seu próprio *high admiral*,[126] e achavam justo que Guilherme fosse seu secretário dos Negócios Estrangeiros".[127]

Na primeira parte desse extenso período Macaulay demonstra, com admirável clareza, qual a idéia pura da realeza constitucional da Inglaterra e é: que a coroa não pratique atos públicos sem assistência de ministros responsáveis.

Na segunda se esforça o historiador por desculpar, por justificar mesmo, os desvios dessa idéia pura da realeza constitucional praticados, além de outros reis, por Guilherme III, que ele procura defender das increpações, que lhe fazem muitos de haver violado a Constituição do país, desprezando às vezes os conselhos e a responsabilidade de ministros.

E para que bem se conheça o pensamento que Macaulay teve em vista escrevendo o período que o autor do *Ensaio* copiou e que acabo de transcre-

---

[125] Partidos ingleses, liberal e conservador, respectivamente.

[126] O *Lorde high admiral* é, na Grã-Bretanha, um oficial no topo da administração naval.

[127] *History of England*, vol. 4, cap. 17, p. 9. (N. do A.)

ver, basta ler os dois períodos imediatamente anteriores, que o *Ensaio* omitiu, e de que o acima transcrito é desenvolvimento.

Diz o historiador no primeiro:

"Nesta ocasião (no Congresso de Haia)[128] como em muitas outras conjunturas graves de seu reinado, Guilherme foi o seu próprio ministro dos Negócios Estrangeiros. *Para guardar as fórmulas constitucionais ele devia ser assistido de um secretário de Estado, e para esse fim havia-o acompanhado Nottingham à Holanda.* Mas Nottingham, que lograva grande confiança de seu soberano no tocante ao governo interior da Inglaterra, só tinha notícia dos negócios que se discutiam no Congresso pelo que lia nas gazetas".

E no segundo:

"Esse modo de tratar negócios fora considerado hoje como absolutamente inconstitucional — *would now be thought most inconstitutional* —, e muitos escritores, julgando segundo as idéias *de nosso tempo* esses atos, que pertencem a uma época anterior, têm argüido severamente Guilherme por haver obrado sem o concurso de seus ministros, e estes por terem tolerado que o rei os apartasse do conhecimento de negócios que no mais elevado grau interessavam à honra da Coroa e aos interesses da nação. Entretanto presume-se que aquilo que foi não só feito, mas aprovado por homens os mais consideráveis e honestos dos dois partidos, por Nottingham, por exemplo, dentre os Tories, e por Somers[129] dentre os Whigs, não podia ter sido inteiramente indesculpável, e com efeito não é difícil achar escusa suficiente de tal proceder — 'can not have been altogether inexcusable, and a very sufficient excuse will without difficulty be found'".

---

[128] Provável referência às negociações do Tratado de Haia de 1698 pelo qual Guilherme III propõe a Luís XIV de França a divisão de Espanha e domínios após a morte de Carlos II. Luís XIV rompe ao tratado ao apoiar a indicação de seu neto, o futuro Felipe V, ao trono espanhol.

[129] John Somers (1651-1716), presidiu a comissão que redigiu a Declaração de Direitos, tornou-se conselheiro pessoal de Guilherme III, foi lorde-chanceler em 1700 e presidente do Conselho entre 1708 e 1710.

Fica assim bem manifesto que o escritor da *História da Inglaterra* trata na passagem invocada pelo *Ensaio* de defender Guilherme III e seus ministros das censuras que lhes fazem, ao rei por ter tratado diretamente com os aliados no Congresso de Haia graves negócios sem assistência de ministros, e a estes por haverem sofrido impassíveis uma tal injúria.

Note-se, porém, que propondo-se defender o rei, a quem a cada passo e tão encarecidamente exalta, Macaulay reconhece: 1°) que as fórmulas constitucionais exigiam em Haia a presença dos ministros, sendo que por isso havia Nottingham acompanhado o rei; 2°) que a preterição de tais fórmulas hoje seria absolutamente ofensiva da Constituição; 3°) que todavia essa preterição, pelo tempo e circunstâncias em que teve lugar, merece desculpa.

E na verdade, para completa defesa de Guilherme, o escritor assinala razões que incontestavelmente abonam o procedimento do rei naquela conjuntura.

Uma dessas razões era que naquele tempo, excetuando-se sir W. Temple,[130] que não havia meio de fazer arredar do seu retiro para entrar na vida pública, não se encontrava um inglês suficientemente habilitado a dirigir a próspero e honroso êxito qualquer negociação importante com potências estrangeiras — *there was no englishman who had prove himself capable of conducting an important negociation with foreign powers to a successful and honourable issue*.[131] No entanto, Guilherme, em talento de negociador, nunca teve quem o excedesse, e sabia ele só a respeito dos interesses e disposições das cortes do continente mais que todo o seu conselho privado.

Outra razão, e só essa vinha a ser mais que bastante, que o papa Alexandre[132] era um dos aliados, com quem o rei tinha de tratar, e que muito convinha ter por amigo, e, pois, não havia ministro inglês que ousasse entender-se o pontífice — *such was the temper of the english nation that an english minister might well shrink from having any dealings, direct or indirect, with the Vatican*.[133]

Na presença de razões tão ponderosas, desculpado por certo está Guilherme III de haver negociado diretamente com os aliados sem assistência

---

[130] Sir William Temple (1628-1699), diplomata e escritor inglês.

[131] *History of England*, vol. 3, cap. 11, p. 14. (N. do A.)

[132] Referência ao papa Alexandre VIII, cujo pontificado se estende de outubro de 1689 a fevereiro de 1691.

[133] Mesma obra, vol. 4, cap. 17, p. 12. (N. do A.)

de ministro. Não é só o Parlamento, a história também (que julga os próprios parlamentos) pode conceder *bill* de indenidade,[134] e o rei Guilherme mais que nenhum outro merecia esse que lhe deu Macaulay.

Daí, porém, não é permitido concluir que a Constituição inglesa repele *como humanamente impossível* a máxima: que a realeza constitucional deve sempre exercer suas atribuições com assistência de ministros.

A terceira autoridade, que o *Ensaio* menciona, é Lorde Brougham, o qual, tanto ou mais que Hallam e Macaulay, lhe é contrário.

O autor cita duas obras de Brougham, a saber: o seu *Historical sketches of statesmen* e a sua recente publicação *The British Constitution: its history, structure, and working.*

Na primeira o escritor inglês fala de Jorge III,[135] como de um rei que não só zelava a sua prerrogativa, querendo com firmeza mantê-la, mas desejava ampliá-la, e mostra que, em virtude dessas disposições de seu espírito, esforçava-se por prestar sempre a maior atenção a todos os negócios e ocorrências, formando sobre todos os atos do governo sua opinião e exercendo sobre eles a sua influência.

Não assevera, porém, Lorde Brougham que Jorge III praticasse atos formais de realeza independentemente de assistência de seus ministros.

Que Jorge III procurava influir em tudo, que tinha a veleidade de dominar, ninguém ignora. Que procurava pôr embaraços aos ministros por todos os meios de influência, de que dispunha, a história o diz. Mas que traduzisse as suas veleidades em atos exteriores, dispensando a assistência de seus ministros, não consta que houvesse acontecido. De sorte que a história pode dizer, como diz por órgão de César Cantu,[136, 137] que o reinado de Jorge III, sempre fraco de espírito, e às vezes louco, é a mais valente prova do mérito das instituições representativas, porque como a influência do rei não se resolvia jamais em atos exteriores, as suas aspirações de predomínio deixavam de fazer o mal que aliás produziriam se exercesse diretamente atos da prerrogativa, e tal era o vigor da máxima que o rei é inviolável

---

[134] Chamava-se *bill* de indenidade a proposição ou projeto de lei apresentado ao Parlamento para que se aprovasse algum ato ministerial não legal, mas justificável pelas circunstâncias.

[135] Jorge III foi o terceiro rei inglês da Casa de Hannover, reinou entre 1760 e 1820.

[136] Referência a Cesare Cantù (1804-1895), escritor e historiador italiano.

[137] *Histoire universelle*, tít. 19, p. 105. (N. do A.)

e tudo faz por seus ministros que, quando o mesmo Jorge III foi declarado demente e confiada a regência ao príncipe de Gales, sancionou ele a própria interdição, isto é: a sua incapacidade de sancionar coisa alguma.[138]

Da mesma obra de Lorde Brougham cita o *Ensaio* um extenso período, que, depois de repelir a idéia de fazer da realeza um cargo nominal, como o grande eleitor de Sieyès, e de aludir aos epigramas, com que Napoleão combatia esse pensamento do seu colega, termina por uma fase que revela todo o pensamento do escritor: "Certo, diz ele, se a nação tem um soberano é para que a voz deste seja ouvida, e se faça sentir nos negócios públicos a *sua influência*".

Isto importa querer que a voz do rei seja ouvida, que ele *influa* nos negócios do Estado, mas não que o faça diretamente, sem assistência de ministros responsáveis.

Da segunda obra *The British Constitution*, o autor do *Ensaio* cita, do cap. 17, p. 266, a seguinte proposição:

> "O espírito da Constituição exige que o monarca não seja simples zero, mas um poder independente no sistema político, e que sirva para conter os outros poderes".

E do mesmo capítulo, p. 279, esta outra proposição:

> "O rei não pode governar sem o Parlamento, mas nem por isso fica reduzido à condição de zero, de mera aparência, ou de um ser dependente. Tem ele *influência* bastante para fazer sentir em todas as operações do Estado as suas opiniões".

De nenhuma dessas transcrições, a que se apega o *Ensaio*, nasce argumento em favor de sua doutrina, porque em todas o pensamento de Brougham é que o rei *influa* nos negócios públicos e faça sentir na administração do Estado o peso de sua opinião, mas não que pratique atos sem dependência de referenda de ministro.

Ora, entre ser zero e exercer diretamente atos da realeza, há um meio termo, que é o papel do rei constitucional, na opinião de Brougham.

A seguinte passagem, de que o *Ensaio* não fez cabedal, corta entretanto toda a possibilidade de invocar-se a autoridade do publicista inglês em

---

[138] Hello, *Du régime constitutionnel*, tít. 2, p. 187. (N. do A.)

apoio da doutrina construída pelo mesmo *Ensaio*. Acha-se à p. 277, e diz assim:

"Above all, for every act done by the Crown there must be a responsible adviser and responsible agents; so that all ministers, from the highest officers of State down to the most humble instrument of government, are liable to be both sued at law by any one whom they oppress, and impeached by Parliament for their evil deeds".

Quer dizer:

"E mais que tudo, não há ato que possa ser praticado pela Coroa sem um conselheiro e agentes responsáveis, de sorte que, desde os mais elevados funcionários do Estado até o mais humilde instrumento do governo, estão todos nas circunstâncias de serem perseguidos judicialmente por aquele a quem oprimirem, e acusados, em razão de seus maus feitos, pelo Parlamento".

Tal é a realeza inglesa no conceito de Brougham: ela pode e deve *influir* nos negócios públicos e ter no resultado final deles uma parte não pequena, conforme as luzes e discernimento que possuir, mas essa influência só é admissível nos termos constitucionais, a saber: mediante assistência de ministros responsáveis.

Que a interpretação que dá o *Ensaio* à obra de Lorde Brougham, buscando apoio para a sua teoria de governo pessoal, não é exata, não o digo só eu: dizem-no todos aqueles que lêem atentamente essa recente publicação do sábio inglês.

Na *Revista dos Dous Mundos*, do 1º de junho do corrente ano, apareceu uma apreciação da obra de Brougham por M. le duc d'Ayen, e, certo, o juízo, que dela forma, em nada se parece com o do *Ensaio*.

M. d'Ayen, tendo examinado a *British Constitution: its history, structure, and working*, ficou entendendo que Brougham não entra francamente na apreciação da grande dificuldade dos governos representativos, a saber: "os conflitos entre o governo pessoal do rei e o das Câmaras", dizendo, por um lado, que o rei não é zero no governo, antes exerce grande influência nele, e por outro lado, indicando importantes restrições que limitam de um modo notável essa influência, donde parece que sustenta os direitos e privilégios do Parlamento no governo do país por meio de ministros escolhidos de seu seio.

Eis o que diz o escritor francês:

"A Coroa de todo o edifício político e social é a realeza, que representa o poder Executivo; mas essa Coroa é uma força ou um ornamento da Constituição? Como saíram os ingleses da grande dificuldade dos governos representativos, isto é, dos conflitos difíceis de evitar entre o governo pessoal do rei e o das Câmaras? Lorde Brougham não responde precisamente a essas importantes questões. Diz que o rei representa o poder Executivo; mas esse poder está na realidade em mãos dos ministros, que o rei tem a prudência de escolher antes que lhos imponham, mas que, em compensação, fazem timbre em respeitar e resguardar sempre a majestade real, quaisquer que sejam as rivalidades, dissenções e ódios pessoais ou políticos, que eles cuidadosamente ocultam em seus triunfos, como em suas derrotas.

....
Se os ingleses fossem bem francos e sinceros, talvez confessassem que em sua essência o verdadeiro espírito e última perfeição da Constituição de seu país seriam *que todos os reis fossem rainhas* — não à moda de Isabel, mas representando, como a que atualmente reina, a majestade, a virtude e a moderação coroada, e bem assim o amor dedicado à prosperidade, à grandeza e às liberdades do Império Britânico, pois que no cume do seu edifício político os ingleses não querem senão um trono ocupado: o espetáculo de um trono vazio parece-lhes perigoso e temível para a tranqüilidade de um país.

Sem dúvida, como diz Brougham, o rei no governo inglês não é sempre *um zero ou objeto de pura ostentação*, antes exerce bastante influência para fazer sentir em todos os atos do Estado o peso de suas opiniões e de suas preferências; mas importantes restrições, indicadas pelo próprio Lorde Brougham, cerceiam notavelmente essa mesma influência".[139]

Assim que M. d'Ayen que bem parece, por suas idéias de *governo varonil dos reis, ainda quando são rainhas*, da escola daqueles que desejam a reale-

---

[139] *Révue des Deux Mondes*, 1ᵉʳ juin 1862. (N. do A.)

za constitucional um pouco mais ativa e forte do que as teorias do sistema representativo aconselham, deixou, não obstante, de ver na obra de Brougham o que o *Ensaio* lá descobre, a saber: apoio para a opinião de que o rei constitucional pode a certos respeitos, pondo de parte o ministério, exercer diretamente o múnus da majestade.

Como Brougham expõe a Constituição inglesa, assim a tem compreendido a rainha Vitória, assim eminentemente a compreendeu o príncipe Alberto,[140] a cujo bom senso declara Lorde Russell[141] dever a Inglaterra no reinado atual a aplicação a mais real e sincera dos verdadeiros princípios constitucionais, abstendo-se a Coroa de toda influência indiscreta e perigosa.[142]

§ 4º: QUE APLICAÇÃO PODEM TER AO BRASIL AS MÁXIMAS DE QUE SE TRATA

São de tal forma essenciais ao regime representativo as máximas que têm sido objeto de exame dos parágrafos antecedentes, que perguntar se elas têm aplicação ao Brasil, importa pôr em dúvida se a nossa forma de governo é ou não uma monarquia constitucional.

Que significam em substância essas máximas?

Mostrei que, postas de parte divergências aparentes, essas máximas se reduzem a uma verdade fundamental, a saber: que a realeza é na organização política um elemento importantíssimo com direito de exercer a mais legítima influência nos destinos do país, mas sempre com assistência de ministros responsáveis.

É a opinião de Thiers, de Guizot, de Lorde Brougham, e, pode-se dizer, de quantos têm escrito sobre o assunto, e forem conscienciosamente consultados.

---

[140] A rainha Vitória reinou sobre a Grã-Bretanha e a Irlanda entre 1837 e 1901. Interferia pessoalmente em todos os negócios de Estado, especialmente nos negócios externos. O príncipe Alberto de Saxe-Coburgo, seu marido, era um de seus principais conselheiros.

[141] John Russell (1792-1878), político britânico. Era líder liberal na Câmara dos Comuns (1834), foi primeiro-ministro entre 1846-52 e 1865-66 e ministro dos Negócios Estrangeiros (1852-55 e 1860-65).

[142] *Révue des Deux Mondes*, 15 février 1862. (N. do A.)

Na sessão de 5 de julho do ano passado sustentei na Câmara temporária que, pela nossa lei fundamental, a questão "se o imperador governa ou não" desaparece em face das disposições que lhe conferem o poder Moderador, a qualidade de chefe do poder Executivo, e particularmente do art. 126, que manda passar o Império a um regente logo que o imperador, por causa física ou moral, for reconhecido pela maioria das Câmaras achar-se impossibilitado para *governar*.

Mas ponderei logo que o governo, permitido à Coroa, entende-se em termos hábeis, com referência ao conselho, à deliberação e não a atos exteriores, sendo que no conselho a influência do imperante deve proporcionar-se indispensavelmente ao grau de suas luzes e experiências, mas nos atos exteriores não se pode fazer sentir sem a referenda e responsabilidade de um ministro, sob pena de infringir-se o princípio cardeal da monarquia: a inviolabilidade do chefe da nação.

O autor do *Ensaio*, fazendo-me a honra de tomar em consideração esse argumento, combate-o, dizendo que a palavra *governar* que se encontra no art. 126 não resolve a questão, porque a fórmula "o rei reina, não governa" é posterior à nossa Constituição, como se não saltasse aos olhos que o fato de agitar-se em certo tempo uma questão de direito constitucional não impede que relativamente a certo país essa questão se desvaneça, à vista de lei expressa anterior!

Eu entendi então, e ainda entendo, que à palavra *governar* do art. 126 da Constituição ligam-se essencialmente estas outras que se subentendem: "por meio de ministros responsáveis". O autor do *Ensaio* pretende que o governo que o mesmo artigo supõe na Coroa, se não é independente da entidade "*ministério*" deixa de ser governo. À p. 137 [410] diz ele:

"Não é possível sair deste dilema: ou os atos do poder Moderador são exeqüíveis sem referenda, ou não.

Se o são, o imperador reina e governa.

Se o não são, não sei mesmo se reina, mas tenho por certo não só que não governa, como também que não é o imperador da Constituição".

Com o seu dilema o autor do *Ensaio* vai ser convencido de ser, contra as suas intenções sem dúvida, um sectário exagerado da fórmula "o rei reina e não governa", não qual a entende Thiers, que vimos conceder à Coroa larga influência nos negócios do país, mas qual a interpretam os publicistas adversos à monarquia.

No seu modo de sentir, onde não há referenda o imperador reina e governa, mas onde há referenda o imperador não governa, nem mesmo é certo que reine.

Ora, nos atos do poder Executivo (repetirei ainda uma vez este argumento, pois que sob diversas formas repete-se o erro que combato) há incontestavelmente referenda. E pois, com relação ao poder Executivo, o imperador em vossa teoria não governa nem reina, é zero, é aparência vã, é... tudo isso que dizeis ser a Coroa em virtude da máxima "o rei reina e não governa", quando mal interpretada.

Na vossa doutrina, sim, o imperador que a Constituição declara *chefe* do poder Executivo torna-se zero em matéria da competência desse poder, porque aí, fora de toda a contestação, não pode ele dar um passo sem a assistência de ministros responsáveis!

Assim reduzido o imperador à nulidade, por efeito dos vossos raciocínios, no que toca ao poder Executivo, e ainda concedendo-vos, só por argumentar, que os atos do poder Moderador dispensem referenda aí tendes no vosso rei constitucional a imagem desse rei *preguiçoso*, de que falava Napoleão, incumbido apenas de praticar com largos intervalos atos que de sua natureza não são freqüentes.

Que partilha leonina! Os atos do poder Executivo, incessantes e importantíssimos, que constituem por excelência o que se chama governo, as nomeações de bispos, magistrados e geralmente de todos os funcionários, as nomeações de embaixadores e agentes diplomáticos, a direção das negociações públicas com os países estrangeiros, a celebração de tratados, a declaração de guerra, a concessão de títulos e honras, etc., tudo isso, em que há referenda, pertence aos ministros,

Aí o imperador é perfeita nulidade.

Os atos comparativamente raros do poder Moderador, em que dizeis que os ministros intervêm como *tabeliães do Estado* para autenticarem somente a firma do imperador, esses ficam reservados à Coroa para ostentar a sua independência, não tolhendo-se todavia aos ministros que lembrem, que solicitem mesmo semelhantes atos talvez com compensação do *reconhecimento da firma*!

E, pois, essa doutrina do *Ensaio* que, por má inteligência do que seja referenda, nulifica a Coroa, excluindo-a da legítima intervenção que lhe compete no exercício do poder Executivo, ao passo que, na que se lhe opõe, a Coroa exerce a mais extensa influência nos diversos ramos do poder de sua competência, com o concurso, porém (inofensivo para a sua prerrogativa) de ministros responsáveis.

Ao terminar o seu estudo sobre o poder Moderador, o ilustre autor do *Ensaio* ocupa-se especialmente de mostrar que o governo parlamentar, resultado das máximas que passou em resenha, não pode existir entre nós.

Cumpre examinar essa opinião.

Governo parlamentar é aquele, cujo pensamento reside, em última instância, nas Câmaras, com especialidade na eletiva, que se compõe dos imediatos representantes do povo.

A Constituição, que declara os poderes políticos delegação do povo, a Coroa impecável, os ministros responsáveis, a Constituição, que, conferindo ao chefe do Estado a nomeação dos ministros, dá às Câmaras, e principalmente à temporária (pelo voto do imposto e do recrutamento) o direito de recusar-lhes meios de existir, essa Constituição, qualquer que seja, confere às Câmaras (e com especialidade à eletiva) uma justa participação no governo do Estado, ou, por outros termos, estabelece o governo parlamentar.

Ora, todos esses caracteres do governo parlamentar são bem legíveis em nossa Constituição, na qual, de mais, se nota, com diferença da de outros países, o veto suspensivo, que, segundo Thiers[143] converte a denegação de assentimento da Coroa aos projetos de lei das Câmaras em *um verdadeiro apelo à autoridade nacional*. Como é, logo, possível, sem negar a mesma Constituição, combater a existência do governo parlamentar em nosso país?

Na opinião do autor a nossa Câmara eletiva não pode por duas razões exercer a influência que dela exige o regime parlamentar.

A primeira é que não há partidos claramente definidos.

A segunda que a Câmara compõe-se geralmente de moços, embora esperançosos, sem essa reputação, que só vem do tempo e das grandes lutas. À p. 151 [421] diz ele:

> "Seria o sistema do governo das maiorias parlamentares praticável entre nós, sobretudo hoje quando *não há partidos claramente definidos* e do modo pelo qual é composta, e é de crer continue a sê-lo, a Câmara dos Deputados? Conta muitos moços de talentos e esperançosos mas que não se subordinariam aos que julgam seus êmulos, e que não receberam ainda aquela consagração que só dão o tempo ou grandes feitos em grandes lutas. Os homens aparecem menos em tempo de calmaria.

---

[143] *Histoire de la Révolution Française*, t. 1, p. 145. (N. do A.)

Os homens, que entre nós adquirem com o tempo nome, relação, maior número de adesões, prática e certo tino, apenas tocam os 40 anos buscam no Senado refúgio contra a instabilidade das nossas eleições populares, cansados do trabalho, que dão e da extrema dependência em que os põem as candidaturas".

Não há partidos definidos! Se os não há definidos na Câmara temporária, e se esta é fiel expressão do estado do país, nem por isso devem os ministérios, que se organizarem, ser escolhidos fora do Parlamento e sem que tenha a Câmara temporária na respectiva organização a parte que lhe compete. O que se segue é que, na ausência ou nas tréguas dos partidos, o Parlamento e o ministério, saído de seu seio, aproveitando a quadra, poderão dotar o país de medidas e de instituições, que noutras circunstâncias e sob a luta renhida das parcialidades políticas, fora difícil conseguir.

Será porém exato que não existem entre nós partidos definidos? O asserto do livro contrasta com os fatos, de que todos têm notícia: é um asserto que aqueles mesmos que às vezes o enunciam, com acentos da mais profunda convicção, daí a pouco desmentem com a palavra e com os atos mais significativos; mas não vale a pena discuti-lo, porque, como disse, ainda na hipótese de ser ele exato, é falso que fique a Câmara eletiva deserdada da justa influência, a que tem direito, na organização dos gabinetes.

Mas a Câmara eletiva não possui homens de nome, de relações, de adesões, de tino, porque, em tendo 40 anos, refugiam-se no Senado!

Essa objeção agora é mais séria!

Onde não há, el-rei o perde. Se, pois, a Câmara temporária não tem, não pode ter em seu seio notabilidades maiores de 40 anos, justo é que renuncie à esperança de influir no governo do país, como aliás lhe promete e assegura a índole do regime representativo!

O abade Sieyès, no seu famoso projeto de Constituição a que já aludi, criava um senado com a faculdade, que ele denominava, de *absorver*, isto é: a faculdade de, chamando para seu seio todo o cidadão, cuja importância e talentos pudessem inspirar receio, de certo modo inutilizá-lo.

No pensar do autor do *Ensaio* o Senado do Brasil, suposto que sem o intuito malicioso que presidira à criação de Sieyès, *absorve* também todas as inteligências superiores, precisamente quando vão atingindo certo grau de reputação, muitas das quais, dirá alguém, chegando àquelas alturas, ou quebram, na frase de Guizot, a escada por onde subiram e lá dormem tranqüilas sem medo de rivais, ou dizem à política o que o outro dizia à esperança e à fortuna:

Inveni portum; spes et fortuna, valete!
Sat me lusistis, ludite nunc alios!*

Se as apreciações do *Ensaio* nesta parte são verdadeiras, se a Câmara eletiva não possui nem pode possuir homens capazes de influir eficazmente na administração do Estado, por efeito da tendência a refugiarem-se cedo na outra câmara, e se enfim por esse motivo o governo parlamentar, malgrado a Constituição, é uma quimera no país, o autor desse livro, releve dizê-lo, tornou-se, seguramente sem o pretender, o publicista das reformas *radicais*; porque a nação, eu o creio, não resignará por consideração alguma a *fortuna* de possuir e a *esperança* de continuar a ter o governo parlamentar, fora do qual só é possível ou o governo pessoal, ou oligárquico, que ela condena.

Por fortuna a situação da Câmara eletiva não é exatamente apreciada no *Ensaio*.

É certo que mais cedo, talvez, do que convém, perde a Câmara eletiva talentos distintos, que vão brilhar na outra casa do Parlamento, *se os gelos da Sibéria lhes não embaçam o fulgor*.

Mas nem por isso faltam jamais àquele ramo da Assembléia Geral Legislativa talentos, que possam ser chamados ao ministério com grande proveito da causa pública e crédito da Câmara, a que pertencem.

Sem ir além do ano de 1848, lembrarei, por exemplo, que, no ministério que em 29 de setembro daquele ano subiu ao poder, nenhum voto tinha por certo mais peso e influência que o de um ministro deputado (o sr. conselheiro Eusébio[144]); que o gabinete de 6 de setembro de 1853 não possuía membro de ilustração superior a de outro ministro deputado (o sr. conselheiro Nabuco[145]); que ainda no recente gabinete de 2 de março de 1861 o ele-

---

* "Encontrei o porto; adeus, esperança e fortuna!/ Enganastes-me o bastante; ide enganar, agora, os outros!" Parece que o escritor reduziu a comuns os nomes Spes e Fortuna, que no original são personificados.

Augusto Magne (*Antologia latina*, São Paulo, Editora Anchieta, 1946, p. 144) nos dá um epitáfio (Carmina Latina Epigraphica, 2.136) variante do citado por Zacarias de Góis e Vasconcelos: "Ha, evasi, effugi! Spes et Fortuna, valete!/ Nihil mihi vobiscum est, ludificate alios" ("Ah! Escapei, fugi! Esperança e Fortuna, adeus!/ Nada mais tenho eu convosco, enganai a outros"). (N. do L.)

[144] Eusébio de Queirós Coutinho da Câmara, ministro da Justiça entre 1848 e 1852 e deputado pela província do Rio de Janeiro na sétima legislatura (1848).

[145] José Tomás Nabuco de Araújo, ministro da Justiça entre 1853 e 1857 e deputado pela província de Pernambuco na nona legislatura (1853-56).

mento do Senado estava longe de avantajar-se em luzes e influência ao elemento fornecido pela Câmara temporária.

A alegação de falta de homens habilitados na Câmara eletiva para figurarem conspicuamente em gabinetes regulares não passaria, pois, jamais de um pretexto para arredar o elemento popular da posição, que, por bom direito, lhe toca na política do país.

Transpira de todos os poros do *Ensaio* a aversão ao governo parlamentar, mas há páginas em que essa ojeriza se manifesta de um modo mais especial. O leitor vê-lo-á, lendo às pp. 157 e 158 [423-4] os seguintes períodos:

> "Pode marchar este sistema (o governo parlamentar) com ministérios fortes, compostos de estadistas de primeira ordem que gozem de grande consideração da Coroa e das Câmaras, por meio da qual consigam o necessário acordo. Pode marchar com Guizots, mas os Guizots são raros e por ora ainda não nos tocou nenhum. Pode marchar um ministério com esse sistema quando se apóia em um forte e grande partido. Então poderá melhor dispensar meios que gastam e desacreditam o poder e que o corrompem. Mas poderão aquelas circunstâncias ser permanentes?
> ....
> Na mesma França e Inglaterra, onde abundam mais os homens de Estado, não seria possível seguir tão difícil sistema permanentemente.
> ....
> É possível que um monarca inteligente, mais interessado do que ninguém na boa gestão dos negócios, o qual presidindo o Conselho de Ministros, ouvindo a todos, acompanhando no centro da administração, passo a passo, e isto por largos anos, a marcha dos acontecimentos, adquire profunda experiência dos homens e das coisas, *se limite a acompanhar ministros ainda sem importância suficiente, e que vão começar o seu tirocínio? Poderia uma Constituição dizê-lo, mas na prática havia de suceder inteiramente o contrário.*
> Ora na minha opinião, ao menos, convém pôr de lado tudo quanto não pode passar de teoria, ou que é mui raramente praticável".

Assim que é opinião do autor:

1º) Que o governo parlamentar só é possível por algum tempo com estadistas da ordem de Guizot.

2º) Que permanente não poderia ele ser, nem mesmo na França e Inglaterra que, aliás, possuem em mais abundância homens eminentes.

3º) Que o imperador se quisesse seguir o governo parlamentar, atendendo à Câmara eletiva na organização dos gabinetes, teria só ministérios de homens novos.

4º) Que um monarca inteligente e grandemente versado nos negócios do Estado não pode acompanhar ministérios assim organizados.

O governo parlamentar é o governo do país pelo país.

Que este governo exige capacidades, ninguém o contesta: o que, porém, admira é que pretendendo o autor do *Ensaio* dar-nos a craveira por onde se hão de medir os estadistas do regime representativo, indicasse logo mr. Guizot como exemplo, mr. Guizot, em cujas mãos perdeu-se, em França, o governo parlamentar.

Seria para indicar que o destino do regime parlamentar é sucumbir ainda quando dirigido por seus mais dignos mantenedores?

Mas porque o governo do país pelo país exija (e qual é o governo que as não requeira?) capacidades, não segue-se que as nações deixem de governar os seus negócios quando não tenham homens extraordinários para as importantes funções da suprema administração.

Stuart Mill observa com razão que grandes ministros são fenômenos quase tão raros como grandes reis, os quais providencialmente aparecem em conjunturas extraordinárias, sendo que os Temístocles e Péricles,[146] Washington e Jefferson[147] foram brilhantes exceções em suas democracias, como os Chatams e Peels[148] na aristocracia representativa da Grã-Bretanha e os Sullys e Colberts[149] na monarquia aristocrática de França.[150]

---

[146] Temístocles (528-462 a.C.), estadista ateniense; fez de Atenas a grande potência naval do mundo helênico e atuou decisivamente na vitória de Salamina (480 a.C.), que livrou a Grécia da ameaça dos persas. Péricles (495-429 a.C.), outro estadista ateniense; chefe do Estado entre 443 e 429, também atuou nas lutas contra os persas.

[147] George Washington foi o primeiro presidente norte-americano, eleito em 1789 e 1792. Thomas Jefferson, redator da Declaração da Independência dos Estados Unidos da América, foi presidente entre 1801 e 1809.

[148] Robert Peel, político inglês do Partido Conservador, foi primeiro ministro entre 1834 e 1835 e entre 1841 e 1846.

[149] Maximilien de Béthune, barão de Rosny e mais tarde duque de Sully, foi superintendente das finanças durante o reinado de Henrique IV da França (1589-1610), estabilizou a economia, reorganizou a coleta de impostos e criou um esquema para fi-

É crença mesmo do publicista inglês, a que me refiro, que a tendência geral das coisas no mundo é tornar a mediocridade coletiva o poder ascendente entre os homens, e a razão disso ele expende nos seguintes termos:

> "Na história antiga, na meia idade e durante a transição da feudalidade aos tempos atuais o indivíduo era por si mesmo um poder considerável, ou possuísse grandes talentos ou uma elevada posição. Hoje os indivíduos perdem-se na multidão. Em política é trivial dizer-se que a opinião pública rege o mundo. O único poder digno desse nome é o das massas e o dos governos que se fazem órgão das tendências e instintos das massas. Verdade tão reconhecida nas relações morais e sociais da vida privada, como nas transações públicas... E o mais notável é que as massas formam as suas opiniões, menos por livros, por chefes ostensivos, do que por indivíduos que mais se lhes assemelham, e que se lhes dirigem por meio de jornais".[151]

E estudando esse fenômeno com relação ao seu próprio país, o citado publicista não hesita em dizer:

> "Os caracteres enérgicos vão já tornando-se meramente tradicionais. Agora apenas existe neste país considerável energia para o negócio. O que sobra desse emprego despende-se... em coisas de pouca importância. Presentemente a grandeza da Inglaterra é coletiva. Individualmente pequenos, só podemos fazer grandes coisas mediante o hábito, que temos, de associação".[152]

Nestes termos é óbvio que Stuart Mill vai adiante do autor do *Ensaio* no que toca ao receio de escassez de grandes homens para reger os destinos dos povos.

---

nanciar a agricultura. Jean-Baptiste Colbert foi o homem de confiança na administração francesa durante o reinado de Luís XIV (1661-1715), reorganizou as finanças do Reino segundo os modelos mercantilistas e protecionistas correntes em seu tempo.

[150] *Considerations on representative government.* (N. do A.)

[151] *On Liberty.* (N. do A.)

[152] *On Liberty.* (N. do A.)

O autor do *Ensaio* pensa que entre nós os não há, mas que em França e Inglaterra encontram-se com fartura homens de primeira ordem.

Stuart Mill, ao contrário, entende que a escassez é geral na Europa, fazendo-se sentir na Inglaterra como em qualquer outra parte.

O autor do *Ensaio* da falta de homens, que chama da primeira ordem, conclui que o regime parlamentar deve ser proscrito.

Stuart Mill porém é de opinião diversa. Reconhece que o regime representativo, quanto mais alarga às massas populares as franquezas constitucionais, mais tende a tornar preponderante a mediocridade coletiva; porém, contra esse efeito natural e previsto da intervenção e influência do elemento democrático, ele busca remédio em combinações da ciência política, que assegurem às minorias a parte que lhes compete na representação nacional, mas não negar e combater a participação eficaz do elemento democrático na direção do país, que tanto importa repelir o governo parlamentar.

Conter, dirigir o elemento democrático em suas incontestáveis aspirações a participar do governo do Estado, eis o problema da ciência política moderna.

Suprimir o governo parlamentar, que, em última análise, é a influência do elemento democrático, é portanto uma pretensão anacrônica e conseqüentemente desarrazoada.

Destarte o publicista inglês, confessando a falta de caracteres da têmpera dos estadistas, que nos tempos passados, dirigiram os destinos da Grã-Bretanha, bem longe de aconselhar à realeza do seu país que tome a si a direção dos negócios públicos, faz ardentes votos pela prosperidade do regime parlamentar, melhorando-se no que for possível, entretanto que o autor do *Ensaio*, que é o exemplo vivo do que vale o regime parlamentar, esquece a sua gloriosa origem para sustentar que a Câmara eletiva, atento o modo porque é composta, não possui no presente nem provavelmente possuirá no futuro, elementos para combinações ministeriais, que mereçam a confiança da Coroa, e aconselhar bem às claras que se dispense o regime parlamentar, tomando a Coroa iniciativa eficaz na governação do Estado!

Ministério de homens novos não pode inspirar confiança à Coroa!

Mas que preceito obriga a Coroa a nomear gabinetes compostos somente de homens novos? O regime parlamentar não quer dizer influência exclusiva da Câmara eletiva, mas influência das duas Câmaras, vitalícia e temporária, tendo-se esta última na devida consideração como a que se compõe dos imediatos representantes do povo. E pois ainda que a Câmara temporária só contasse, como diz o *Ensaio*, moços de talentos e esperançosos, e não possuísse homens carregados já de anos e de serviços, as condições do sistema ficariam satisfeitas combinando-se, como ordinariamente se pratica entre nós nas organizações ministeriais, a mocidade com a velhice, de modo que nem a demasia das cãs tornasse a administração muito arrastada, nem o verdor dos anos irrefletida e temerária.

Mas, diz-se, um monarca inteligente e versado nos negócios do país não pode acompanhar ministérios que sabem menos do que ele! Pode a Constituição dizê-lo, mas na prática sucederia o contrário.

Suponha-se que o saber e prática do monarca são superiores à prática e saber do gabinete, que, em uma conjuntura dada, pôde organizar.

Pois bem: esse profundo saber, essa experiência dos negócios públicos, que possui o chefe do Estado, não são perdidos para a nação. No Conselho brilharão a sabedoria e experiência da Coroa, e os seus ministros responsáveis executarão as suas ordens e porão por obra os luminosos pensamentos que tiver, sem prejuízo algum da glória do príncipe, de quem procederá, conforme a ficção (neste caso realidade) da monarquia constitucional, todo bem que no seu reinado o povo receber do governo.

Agora o reverso da medalha. Suponha-se que o príncipe não se distingue nem por grande talento, nem por vasta experiência nos negócios do Estado.

Esta suposição não é imaginária: a história vem em seu apoio. Em tal hipótese o imperante, sem grandes luzes, sem suficiente prática dos negócios, isento de recorrer à assinatura e responsabilidade de ministros, conforme a doutrina do *Ensaio*, não é um perigo para as instituições e grandes interesses do país?

A Constituição é uma só, tanto para o príncipe de talento superior, como para o de mediana ou de mesquinha inteligência. Se, pois, em virtude dela o monarca, que é inteligente e prático nos negócios, tem a faculdade, que o *Ensaio* lhe confere, de, no exercício do poder Moderador, prescindir de ministros, o príncipe que não for dotado de bastante inteligência, e não tiver pleno conhecimento dos negócios do Estado, nem por isso deixará de ter a mesma faculdade. De sorte que o *Ensaio* concede ao primeiro uma faculdade elevadíssima em atenção às suas luzes e experiência, e não a nega ao segundo, embora essas qualidades lhe faleçam!

Na teoria, porém, que sustento, nega-se essa absurda faculdade tanto ao príncipe ilustrado, como ao que o não é. Aproveita-se do primeiro todo o saber e ilustração por meio de seus agentes responsáveis; entretanto que do segundo nada há que temer, porque não achará instrumentos para seus desacertos em ministros responsáveis.

A teoria do *Ensaio* é a dos governos absolutos, em que a segurança e felicidade do povo dependem do acidente do nascimento de príncipes de coração bem formado e de inteligência vigorosa.

A doutrina, com que combato tal opinião, é a do regime representativo, por meio de cujas combinações a segurança e prosperidade do país tornam-se independentes, quanto é possível, daquele acidente.

Acha o *Ensaio* que não pode ter lugar no país o governo parlamentar, contra o qual desabridamente se declara. Bem: todas as convicções sinceras são respeitáveis.

Desprezado, porém, o governo monárquico parlamentar, ou, por outros termos, rasgada a Constituição do Império que associou a monarquia e a democracia, dando a esta assinalada influência, o que resta?

Resta, na opinião do autor, o governo do país pela Coroa sem ministros responsáveis.

Governo do país pela Coroa tem exemplo no governo francês presentemente, no da Prússia etc.[153]

Esse governo conta com grandes apologistas, e, cumpre confessá-lo, nem sempre é desprovido de legítima razão de ser.

Thiers, que o autor do *Ensaio* supõe inclinado às monarquias nominais, escrevia, entretanto, num dos artigos do *Nacional*, a que acima se aludiu, o seguinte:

> "O governo das sociedades pertence a quem é capaz de exercê-lo. Quando em países pouco adiantados só as cortes são esclarecidas, justo é que elas governem; ninguém lhes disputa o seu direito, baseado sobre a capacidade. O mesmo já não sucede naqueles países, em que os povos têm o preciso grau de civilização para se regerem: então eles querem governar-se, porque podem fazê-lo. Na Rússia, por exemplo, sob uma administração civilizadora, cabe à Corte governar porque ela sabe mais do que o país. Na Prússia o povo já pode reger-se, mas entrega-se ainda ao governo, cujas boas intenções e superior ilustração reconhece. Na Fran-

---

[153] À época em que Zacarias de Góis e Vasconcelos escreveu *Da natureza e limites do poder Moderador* a França vivia o Segundo Império (1852-70) sob o governo de Luís Napoleão, que restabeleceu em seu benefício o título imperial hereditário adotando o nome de Napoleão III. A Prússia, grande potência européia do século XVIII, vinha preparando a unificação dos estados do Norte da Alemanha desde 1834 através da política dos Zollverein; em 1862, durante o reinado de Guilherme I, a ascensão de Bismarck fortaleceu esse movimento.

ça, o país sabe mais que a Corte e quer governar-se a si mesmo. Na Inglaterra isso assim é de há muito: a realeza entregou-se ao país, e longe de perder entregando-se-lhe, tornou-se a realeza mais tranqüila, mais venerada de todo o mundo".

Eis, sem disfarce, a questão: pode ou não o povo do Brasil reger-se a si mesmo?

Se não pode, governe-o quem melhor souber e puder fazê-lo, acabando-se primeiro, bem entendido, com a Constituição.

Mas, se o povo do Brasil tem atingido o grau de civilização necessário para governar-se, como supõe a lei fundamental, então observe-se o regime parlamentar, que essa lei, escrita à luz das idéias do século, estabeleceu, e não haja receio de que entre os representantes do país na Câmara temporária faltem-lhe jamais homens de talentos para bem desempenharem o elevado cargo de ministro de Estado.

Gênios, é verdade, não os tivemos ainda, não os temos; mas console-nos a idéia de que eles são raros em toda a parte e inspire-nos cada vez mais apego ao regime parlamentar, estabelecido pela Constituição do Império, a convicção de que se sob o domínio da liberdade, que esse regime pressupõe, não brotarem talentos e mesmos gênios, não há de ser sob o regime oposto que eles nasçam e medrem com abundância. O maior elogio que se possa fazer à liberdade, resume-se nestas palavras de Stuart Mill: "genius can only breathe freely in an atmosphere of freedom".

No Senado do Império

Discurso proferido no Senado
a 30 de junho de 1868

[Extraído de Zacarias de Góis e Vasconcelos,
Discursos proferidos no debate do voto de graças de 1868.
Rio de Janeiro: Tipografia de João Ignácio da Silva, 1868, pp. 295-315]

O sr. Zacarias (presidente do Conselho[1]): Sr. presidente,[2] o Senado compreende que, quando o honrado senador pelo Rio de Janeiro[3] reconhece a necessidade de poupar-se tempo, e votar-se já a resposta à Fala do Trono,[4] eu, como ministro da Coroa, muito mais razão tenho para desejar que se conclua o debate. Mas v. exc. vê também que não posso deixar de dizer algumas palavras ainda a respeito do assunto.

Eu, sr. presidente, podia dizer hoje, como o orador romano, *quo me vertam nescio**. Com efeito, há dias noticiava a imprensa histórica, e repetia a tribuna da Câmara temporária, que entre o ministério, e o Partido Conservador tinha havido um certo conchego, tinha havido trégua e ulteriormente quebra de trégua. Entretanto, depois do discurso do nobre senador pela província do Rio de Janeiro, que acabou de orar, o que vimos? Asseverar a imprensa conservadora nestes dois últimos dias, e agora o nobre senador da província de Mato Grosso,[5] que existe conchego, acordo, entre o ministério e os liberais dissidentes.

---

[1] Zacarias de Góis foi presidente do Conselho de Ministros entre agosto de 1866 e julho de 1868.

[2] Zacarias refere-se ao presidente do Senado, posto ocupado na ocasião pelo visconde de Abaeté.

[3] Referência a Francisco Otaviano de Almeida Rosa, que havia discursado nessa mesma sessão.

[4] Ver nota 51, à p. 118.

* "Não sei para onde me volte". O orador romano, por antonomásia, é Cícero. (N. do L.)

[5] Referência a José Maria da Silva Paranhos, o visconde do Rio Branco.

Note v. exc. a contradição dessas insinuações; ora, o governo e seus amigos procuram, no dizer dos históricos, a conciliação, o acordo, dos conservadores, ora os conservadores declaram na tribuna e na imprensa que o governo quer o conchego, o acordo, a concórdia dos liberais dissidentes!

O sr. Rodrigues Silva:[6] Pelo contrário, nós todos queremos chegar para v. exc.

O sr. presidente do Conselho: Como o nobre senador pela província de Minas, continua a dar-me apartes...

O sr. Rodrigues Silva: Porque é também dissidente.

O sr. presidente do Conselho: ... eu renovo o meu pedido perante o Senado. O nobre senador por Minas dispõe das colunas de um jornal que me insulta todos os dias...

O sr. Rodrigues Silva: Não apoiado.

O sr. presidente do Conselho: ... e põe-me fora do direito comum.

O sr. Rodrigues Silva: Será uma represália?

O sr. presidente do Conselho: Ainda há pouco se me atribuiu no jornal que publica os nossos debates, que eu ameaçara o Senado, emitindo uma proposição que o redator foi verificar nas notas taquigráficas, antes de corrigidas por mim.

O sr. Rodrigues Silva: É escândalo?

O sr. presidente do Conselho: É escândalo; pelo contrato, as notas taquigráficas são remetidas ao orador para corrigi-las. É isto ou não um direito dos membros de uma e de outra câmara? É; logo, antes da correção, não é lícito a ninguém, e menos ao redator da folha que tem com a casa um contrato, dizer, para incomodar o ministro (e dizer mal, porque a verdade não abonava a sua asserção), que foi verificar nas notas taquigráficas que a proposição saíra da boca do orador um pouco diferente daquilo que apareceu publicado no discurso. Isto é de certo um escândalo.

O sr. Rodrigues Silva: É a verdade.

O sr. presidente do Conselho: Todavia, sr. presidente, não me incomoda isso; sofro com resignação evangélica...

O sr. Rodrigues Silva: A verdade incomoda muito.

O sr. presidente do Conselho: ... o insulto, a injúria com que todos os dias o jornal, que fez um contrato com a mesa para publicação dos nossos debates, incomoda o governo, principalmente na minha pessoa; é um fato

---

[6] Firmino Rodrigues Silva, senador por Minas Gerais.

sem exemplo. Mas, deixando plena liberdade ao nobre senador por Minas para assim prosseguir, peço-lhe que não me dê apartes.

O sr. Rodrigues Silva: V. exc. tem-se dirigido a mim em tudo quanto diz respeito ao *Mercantil*?[7]

O sr. presidente do Conselho: Acho que os apartes são proibidos com razão por v. exc., a mim muitas vezes não mos tem permitido; entretanto, se algumas vezes dou apartes é porque a isso me obriga a necessidade do debate, a fim de retificar uma ou outra proposição mal compreendida. E, pois, enquanto o nobre senador não pedir a palavra para discutir os negócios públicos, se quiser continuar a incomodar-me com seus apartes, há de me permitir que lhe repita o meu pedido: deixe-me a liberdade de falar.

O sr. Rodrigues Silva: Não inibo a v. exc. a liberdade de falar.

O sr. presidente do Conselho: Não ma tolhe, não; apesar das suas interrupções, direi o que penso.

O sr. Rodrigues Silva: V. exc. refere-se a mim, quando fala do *Mercantil*?

O sr. presidente: Atenção!

O sr. presidente do Conselho: Sr. presidente, é necessário que em poucas palavras eu restabeleça a verdade; nunca houve, não há, nem haverá entre o ministério e o Partido Conservador conchego algum. O honrado senador pela província de São Paulo,[8] que ocupou a tribuna sábado, portou-se como homem verdadeiramente político. S. exc. disse que não houve acordo algum entre o ministério e seu partido; da mesma sorte que atualmente não há entre eles nenhuma combinação. S. exc. foi adiante, declarou, repetindo aquilo que eu havia dito, que no momento atual, assim como em 20 de fevereiro, a ascensão do Partido Conservador tinha contra si circunstâncias mui graves, e, pois que o nobre senador aprecia sobretudo a integridade dos caracteres, a honestidade dos cidadãos, não podia aconselhar ao seu partido que subisse agora, porque seria indispensável, não o adiamento da Câmara, mas a sua dissolução; não a mudança de um, ou outro presidente de província, mas uma mudança completa na administração das províncias, e de todos os chefes de polícia. O que ponderou o nobre senador nesta parte é o que tenho expendido muitas vezes.

---

[7] Referência ao *Correio Mercantil*, periódico fundado no Rio de Janeiro por Francisco Muniz Barreto e Francisco Otaviano de Almeida Rosa em setembro de 1836, com o nome de *O Mercantil*, deixou de ser editado em novembro de 1868.

[8] José Antonio Pimenta Bueno, visconde e depois marquês de São Vicente.

Não sei como supôs o nobre senador pela província de Mato Grosso, que dei por extinta a missão do Partido Conservador. Apreciei o partido em relação às circunstâncias atuais; dizer "que não podia subir agora sem transtorno dos negócios públicos" não é asseverar que a sua missão estava exausta, como depois mais desenvolvidamente mostrarei. Estou, portanto, de acordo neste ponto com a opinião do nobre senador de São Paulo.

O sr. barão de Cotegipe:[9] Protesto contra a inexatidão; é opinião individual dele.

O sr. presidente do Conselho: Muito bem, logo há divergência...

O sr. barão de Cotegipe: Posso ter.

O sr. presidente do Conselho: ... entre os chefes do Partido Conservador em negócio tão importante. Senhores, a divergência em assunto grave é sinal de falta de unidade. Podem dar-se divergências entre membros de um partido em uma ou outra questão secundária de administração; mas quanto ao momento apropriado de subir ao poder, não, não; pode havê-la. A liberdade com que o nobre senador pela Bahia (que, embora se denominasse cabo de esquadra de seu partido, é um dos seus chefes), divergindo do sr. visconde de São Vicente em um tão importante assunto, diz que o partido pode subir, supõe tal divergência entre os chefes, que não pode deixar de ter grande significação...

O sr. barão de Cotegipe: A opinião é dele por ora; não é do partido.

O sr. presidente do Conselho: Ainda assim reduzida serve a confissão.

Sr. presidente, qual é a marcha de um partido em uma câmara, se aí conta com certa maioria? É saber se pode tomar ou não o poder; se pode, procede em conseqüência de tal convicção; se não pode, então outro deve ser o seu procedimento. [Apoiados.] Mas nós vemos o sr. visconde de São Vicente, que se declarou a si próprio ajudante de campo, levantar-se (todo o Senado apreciou e o país também) e exprimir, em desacordo com o sr. barão de Cotegipe, o seguinte pensamento: na atualidade o Partido Conservador não pode subir sem calcar aos pés graves interesses do Estado...

Uma voz: Está enganado.

O sr. barão de Cotegipe: Pode-se enganar; não querer tomar a responsabilidade sobre si.

O sr. presidente do Conselho: V. exc., como cabo de esquadra, que disse ser, quer, entretanto, contrariar o ajudante de campo. [Riso.]

---

[9] João Maurício Wanderley, político conservador e diplomata brasileiro nomeado para o Senado pela Bahia em 1856.

Um sr. senador: E v. exc. está dando patentes.

O sr. presidente do Conselho: Perdoe-me; estou repetindo suas palavras, à força de modéstia, não obstante a posição que no partido ocupa, designou-se o sr. Cotegipe cabo de esquadra, assim como foi o sr. visconde de São Vicente quem se nomeou a si próprio ajudante de campo.

Não só não houve conchego, como na minha opinião, no meu conselho, se viesse a propósito dá-lo ao Partido Conservador, não deve haver tal acordo. Ou o lado conservador fizesse conchego com o lado ministerial, ou o fizesse com os liberais dissidentes, desmentia a sua doutrina, faltava às conveniências da política.

Senhores, é necessário que o Partido Conservador, resignando-se, espere a vez de governar, e tenha confiança no seu futuro, na força de seus princípios; mas encostar-se ao partido que ora dirige os destinos do Império, ou àqueles que desse partido separaram-se por motivos que eu talvez averigue em tempo, é sacrificar-se, é manifestar ao país que em si não tem recursos para subir; seria afagar os dissidentes entrar com eles em aliança, e logo depois, quando aparecesse ou estivesse próxima a vitória, dizer-lhes "ou nós ou vós". Pela minha parte, sr. presidente, o que simplesmente quero, o que apenas desejo do lado conservador, é o que permitem os seus princípios governamentais: o ministério não quer, não pode esperar senão o auxílio que debaixo deste ponto de vista nenhum partido razoável deixa de prestar ao governo.

Senadores graves e circunspectos, os nobres membros do Partido Conservador que têm assento nesta casa, não negaram até hoje, e creio que não negarão jamais, aquilo que é propriamente meio de governar; mas a pureza de suas idéias, a autonomia de seu partido, desejo que as conservem como patrimônio seu, como um bem para o país.

O sr. Silveira da Mota:[10] Como um mito.

O sr. presidente do Conselho: O nobre senador quer se tornar a prova viva da divergência do Partido Conservador. S. exc. que em outras sessões tem-nos dito constantemente que conservador puro não há nem houve, se ele não o for, visto ter sido sempre, desde os tempos acadêmicos, esses tempos que já vão longe, sectário fiel do Partido Conservador, aparta-se hoje, em pontos capitais, dos chefes visíveis, dos ajudantes de campo, para unir-se àquele que tomou para si uma patente tão mesquinha...

---

[10] José Inácio Silveira da Mota, senador por Goiás nomeado em 1855.

O sr. Silveira da Mota: Dos visíveis afasto-me eu.

O sr. presidente do Conselho: Pois eu suponho que não há senão visíveis.

O sr. Silveira da Mota: Como se falou em invisíveis...

O sr. presidente do Conselho: Aqui se disse que os havia invisíveis; porém não fui eu.

O sr. F. Otaviano:[11] Fui eu, mas por malignidade.

O sr. presidente do Conselho: Agora, sr. presidente, pelo que toca ao que a imprensa chamou transação entre o gabinete e a parte dissidente do Partido Liberal, devo declarar a v. exc. que o culpado disto é o nobre senador pelo Rio de Janeiro.

Foi o seu discurso que motivou todo esse movimento, essa revoluçãozinha; e, pois, se o nobre senador por São Paulo, deixando-me em paz, porque conhece a lealdade com que procedo, se dirigiu ao nobre senador, e procurou castigá-lo, castigou-lhe as culpas. O discurso do nobre senador, senhores, foi um ramalhete que s. exc. formou através do Atlântico para vir plantar a cizânia no Senado, [riso], foi um ramalhete composto de flores, algumas recendentes, outras que ali entraram pela necessidade da harmonia e do concerto, e, portanto, só para formar um todo, e outras que são maléficas, nocivas completamente. Breve, analisarei o ramalhete do nobre senador, agora continuo o exame da transação.

O nobre senador pelo Rio de Janeiro, sr. presidente, sabe que não houve transação alguma entre o governo e os dissidentes...

O sr. F. Otaviano: Apoiado.

O sr. presidente do Conselho: ... ainda mais, não houve a menor conversação...

O sr. F. Otaviano: Para quê v. exc. há de cansar o seu tempo com isso? São tricas de partido.

O sr. presidente do Conselho: Perdoe-me v. exc.; hoje houve pausa, porque não se publicaram, mas os jornais de ontem vieram repletos da idéia de uma transação entre *nós* e *vós*.

O sr. F. Otaviano: Obraram no seu sentido, fizeram muito bem.

O sr. presidente do Conselho: Porém é preciso que o governo enuncie o seu pensamento. Nunca houve o menor acordo, o nobre senador falou por iniciativa própria, o governo não deu passo algum, não sabia o que o nobre

---

[11] Francisco Otaviano de Almeida Rosa, senador pelo Rio de Janeiro nomeado em 1867.

senador ia dizer. Somente procurei entender-me com s. exc., perguntando-lhe se porventura ia falar dos negócios do Rio da Prata e da Aliança...[12] Não foi isto?

O sr. F. Otaviano: Exatamente.

O sr. presidente do Conselho: O nobre senador disse-me que não, e eu não quis saber mais o que ele ia dizer. Não houve, pois, transação alguma. [Apoiado.]

Nem era necessário havê-la, senhores: os dissidentes são liberais como os que apoiam o governo. A princípio, a combinação de conservadores e liberais foi denominada "liga" e depois chamou-se "fusão", tomando todos o nome geral de "progressistas", entretanto tendo se dado as dissidências que o nobre senador conhece, e de que não fui autor nem cúmplice...

O sr. T. Otoni:[13] Não apoiado.

O sr. presidente do Conselho: ... adotou-se a expressão "históricos" para designar aqueles dos liberais que discordavam do ministério atual; mas em idéias, em programa, em doutrina, não há diferença alguma.

O sr. T. Otoni: Assim se escreve a história!...

O sr. presidente do Conselho: Não há diferença alguma, sr. presidente. O nosso programa de 1864, interrompido pelas dissidências do fim desse ano, interrompido, sobretudo, pelas circunstâncias da guerra, subsiste hoje como no primeiro dia, à espera de ocasião oportuna para ter todo o seu desenvolvimento. Se nós não o temos desempenhado cabalmente, também os nobres membros do partido, que são dissidentes, não levantaram outra bandeira, nem podem levantar.

O sr. T. Otoni: Nem o programa nunca foi nosso.

O sr. presidente do Conselho: Não levantaram outra bandeira; os membros da Câmara temporária aceitaram, aplaudiram o programa que enunciei na sessão de 1864, esse programa continua a ser o do partido, que hoje dirige a política do país, e não me consta, torno a dizê-lo, que os membros dissidentes tenham idéias diversas.

O sr. T. Otoni: Não apoiado.

O sr. presidente do Conselho: Tanto é assim, que o nobre senador pelo Rio de Janeiro franca e lealmente nos designava o outro dia pelo nome de

---

[12] Referência ao desenvolvimento da Guerra do Paraguai, na qual, desde 1865, Brasil, Argentina e Uruguai se unem na Tríplice Aliança contra as tropas paraguaias.

[13] Teófilo Otoni, político liberal e senador por Minas Gerais nomeado em 1864.

amigos, e considerava comum a doutrina de um e outro lado do partido. Se tais são as circunstâncias, é evidente que não se torna precisa uma transação para os dissidentes se entenderem com os que apoiam o ministério: é conhecida a senha: voltem ao ponto donde saíram.

O sr. T. Otoni: Nunca lá estivemos, eu nunca estive com tal programa.

O sr. Silveira da Mota: Esta descoberta é boa.

O sr. presidente do Conselho: Não há diversidade de idéias, nem necessidade de transação. Transação haveria, colisão poderia haver entre os conservadores e os dissindentes, porque seguem princípios diversos, suscetíveis em certas circunstâncias de combinar-se para um fim determinado; e a este respeito já expus o meu pensamento.

E a prova, sr. presidente, de que não há necessidade dessa transação, é que no ramalhete do nobre senador pelo Rio de Janeiro a flor de mais suave cheiro foi aquela que nos indicou que não há entre liberais, que apoiam o governo, e os dissidentes antagonismo; é que o nobre senador, chamando-nos pelo nome de "amigos", convidou o ministério, no seu discurso de sábado, ou a retirar-se, se visse que não podia continuar, ou a modificar-se.

O sr. F. Otaviano: Eu não disse isso.

O sr. presidente do Conselho: No discurso de v. exc. veio a princípio a idéia de uma retirada completa, depois houve a de modificação.

O sr. F. Otaviano: Perdoe...

O sr. presidente do Conselho: Foi por tê-lo ouvido que sustentei que o nobre senador propusera o alvitre de inocular no ministério sangue novo.

O sr. F. Otaviano: Há de recordar-se de que imediatamente retorqui dizendo que me havia referido ao seu sacrifício.

O sr. presidente do Conselho: Os jornais todos reproduziram essa idéia.

O sr. F. Otaviano: Aproveitaram a malícia de v. exc., e com razão.

O sr. presidente do Conselho: Não falou de modificação?

O sr. F. Otaviano: Eu disse que v. exc. tivesse a necessária abnegação para sacrificar-se.

O sr. presidente do Conselho: Creio que v. exc. falou de modificação, de reconstrução; se, porém, repele a proposição, se a retirou, tem os meus emboras, porque seria ironia pungente da parte do nobre senador convidar-me a uma reorganização, isto é, a fazer com que saíssem alguns membros do gabinete, para admitir pessoas do lado dos dissidentes.

O sr. F. Otaviano: Isto é impróprio de mim, v. exc. sabe.

O sr. presidente do Conselho: Mas eu entendi assim.

O sr. F. Otaviano: Retifiquei imediatamente, quando v. exc. falava: deixe isso para o jornalismo, não é para nós.

O sr. presidente do Conselho: Como o meu discurso de sábado encerra um tópico no sentido de modificação, era necessário que eu provocasse uma explicação para se ficar sabendo que a idéia do nobre senador é a retirada completa do ministério. Mas, conforme ia dizendo, o nobre senador procedeu louvavelmente, quando declarou ao país que entre os progressistas e liberais dissidentes não há antagonismo de idéias; aceito a proposição do nobre senador, que me foi muito agradável.

Entretanto, sinto dizê-lo, ao pé dessa flor rescendente, uma flor nociva, perigosa, que eu não esperava da perspicácia e do talento do nobre senador pelo Rio de Janeiro, se encontra naquele trecho, em que s. exc. diz "que o Senado tem feito, faz e fará sempre política dirigindo a marcha dos negócios do país". Não entrarei mais em tal questão, dizendo apenas ao nobre senador que se ele adota essa doutrina, se dá ao Senado a lata interferência na política que alguns aqui lhe atribuem, então, senhores, todo o seu ramalhete, com a só introdução de uma flor tão nociva, se inutiliza e danifica.

Ou nós nos retiremos do poder, subindo homens mais capazes (a saber: ou Russell por velho se retire e venha Gladstone,[14] como o nobre senador insinuou) ou o ministério se reorganize, reinando num e noutro caso uma paz, por assim dizer, otaviana [riso] em todos os arraiais do Partido Liberal, ainda assim o nobre senador veria o seu partido naquelas dificuldades em que estava antes das dissidências, quando o programa de 1864 tinha sido geralmente aceito, quando o sr. Martinho Campos[15] dizia na Câmara para apoiar o gabinete: "Está no gabinete José Pedro Dias de Carvalho,[16] e tanto basta, porque o seu nome é um programa".

Se todos nós liberais voltássemos à concórdia de 1864, com uma docilidade, cuja falta o nobre senador denuncia francamente ao país, se tivéssemos, vou até esse ponto, unanimidade de votos na Câmara temporária, porém nesta uma maioria infensa, com o direito de dirigir a política, que o nobre senador lhe reconhece, dava-se s. exc. ao trabalho vão de procurar paz e harmonia para o seu partido. O ministério que procedesse da deseja-

---

[14] William Ewart Gladstone ocupou o posto de primeiro-ministro da Grã-Bretanha entre 1868 e 1874. Para Russell, ver nota 141, à p. 240.

[15] Martinho Álvares da Silva Campos, deputado pelo Rio de Janeiro na 11ª legislatura (1861-64) e por Minas Gerais na 12ª (1864-66).

[16] José Pedro Dias de Carvalho era senador por Minas Gerais, foi nomeado ministro da Fazenda no gabinete de 15 de janeiro de 1864.

da concórdia encontraria as mesmas dificuldades em que s. exc. supõe o 3 de agosto.[17] Ou havia de fazer reformas, como a da lei de 12 de agosto de 1834,[18] sem a intervenção do Senado, ou havia de chegar aqui e fazer pouco mais ou menos o que tenho feito, ou talvez, permita-se-me a suposição, menos do que tenho feito, porque a inteira harmonia dos liberais incutiria mais receios na maioria do Senado.

Em abono da verdade, direi que o ministério de 3 de agosto tem conseguido no Senado a passagem de todos os meios de governo, apesar de ser aqui predominante a maioria de um partido contrário às idéias da situação; porque embora de vez em quando asseverem alguns de seus membros de baixa...

O sr. barão de Cotegipe: Esfera.

O sr. presidente do Conselho:... patente que o Senado pode levar de vencida e escalar o poder, outros dizem já em discursos, já com o silêncio, que vale às vezes mais do que grandes discursos: Não. E é justamente a luta que há entre o voto de graças organizado pelo nobre senador da província da Bahia, o sr. barão de São Lourenço, e a emenda do nobre senador por Goiás.[19] Ali há manha [riso], perdoe-me s. exc. a expressão; queria-se que o governo se desse por censurado, sem ser evidente a censura, aqui eleva-se em um breve tópico a censura ao maior auge: ali recusa-se ou não se reconhece às claras, aqui se proclama abertamente o direito atribuído ao Senado de influir de um modo direto na política, de fazer e desfazer gabinetes.

Portanto, sr. presidente, peço licença ao nobre senador pelo Rio de Janeiro[20] para observar-lhe que só esta flor estragou todo o seu ramalhete; se sua idéia fosse adotada, a impotência de todas as suas combinações e esforços generosos para a reunião do partido em um só pensamento, seria infalível.

O nobre senador comparou o Partido Conservador à estátua de Teseu, cuja cabeça desaparecera, mas cuja beleza os entendidos podiam ainda avaliar pelas formas que ficaram...

O sr. F. Otaviano: E isto diz-se que é uma ofensa ao partido.

---

[17] O ministério de 3 de agosto de 1866 estendeu-se até julho de 1868. Era presidido por Zacarias de Góis e Vasconcelos, que ocupava a pasta da Fazenda.

[18] Referência ao Ato Adicional (ver nota 21, à p. 79).

[19] José Inácio Silveira da Mota.

[20] Francisco Otaviano de Almeida Rosa.

O sr. presidente do Conselho: Oh! Decerto, a mais acerba que se possa fazer. Senhores, a estátua não estava assim mutilada, quando o honrado senador chegou do Rio da Prata; então s. exc. até fez votos pela ascensão do Partido Conservador. Acredito que demorou-se nesta cidade quanto bastava para examinar a estátua em todas as suas partes, e não lhe notou a falta da cabeça; agora chegando da Europa...

O sr. barão de Itaúna:[21] Estas viagens da Europa são horríveis!

O sr. presidente do Conselho: Quase sempre, com algumas exceções. Mas, chegando da Europa, sr. presidente, o nobre senador alterou a sua opinião, convencendo-se de que a estátua estava deforme, estava sem cabeça! S. exc., como viajante, e, portanto, inclinado um pouco a idéias cosmopolíticas, e alheio à cegueira das paixões partidárias do dia, confessou (não sei como o nobre senador por Mato Grosso não se aproveitou de tal confissão) que quando fez votos pela subida do Partido Conservador ao poder foi porque lhe supunha cabeça e juízo...

O sr. F. Otaviano: Cabeça quer dizer unidade de direção política.

O sr. presidente do Conselho: Lá irei.

Mas, disse o nobre senador que o partido, cuja ascensão ele desejava o ano passado, tinha mais *docilidade* a respeito de disciplina do que o Partido Liberal... Está em seu discurso.

O sr. F. Otaviano: É exato.

O sr. presidente do Conselho: *Indocilidade* em matéria de disciplina não achava s. exc. no Partido Conservador, achava-a no nosso partido; ah! Senhores, daí a ficar também a estátua do Partido Liberal sem cabeça a distância é pouca. Em um caso a ação do tempo mutilou a estátua, fazendo-a perder a cabeça, no outro a estátua obsta a que se lhe adapte uma cabeça! Assim, o nobre senador colocou, sem querer talvez, no seu ramalhete uma flor que exala cheiro de nenhum modo grato, confessou por sua boca que a falta, o defeito do nosso partido, é a *indocilidade* em assunto de disciplina.

O sr. F. Otaviano: Isto dizem todos os publicistas, do Partido Liberal.

O sr. presidente do Conselho: Bem. É com essa *indocilidade*, é com essa facilidade de recusar autoridades, que únicas podem estabelecer unidade nos partidos, é contando com a indisciplina dos liberais e certo dela que até hoje o Partido Conservador tem dominado exclusivamente...

O Partido Conservador, posto que menor em número, tem tido unidade...

---

[21] Conselheiro Borges Monteiro, senador pelo Rio de Janeiro nomeado em 1857.

O sr. barão de Cotegipe: Menor em número? É tão grande que deu para lá e ainda ficou.

O sr. presidente do Conselho: ... unidade que hoje parece achar-se alterada. Quando fiz parte do corpo legislativo em 1850 nunca vi um conservador de certa ordem discordar dos seus chefes; a disciplina era perfeita, completa a energia dos que dominavam, e havia ministro que poucas vezes falava, mas percorrendo as bancadas movia a Câmara como que por uma mola; hoje, ou eu consulte a imprensa ou os discursos proferidos nas Câmaras, observo que o Partido Conservador não apresenta a mesma identidade de vistas; aqui mesmo, ainda há poucos momentos, quando o nobre visconde de São Vicente disse: "Não é ocasião própria de subirmos", o sr. barão de Cotegipe respondeu: "Está enganado, podemos subir"; e s. exc. replicou: "Sustente as suas idéias, que eu sustento as minhas".

O sr. barão de Cotegipe: Sinto não ter a palavra, mas havemos de ver. Se não queremos subir, não há razão de opormo-nos a v. exc., devemos apoiá-lo.

O sr. presidente do Conselho: É coisa diversa.

O sr. barão de Cotegipe: Não devemos atrapalhá-lo se não queremos subir.

O sr. presidente do Conselho: Perdoe-me, neste caso a minha discordância com v. exc. é profunda; o Partido Conservador, embora com maioria aqui, não pode *atrapalhar* o governo.

O sr. barão de Cotegipe: Não se valha da expressão, quero dizer que não devemos estar fazendo oposição a v. exc.

O sr. presidente do Conselho: A oposição, se existe, não se tem feito sentir por atos prejudiciais à marcha da administração.

O sr. barão de Cotegipe: Então estamos representando uma farsa.

O sr. presidente do Conselho: O que há é que não havendo harmonia no Partido Conservador, uns querem subir a todo o transe como o honrado autor da emenda e o nobre senador barão de Cotegipe, e outros não pensam assim...

O sr. barão de Cotegipe: A todo transe, não; o que entendo é que só se faz oposição para ser governo.

O sr. F. Otaviano: Apoiado.

O sr. Silveira da Mota: Não é oposição para conservar o governo.

O sr. barão de Cotegipe: Não é oposição de beijocas.

O sr. presidente do Conselho: Não sei o que seja oposição de beijocas; o que sei é que estou aqui há mais de vinte dias discutindo a resposta à Fala do Trono, e ainda não posso calcular quando será a votação.

O sr. barão de Cotegipe: Se v. exc. ceder da palavra...

O sr. presidente do Conselho: Se v. exc. promete que se vota, sento-me já.

O sr. barão de Cotegipe: Não posso prometer nada, sou cabo de esquadra.

O sr. barão de São Lourenço: É, com efeito, duro ser obrigado a falar só.

O sr. Silveira da Mota: Peço a palavra.

O sr. presidente do Conselho: Sr. presidente, tendo feito estas considerações em relação ao conchego e à transação, idéias tão fora de propósito inventadas, uma pela imprensa do lado histórico, e outra pelo conservador, permita-me v. exc. que passe a dar ao honrado senador de Mato Grosso uma brevíssima resposta.

Senhores, s. exc. estranhou que eu fizesse algumas queixas do Partido Conservador e do próprio nobre senador; mas esquece que foi ele quem me obrigou a vir à tribuna, porque para justificar o seu voto de censura ao governo declarou que o gabinete tinha traçado em torno de si um círculo de ferro. S. exc. não demonstrou o seu pensamento, emitiu a proposição vagamente, visto que desde o princípio nos disse que não desceria a fatos. E, pois, que o nobre senador, sem descer a fatos, asseverou que o gabinete de 3 de agosto tinha levantado um círculo de ferro, eu tive razão para ponderar que semelhante proposição de ninguém podia partir, e menos do nobre senador, em face das nomeações dos conselheiros de Estado, e de outros atos reveladores da ausência do círculo de ferro.

Sr. presidente, sei que o cargo de conselheiro de Estado não é propriamente lugar de confiança; mas, se o nobre senador não pensa com a imprensa de seu lado, que explicou o procedimento do governo dizendo que não tinham os ministros no seu partido quem pudesse ser nomeado conselheiro de Estado, não pode s. exc. chamar-nos exclusivistas, porque no princípio de nossa administração demos exemplo de benevolência para com o Partido Conservador. O nobre senador devia ter emitido o seu pensamento de maneira que eu ficasse entendendo que as suas censuras se referiam só às províncias, mas falou em geral: a culpa de referir-me às nomeações de conselheiros de Estado é, pois, sua.

Nomeando conselheiros de Estado a conservadores, incumbindo a direção da guerra a generais conservadores, o ministério de 3 de agosto deu provas irrefragáveis de que não era exclusivista, e com relação às províncias também se pode dizer que ele não traçou círculo de ferro. Governa hoje a província do Ceará, como vice-presidente, um cidadão que é liberal histórico, a da Paraíba outro que em 1864 se declarou abertamente contra o governo. Preside a Bahia o sr. Azambuja,[22] que é conservador.

O sr. barão de Cotegipe: É progressista.

O sr. presidente do Conselho: Só se progressista quer dizer leal.

O sr. barão de Cotegipe: Se fosse conservador não recebia a presidência.

O sr. Rodrigues Silva: Apoiado, passou a ser progressista.

O sr. presidente do Conselho: Neste sentido a oposição podia chamar progressista ao sr. Paiva Teixeira.

O sr. Rodrigues Silva: Apoiado.

O sr. barão de Cotegipe: Esse é magistrado.

O sr. presidente do Conselho: A oposição deve ir além, e chamar progressistas os nobres conselheiros de Estado, porque têm fornecido trabalhos e prestado auxílio ao governo em matérias importantes. É uma incoerência inqualificável! Se o ministério não nomeia conservador algum, é exclusivista; se nomeia um conservador leal, este é logo progressista! Mas eu não considero o sr. Paiva Teixeira liberal, considero-o conservador, e conservador leal. Bem se vê que desta maneira o melhor é dar-se o governo por vencido, ou, para não ser tido por exclusivista, nomear pérfidos que vão abusar das atribuições que lhe concedem as leis e da confiança do governo...

Portanto, sr. presidente, não teve o nobre senador razão quando disse que eu fiz censuras ao Partido Conservador; não, eu defendi o gabinete de uma insinuação que o honrado senador lhe fez, defendi-o da coima de exclusivista. Exclusivista um gabinete que chamou o nobre senador para o Conselho de Estado, e que tantas provas há dado de não olhar para os partidos quando se trata de certas nomeações! O nobre senador foi conseqüentemente injusto, e acredite que se não houvesse feito naquele seu discurso, aliás, tão bem deduzido, semelhante censura, outra seria a minha resposta. Não posso, porém, ouvir resignadamente a imputação de que ministério mais exclusivista do que o de 3 de agosto não pode existir, nem tem havido.

O sr. Paranhos [José Maria da Silva Paranhos]: Também não disse isto.

O sr. presidente do Conselho: Que nunca houve.

O sr. Paranhos: É exato.

O sr. presidente do Conselho: Aí está por que o nobre senador do Rio

---

[22] José Bonifácio Nascentes de Azambuja, presidente da província da Bahia entre junho de 1867 e agosto de 1868.

de Janeiro, o sr. Otaviano, não compreendeu o voto do nobre senador do Mato Grosso que, depois de declarar que o governo estava coberto de iniqüidades, ainda assim não votava contra ele!

Queria o nobre senador que eu ouvisse silencioso tão duras expressões de sua parte, quando o nobre senador não tem achado de parte do governo senão benevolência e estima?

O nobre senador do Mato Grosso, sr. presidente, ainda veio com a questão "se há ou não partidos", sendo s. exc. quem primeiro levantou essa dúvida logo tão vantajosamente combatida pelo nobre senador de São Paulo. Os dois nobres senadores não se entendem; um afirma que as linhas que dividiam os partidos estão apagadas, o outro nega; e o nobre senador do Rio de Janeiro, o sr. Otaviano, aproveitando com habilidade a divergência, sustentou que o nobre senador por Mato Grosso estava equivocado; que entre nós, como em todos os países, há partido liberal e partido conservador; e que ainda na União Americana, onde a forma do governo livre alcançou a mais elevada expressão, existem esses dois partidos; e eu podia acrescentar que até na república das letras, a mais inocente das repúblicas, há partido conservador e partido liberal.

A que propósito veio, portanto, o nobre senador por Mato Grosso dizer, em seu primeiro discurso, que não há entre nós distinção de partidos? A que propósito veio o nobre senador ainda hoje agravar a sua doutrina, observando que um partido não é sempre um complexo de princípios, senão muitas vezes um complexo de homens? Senhores, não há partidos sem princípios que os caracterizem. O nobre senador declarou que não há diferença de princípios políticos entre nós; logo, não há partidos! Para haver partidos não é bastante que haja uma aglomeração de homens, é preciso que esses homens tenham certas idéias e as sustentem.

A questão, pois, simplifica-se; ou há princípios que segue o Partido Conservador, diversos daqueles que se propõe defender o Partido Liberal, ou não: se não há tais princípios, não existem partidos, mas se há, os partidos existem. Ora, todo o senado ouviu claramente que o nobre senador por Mato Grosso, quando principiou o seu discurso, dizia que não havia princípios diversos; entretanto achava para si que na ausência de princípios que caracterizassem os partidos a aglomeração de homens os pode formar! Nunca houve quem aventasse uma proposição tão estranha em política. Na Inglaterra há o partido Whig e o partido Tory,[23] mais ou menos modifica-

---

[23] Ver nota 125, à p. 233.

dos; todavia a índole de cada um deles se patenteia nas suas tendências e inclinações.

Quando, sr. presidente, no Brasil o liberalismo perturbava a tranqüilidade pública, o Partido Conservador defendia o seu princípio de ordem com toda a energia; porém, desde que o Partido Liberal renunciou a esses excessos, modificou-se o princípio do Partido Conservador, sem perder de todo a sua feição característica. O princípio do Partido Progressista é a liberdade, não sem ordem; o do Partido Conservador é a ordem, não sem liberdade. O que caracteriza os partidos é a preeminência do elemento de cada um deles; do lado dos nobres senadores o elemento que prepondera é a ordem, que não exclui a liberdade. O que querem os liberais? É a liberdade, mas não a liberdade sem a ordem.

O nobre senador por Mato Grosso, sr. presidente, é sempre um senador moderado; através do rigor com que procura ferir o governo, é fácil descobrir certa imparcialidade que lhe é própria. O nobre senador não quis descer à história das eleições da província do Rio de Janeiro, mas fez com uma palavra o elogio do gabinete: "Levantou", disse ele, "a compressão". Pois um ministério exclusivista, rodeado de um círculo de ferro, levanta a compressão, deixa a liberdade manifestar-se, e merece por isso tão acres censuras?

O sr. F. Otaviano: Fez elogio, mas não há razão para o fazer. V. exc. não levantou compressão alguma, porque não havia compressão.

O sr. presidente do Conselho: Vê v. exc.: aceito a confissão do nobre senador: "O ministério levantou a compressão no Rio de Janeiro". Essa confissão me basta.

Senhores, o nobre senador levou a mal que eu falasse dos banquetes; ora, o que disse eu dos banquetes? Que não estavam ainda tão naturalizados no país que pudéssemos aferir pelos brindes o estado da opinião política deste ou daquele partido; e acrescentei, pelo que me toca, que tinha-lhes antipatia. A verdade é que os brindes dos nossos banquetes não exprimem a opinião política dos partidos, não é por aí que devemos avaliar qual o procedimento de um partido, quais as suas vistas. Não estamos ainda no caso da Inglaterra onde os *meetings*, os jantares constituem modo regular de manifestarem-se as diversas opiniões do país.

Entretanto, o nobre senador, que parece gostar dos banquetes, procurou defendê-los até por uma consideração econômica, dizendo que eu, como ministro da Fazenda, interessado no aumento da renda, devia favorecê-los; de maneira que o nobre senador entende que a despesa dos jantares de luxo interessa à riqueza pública e à indústria. Eu penso que não; que é improdutivo aquele consumo, e que, a querer-se consumir *champagne*, melhor é bebê-lo à mesa, particularmente, no meio de amigos sinceros, do que em jantares políticos onde nem sempre reina a lealdade. Houve tempo em que se considerava conveniente estragar produtos, por exemplo, quebrar em uma mesa tudo quanto tinha servido, a fim de se comprarem outros objetos para novos banquetes, mas tal pensamento já está condenado há muito tempo pela ciência econômica. Portanto, permita o nobre senador que, apesar do sumo desejo que tenho de economizar, e de ver aumentar a renda pública, não dê importância a jantares políticos.

Quanto aos grêmios, o nobre senador também não tem razão. Pergunto a s. exc. se tem em lembrança o que ocorreu a respeito do assunto em 1867. Sr. presidente, o honrado senador pela Bahia, o sr. barão de Cotegipe, veio então com o propósito de combater o governo pessoal, isto é, a intervenção do poder Moderador nos atos do poder Executivo, e fez disso um tópico do seu primeiro discurso proferido nesta casa; eu reptei-o a demonstrar a existência do governo pessoal; mas s. exc. respondeu que não se envolvia nisso, nem dava os porquês de sua asserção.

A esse tempo havia eu lido, em uns estatutos que corriam impressos, e dos quais tive um exemplar, que (nas bases de 25 e 26) se determinava que o partido Conservador não assumisse o poder, sem ficar bem assentado este ponto: que o poder Moderador não poderia influir nos atos da administração, isto é, sem que se pusesse barreira ao governo pessoal; e pois, instei com o nobre senador da Bahia para que se explicasse a respeito da doutrina dos seus estatutos concernentes ao governo pessoal, s. exc., porém, declarou que na primeira reunião mandará eliminar esses artigos.

O sr. Almeida Albuquerque:[24] Mandou, não.

O sr. presidente do Conselho: Votou contra. Ora, fiquei nesse primeiro projeto; não vi o outro que o alterou..

O sr. barão de Cotegipe: Está aí.

O sr. presidente do Conselho: Se me mandasse um exemplar, ficar-lhe-ia assaz obrigado.

O sr. barão de Cotegipe: Não tenho mais; foi tão grande a procura!...

O sr. presidente do Conselho: Ou tão limitada a tiragem!... [Hilaridade.]

Agora, sr. presidente, procede a imprensa conservadora noutro sentido. Ela diz aos liberais dissidentes: "O vosso duende, a vossa idéia dominante é o governo pessoal; não creio mais no governo pessoal, tudo é devido a im-

---

[24] Frederico de Almeida e Albuquerque, senador pela Paraíba nomeado em 1856.

prudências do presidente do Conselho, mas se vós, liberais históricos, vos persuadis de que há algum fundamento no que se propala, estamos prontos a auxiliar-vos no combate do grande abuso".

O que revela tudo isto, senhores? Revela, e não há que estranhar, que o Partido Conservador procura reformar-se segundo o estado atual da sociedade; não quer mais insistir no seu antigo programa, tanto mais quanto é certo que o Partido Liberal entrou em nova senda. Se, porém, o Partido Conservador procura reformar-se, não estranhe que formemos nós os liberais um partido. Querem ter o direito de reformar-se e não consentem que os liberais formem um partido composto de liberais e conservadores, como o Conservador contém em seu seio liberais que aí se acham prestando os mais relevantes serviços? Não sei como um partido refletido, importante, que chama a si liberal, e julga-se em seu direito procedendo assim, leva a mal que se forme outro composto de conservadores moderados e de liberais. Se a isto alguém chama apostasia, o que é a aquisição dos liberais que hoje são conservadores?

Vou responder agora, sr. presidente, a um tópico do final do discurso do nobre senador por Mato Grosso.

De ter eu asseverado que a missão do Partido Liberal não estava preenchida, concluiu o nobre senador que eu asseverava que a missão do Partido Conservador estava acabada. Eu não disse isso; o que disse é que não há razão agora para o Partido Liberal deixar o poder, mas não que se ache extinta a missão do Partido Conservador. O Partido Conservador, em oposição, combatendo os erros dos contrários, está em sua missão, a qual nunca se esgota. Quando os acontecimentos determinarem a sua ascensão, ele irá ainda preencher a sua missão, legislando, governando; e a esse tempo o Partido Liberal, passando para a oposição, não dará também por extinta a sua tarefa. A tarefa dos dois partidos dura tanto como a sociedade. Dizer eu, pois, que o Partido Liberal não preencheu ainda sua missão, não quer dizer que o outro não tem mais razão de ser. Não está ele na estacada, aspirando ao poder, e contendo o que chama excessos dos contrários?

Discurso proferido no Senado
a 3 de julho de 1868

[Extraído de Zacarias de Góis e Vasconcelos,
Discursos proferidos no debate do voto de graças de 1868.
Rio de Janeiro: Tipografia de João Ignácio da Silva, 1868]

O sr. Zacarias (presidente do Conselho): Levanto-me para proferir poucas palavras, em resposta ao nobre senador pela província do Pará,[25] e não ao nobre senador pela província da Bahia, o sr. barão de Muritiba, porque s. exc. começou o seu discurso arguindo-me de ter falado muito, e desceu a fatos tão miúdos, que todos são mais próprios dos debates sobre os orçamentos do que da discussão do voto de graças.[26] Ao discurso, porém, do nobre senador do Pará devo fazer algumas observações, visto que s. exc. considerou a questão por uma face nova.

Senhores, a questão da influência do Senado na política do país está morta; o honrado senador, o sr. visconde de Itaboraí,[27] na minha opinião, prestou à causa da Constituição e das leis um serviço eminente, quando, há dois dias, a despeito de tantas manifestações de seus amigos no sentido contrário, sustentou a verdadeira doutrina acerca dessa matéria.

Com efeito, se tal não fosse o procedimento do nobre visconde, eu descreria das coisas do país; mas não; felizmente a sua declaração veio a tempo...

O sr. Silveira da Mota:[28] Isto creio eu.

O sr. presidente do Conselho: ... de salvar a Constituição da tortura por que alguns conservadores a queriam fazer passar.

---

[25] Visconde de Sousa Franco (Bernardo de Sousa Franco).

[26] Ver nota 51, à p. 118.

[27] Joaquim José Rodrigues Torres, senador pelo Rio de Janeiro nomeado em 1844.

[28] Ver nota 10, à p. 259.

O nobre senador do Pará trouxe a questão a novo ponto de vista, sustentando que a influência do Senado prendia-se à interpretação dada ao art. 61 da Constituição. Não, sr. presidente, não é esta a origem da questão: ela data do dia em que se promulgou a Constituição, e resulta da maneira pela qual esta foi organizada e escrita.

O que disse o nobre visconde de Itaboraí, e tenho sustentado sempre nesta casa, é que na discussão e votação das proposições e medidas sujeitas a apreciação do Senado, e que devem ser convertidas em lei, possui ele tão ampla liberdade como a Câmara temporária; está escrito na Constituição o direito que assiste ao Senado de intervir no fazimento das leis, e de votar como lhe ditar a sua consciência; neste sentido não tem limitação a influência do Senado na política do país, quando essa política se traduz em atos, nos quais intervêm tanto uma como outra câmara, salvo todavia certas medidas, cuja iniciativa pertence à Câmara eletiva.

A questão, pois, está em poder ou não o Senado fazer diretamente política, arcando com o ministério para derribá-lo, dirigindo à Coroa mensagens, ou insinuações semelhantes à que deseja inserir na resposta à Fala do Trono o nobre senador pela província de Goiás. No que toca a fazer política direta é que o nobre visconde de Itaboraí mostra-se acorde com os principais homens de Estado do Brasil, sustentando, como eu, que o Senado não pode proceder da mesma forma que a outra câmara.

De que trata o art. 61 da Constituição? Da discussão das leis nesta ou na outra casa, determinando que, se a Câmara dos Deputados não aprovar as emendas ou adições do Senado, ou vice-versa, e todavia a câmara recusante julgar que o projeto é vantajoso, poderá requerer a reunião de ambas as câmaras.

A interpretação que se deu ao art. 61 foi que pode a Câmara, a que se requer a fusão, negá-la e assim se há praticado. Mas v. exc. vê que, qualquer que seja o juízo que se faça de tal interpretação, reconhece-se que ela apenas diz respeito às emendas feitas aos projetos submetidos aos debates; ora, aí não há dúvida que os direitos do Senado são iguais aos da Câmara temporária; e a política resultante da adoção de quaisquer medidas não pode realizar-se sem o consenso do Senado.

Não se invoque, senhores, o exemplo da Câmara dos Lordes na Inglaterra. V. exc. sabe que o governo britânico foi por muito tempo na aparência uma monarquia, mas na realidade era uma grande aristocracia. O centro de gravidade da política inglesa esteve por muitos anos na Câmara Alta; os exemplos a que aludiu hoje o nobre senador do Pará são do fim do século passado, e não valem, porque nesse tempo a influência da Câmara dos Lordes era decisiva. Mas, como observa Macaulay,[29] feita em 1832 a reforma parlamentar, o centro de gravidade passou para a Câmara dos Comuns, e hoje na Inglaterra ninguém contesta que a direção da política está na Câmara temporária.

O centro de gravidade da política em nosso país, em virtude da Constituição, está na Câmara temporária, e não no Senado, ainda com maior razão do que na Câmara dos Comuns e não na dos Lordes.

O sr. barão de Muritiba: Está na representação nacional.

O sr. presidente do Conselho: A Câmara dos Lordes, embora tenha as raízes que alguns lhe atribuem, admite sangue novo, e abre seu seio aos homens distintos do país. Na Inglaterra, é permitido à Coroa elevar ao pariato, qualquer cidadão, e, pois, o número de membros da Câmara Alta pode ser pelo governo aumentado.

Assim, se em uma conjuntura a Câmara dos Lordes quiser embaraçar qualquer medida de alta conveniência, o governo tem os meios de fazer desaparecer a maioria infensa aos verdadeiros interesses da nação, nomeando novos pares. Lorde Brougham,[30] quando quis fazer passar a reforma eleitoral, donde datam as verdadeiras doutrinas parlamentares na Inglaterra, formou uma lista de novos pares, dispondo-se a tornar efetiva a sua nomeação; era um remédio supremo, mas eficaz e letal. Não foi necessário empregar esse recurso, porque Wellington,[31] com a sua influência irresistível e consumada discrição, levou a Câmara dos Lordes[32] a adotar a medida.

O sr. barão de Itaúna:[33] Tinha resistido antes.

O sr. presidente do Conselho: Quem?

O sr. barão de Itaúna: Wellington.

O sr. presidente do Conselho: Ao quê?

O sr. barão de Itaúna: À passagem da reforma.

O sr. presidente do Conselho: Mas cedeu depois.

O sr. barão de Itaúna: Cedeu à opinião do país.

---

[29] Ver nota 39, à p. 107.

[30] Ver nota 121, à p. 230.

[31] Arthur Wellesley (1769-1852), duque de Wellington, militar e político inglês, foi primeiro ministro entre 1828 e 1830.

[32] Uma das casas do Parlamento inglês, vitalícia e hereditária, constituída por membros da nobreza.

[33] Ver nota 21, à p. 265.

O sr. presidente do Conselho: O que é certo é que o ministro que pugnava pela reforma tinha em sua algibeira a lista dos novos pares; ele dá notícia do fato na recente edição de sua obra sobre a Constituição inglesa, e era, como já observei, um meio legal e eficaz que tinha de combater a oposição. Pergunto agora terminando: há porventura esse meio constitucional em relação ao Senado do Brasil?

O sr. visconde de Jequitinhonha:[34] Mas temos outro meio.

O sr. presidente do Conselho: Aprecio a opinião do nobre senador pela Bahia, e aceito-a: há na verdade outro meio, é o das manifestações da Câmara temporária, para desfazer as censuras do Senado. Assim que, considerando que a emenda do nobre senador por Goiás importa a inversão de nossos bons princípios, voto contra ela. [Votos! Votos.]

---

[34] Francisco Gê Acaiaba Montezuma, senador pela Bahia nomeado em 1851.

DISCURSO PROFERIDO NO SENADO
A 17 DE JULHO DE 1868

[Extraído de Zacarias de Góis e Vasconcelos,
Discursos proferidos no debate do voto de graças de 1868.
Rio de Janeiro: Tipografia de João Ignácio da Silva, 1868]

∼

O sr. Zacarias [Atenção]: Sr. presidente, tendo pedido e alcançado a sua exoneração o gabinete de 3 de agosto,[35] é do meu dever expor ao Senado a causa e o modo desse acontecimento. E porque entre o pedido e a exoneração mediaram alguns dias, durante os quais fui tomando notas do que ocorria, com a leitura das mesmas notas creio que posso desempenhar-me daquele dever.

No fim do despacho de sábado, 11 do corrente, sua majestade, o imperador declarou: 1°) que escolhia senador por Minas Gerais o sr. conselheiro Francisco de Paula da Silveira Lobo; 2°) que igualmente escolhia senador pelo Rio Grande do Norte o sr. conselheiro Francisco Salles Torres Homem; 3°) que no tocante à eleição do Amazonas tinha uma dúvida sobre a qual desejava que refletíssemos e era: se, tendo sido contemplado na lista tríplice o nome de um cidadão que fora votado sem haverem decorrido seis meses depois que deixara o exercício do cargo de presidente daquela província, em virtude de remoção, contra o disposto no art. 1, § 14 da resolução de 18 de agosto de 1860, devia ou não fazer a escolha.

Proferidas as palavras indicadas, sr. presidente, e tendo-se retirado sua majestade o imperador, os ministros em ato contínuo entenderam dever deliberar sobre o assunto, e logo ali ficou assentado sem discrepância de voto: que o gabinete pedisse a sua exoneração, porque a escolha de senador pelo Rio Grande do Norte não era acertada, e por isso o gabinete não podia tomar a sua responsabilidade.

No dia seguinte (12), de acordo com os meus colegas, dirigi a sua majestade o imperador a seguinte carta:

---

[35] Ver nota 17, à p. 264.

"Senhor,

Rogo a vossa majestade imperial a graça de me designar hora para ter a honra de comunicar a vossa majestade imperial o que ontem depois do despacho assentou o ministério, e pedir as ordens de v. majestade imperial".

Sua majestade o imperador em carta do mesmo dia 12 ordenou-me que fosse ter com eles às 2 horas. Às 2 horas estava eu em S. Cristóvão, e em audiência sua majestade o imperador depois de discutir comigo o motivo da exoneração que recusava, recomendou-me que me entendesse de novo com os meus colegas. Eu respondi que a nossa resolução era decidida, mas que, entretanto, para obedecer às ordens de sua majestade, promoveria outra conferência.

E, pois, convidei meus colegas, para uma reunião em minha casa à noite e nessa conferência continuou-se a sustentar por votação unânime: "que, à vista da escolha de senador pela província do Rio Grande do Norte, se deixasse o poder".

Imediatamente escrevi a sua majestade a seguinte carta:

"Senhor,

Acabamos de conferenciar de novo sobre o assunto de que tive a honra de falar, às 2 horas, a vossa majestade imperial e os meus colegas entendem comigo que o que, em nome do ministério, declarei a vossa majestade imperial não pode deixar de realizar-se. Espero, portanto, que vossa majestade imperial se digne de dar-me suas ordens, que irei pedir amanhã, às 9 horas da manhã, se vossa majestade imperial não designar outra".

Sua majestade o imperador respondeu-me que na tarde do dia 13 teria ocasião de falar-me, assim como aos meus colegas, porque como v. exc. sabe, sr. presidente, era dia de cumprimentos pelo aniversário da sereníssima princesa, a sra. d. Leopoldina.

Compareçemos: sua majestade o imperador, depois de conversar com cada um dos ministros presentes e de ouvir deles a mesma declaração que me ouvira, deu-me uma audiência particular, na qual não concedeu a demissão pedida dizendo: "que queria ainda meditar, e no dia seguinte me mandaria chamar".

No dia seguinte, determinou-me que de 1 hora por diante poderia procurá-lo. Fui a S. Cristóvão e, apresentando-me às 2 horas, sua majestade o imperador, depois de saber que persistíamos no nosso pedido, houve por bem conceder a demissão do ministério. Feito isso, dignou-se sua majestade perguntar-me quem lhe indicava eu para organizar o novo gabinete. Pedi respeitosamente que me dispensasse de fazer tal indicação, e, depois de breve silêncio, ordenou-me que chamasse ao paço de S. Cristóvão com urgência o sr. visconde de Itaboraí.[36]

Dirigi ao sr. visconde a seguinte carta:

"Ilmo. exmo. sr. visconde de Itaboraí.
Recebi ordem de sua majestade, o imperador, para convidar v. exc. a ir ao paço de S. Cristóvão com urgência".

O sr. visconde foi a S. Cristóvão: a ele compete expor o que se seguiu.

No dia 16 (ontem), às 2 horas da tarde, referendei o decreto da nomeação do sr. visconde de Itaboraí, o qual de todo o coração estimo lhe proporcione oportunidade de dar às finanças e à política do país uma direção que lhe imponha ligeiros, se não imperceptíveis sacrifícios.

Em seguida s. exc. referendou o decreto que, aliviando-me do peso do governo, deixa-me a qualidade que prezo sobre todas, de velar desta cadeira como simples sentinela na guarda da Constituição e das leis e da verdade do regime parlamentar.

---

[36] Joaquim José Rodrigues Torres, senador pelo Rio de Janeiro. Foi presidente do Conselho de Ministros no gabinete de 16 de julho de 1868, que sucedeu o gabinete presidido por Zacarias de Góis e Vasconcelos.

Sessão em 26 de junho de 1869

[Extraído de *Anais do Senado do Império do Brasil*.
Rio de Janeiro: Typographia do Diário do
Rio de Janeiro, 1869, vol. 2, pp. 298-9]

Sr. presidente, tratando sempre de mostrar o ódio e rancor do partido dominante contra os liberais deixo por ora os ministros; e vou ao digno representante do Partido Conservador Constitucional, ora nobre senador pelo Rio de Janeiro (sr. Saião Lobato); s. exc. levantou-se com o programa liberal em punho, como se fosse esse programa o objeto de nosso debate; todo o seu discurso foi contra o programa; sobre a Fala do Trono,[37] o nobre senador pelo Rio de Janeiro nem uma palavra disse; tudo foi excitar ódio contra os liberais, os signatários do programa. Entre milhares de expressões com que se revela a sua entranhada antipatia ao Partido Liberal, tomei nota de duas proposições, que examinarei.

S. exc. disse que o programa liberal era um ardil de partido, isto é: que querendo o Partido Liberal subir já, imediatamente ao poder, fez aquele programa sem verdadeira adesão dos liberais, que espalha por toda a parte, que escreve para o Norte e Sul do Império dizendo que está por momento a ascensão dos liberais. Já o meu nobre colega pela Bahia, o sr. Nabuco de Araújo, contestou a injuriosa asserção, declarando por todos nós que não aspiramos ao poder nestas circunstâncias, que caluniam-nos aqueles que dizem que nós mandamos para as províncias dizer que estamos prestes a subir ao poder. Não; o que nas províncias consta, o que consta por toda a parte é que o gabinete como está não pode prosseguir; que há o que quer que seja em presença da unanimidade da Câmara, unanimidade que não é um apoio, mas um perigo.

O que consta ao público, aquilo de que ele se acha convencido, porque averigua os fatos, é que o ministério não tem vitalidade.

---

[37] Ver nota 51, à p. 118.

O Partido Liberal por meio do seu programa assentou em uma idéia, que o nobre senador escolheu entre muitas outras do programa, para apresentar-nos como infensos à Coroa, como inimigos da forma do governo monárquico. A idéia é a responsabilidade dos ministros por atos do poder Moderador.

Senhores, é esse um tema em que o nobre senador bate eternamente, mas sempre sem razão; a responsabilidade do ministério nos atos do poder Moderador não tira a este poder as suas atribuições, não as altera. Eu não entro em larga exposição de argumentos neste sentido, vou somente apresentar um argumento derivado de um trecho da obra de Benjamin Constant,[38] para mostrar como o Partido Conservador do Brasil, como o nobre senador pelo Rio de Janeiro, nenhuma razão têm na doutrina que sustentam a respeito do poder Moderador, e como aqueles que querem a responsabilidade do Executivo nos atos do poder Moderador em nada atacam a existência deste poder nem lhe alteram a esfera respectiva.

Sr. presidente, o publicista francês (caluniado todos os dias pelos conservadores do Brasil) tendo estudado a Constituição inglesa, e notado que ali, no acervo de atribuições da realeza, há um grupo que pode figurar à parte; grupo que constitui o que se chama *prerrogativa da Coroa*, entendeu que essas atribuições podiam constituir um poder separado do Executivo ou ministerial, que ele chamou poder real, e que a nossa Constituição denominou poder Moderador. Na Inglaterra, que o nobre senador pelo Rio de Janeiro, a quem neste momento me dirijo, citou, chamou modelo de governo constitucional e que realmente o é, na Inglaterra não reconhece a Constituição essa distinção de poderes — real e ministerial: o rei ou a rainha tem como responsáveis de todos os atos da realeza, quaisquer que eles sejam, os ministros da Coroa.

Benjamin Constant descreveu as atribuições que lhe pareciam dignas de competir ao poder real e uma delas é a declaração de guerra, entendendo que a Coroa, que é o órgão do Estado para com os países estrangeiros, deve ter o poder que tenha o direito de declarar a guerra. O que se disser a respeito de responsabilidade, no caso de declaração de guerra, aplica-se a todas as atribuições do poder real de Benjamin Constant e, portanto, ao poder Moderador de nossa Constituição.

Pergunta Benjamin Constant (edição de Laboulaye de 1861, vol. 1, p.

---

[38] Ver nota 5, à p. 66.

299): "Mas, se a guerra for injusta, de quem será a responsabilidade em tal caso?".

E Benjamin Constant responde: "A responsabilidade é dos ministros, não por terem declarado a guerra, que não é ato da sua alçada, e sim do poder real, mas por terem-se conservado no lugar e continuado seus serviços, não sendo a guerra justa nem legítima".

E continua: "Não entende bem a natureza do poder real e da responsabilidade ministerial aquele que não conhece que o fim dessa admirável combinação política é conservar ao rei sua inviolabilidade, tirando-lhe os seus instrumentos desde que essa inviolabilidade ameaçar os direitos ou a segurança da nação. Aí está o segredo dessa combinação política. Se para conservar a inviolabilidade real se exigisse que a vontade do rei esteja ao abrigo de todo o erro, a inviolabilidade seria uma quimera. Combinando-a, porém, com a responsabilidade dos ministros, consegue-se que a inviolabilidade possa ser respeitada efetivamente, porque se acontecesse que a vontade do rei se desvairasse, não encontraria executores".

Eis como, sr. presidente, segundo a teoria do publicista francês, os liberais compreendem o poder Moderador de nossa Constituição. Temos o poder Executivo e o poder Moderador; no poder Executivo a iniciativa ministerial é saliente. O ministério quer demitir um presidente de província? Propõe à Coroa essa demissão. Quer que seja nomeado presidente Pedro ou Paulo? Propõe à Coroa. Quanto aos atos do poder Moderador, como por exemplo a escolha de senadores, a iniciativa é da Coroa; mas o ministério, que é executor não só dos atos do poder Executivo, senão também de todos os atos da realeza, pode dizer respeitosamente à Coroa a propósito dos atos do poder Moderador: "Não presto assentimento à medida, não lhe dou a minha assinatura".

Suposto isso, temos o poder Moderador pertencendo à Coroa, como querem os conservadores, o poder Executivo nas mãos dos ministros, e a responsabilidade dos ministros em todos os atos da realeza, tanto em uma como em outra ordem de atribuições, satisfazendo a todas as necessidades de um governo livre.

O que aconteceu quanto à escolha de senador pela província do Rio Grande do Norte? Tem se dito, mas é calúnia, que se queria impor um nome. Não. Apresentada a escolha, a resposta foi peremptória: "Deixamos de ser ministros". Não se indicou ninguém; o que se fez foi não aceitar a responsabilidade da escolha.

Os liberais, sr. presidente, não são radicais. Estes, reconhecendo a dificuldade, querem cortá-la; julgam ter presente um nó górdio e metem-lhe a espada de Alexandre.[39] Não: o poder Moderador deve existir, e pode existir sem ofensa dos outros poderes, se se entender que a responsabilidade, nos termos em que a tenho apresentado, faz-se efetiva. Mas, se não for assim, se o grupo de atribuições do poder Moderador for do imperador, sem responsabilidade dos ministros, estamos no governo da Rússia ou do Paraguai, não há dúvida. [Apoiados.]

O mais é falta de lógica; porque se a dissolução da Câmara, por exemplo, pode ser dada sem responsabilidade dos ministros, então todos os anos podemos ser mimoseados com uma dissolução. É ato do poder Moderador, ninguém responde por ele; logo, não existirá Câmara agora, nem logo, e o país entra em revolução.

Um só ponto, por mais imperceptível que seja, em que a Coroa tenha poder de que não dê contas, pode acabar com a Constituição; quanto mais se, o direito de obrar sem a responsabilidade dos ministros, ou com uma responsabilidade de favor, estender-se a todas as atribuições que constituem o poder Moderador, segundo a nossa Constituição!

Não é o Partido Liberal que atacou a monarquia, é o Conservador. Felizmente há aí graduações: há muito conservador que não segue a opinião do nobre senador pelo Rio de Janeiro.

O sr. Paranaguá: Por exemplo, o sr. ministro da Marinha.

O sr. Zacarias: Penso, sr. presidente, que mais tarde ou mais cedo há de vir a estabelecer-se geralmente a doutrina que os liberais seguem, porque, senão, teremos governo absoluto; os atos do poder Moderador hão de sempre ser sustentados pela responsabilidade dos ministros, que têm de dar conta de suas ações, senão a revolução terá de vir. E nenhuma revolução procede da imprudência deste ou daquele partido; as revoluções vem sempre de cima: "piscis a capite foetet".

E para que as revoluções se evitem, é preciso pôr sal na cabeça do peixe.

O sal é a responsabilidade; até hoje as combinações políticas ainda não descobriram outra. Na Inglaterra, o sal com que se consegue o verdadeiro governo parlamentar é a responsabilidade dos ministros; tem-se ela efetuado muitas vezes, não obstante a maior proteção dos reis. Assim um ministro é alguma coisa; com a responsabilidade o ministro é uma entidade constitucional forte; apresenta-se às Câmaras como quem vem de junto da Co-

---

[39] Referência a Alexandre Magno (356-323 a.C.), rei da Macedônia. Segundo a tradição, Alexandre cortou o nó górdio, em Górdia, na Frígia, que só poderia ser desatado pelo homem que haveria de governar a Ásia.

roa; apresenta-se à Coroa como quem vem de junto do país, representado pelas Câmaras. Se a Coroa quiser certas medidas do seu poder Moderador, que não convenham, ele pode dizer: "Não, não me presto a isso, porque sou responsável perante meu partido e perante a nação". Se as Câmaras quiserem coisas injustas, também dirá: "Não posso, porque é indispensável o assentimento do chefe do Estado, e para tais medidas não será possível alcançá-lo".

Mas o ministro que diz, como o nobre ministro da Marinha: "O ministério é obrigado em todo o caso a assinar cartas imperiais, e por conseqüência a prestar sua referenda a todos os atos do poder Moderador, porque não são atos da alçada ministerial", esse ministério compromete o sistema representativo que nos rege.

QUESTÕES POLÍTICAS

[Rio de Janeiro: Tipografia de A Reforma, 1872]

Não é movida de ódio aos depositários do poder (quem quer que eles sejam) a pena que traça estas linhas, senão de respeito às instituições do país.

A dissolução da Câmara temporária é um recurso extraordinário, só aplicável a circunstâncias arriscadas. A Constituição do Império diz tudo prescrevendo-o — *nos casos em que o exigir a salvação do Estado.*

Se essa medida, pois, vem de molde em conjunturas gravíssimas, torna-se um atentado e, o que talvez seja pior, em desazo nas mãos do governo que a emprega sem necessidade.

Dos dois últimos decretos, que dissolveram a Câmara dos Deputados, o de 18 de julho de 1868 foi um atentado, o de 22 de maio de 1872, atentado e desazo, aquele contra o Partido Liberal, este contra o Partido Conservador e contra o Partido Liberal, violentando um e outro as regras mais comezinhas do sistema parlamentar.

Mostrar o abuso das duas dissoluções, efeito de um mesmo pensamento, sendo a que acaba de decretar-se resultado lógico e necessário da que há cerca de quatro anos surpreendeu a nação, eis o objeto deste pequeno escrito.

A DISSOLUÇÃO

～

No ano de 1868 era liberal a situação dominante, quando inopinadamente foi derrubado esse partido e chamado ao poder o Partido Conservador, o qual, no intuito de exterminar os liberais, operou no país a maior inversão de que haja memória.

Que poderosa causa determinou tão súbito revolvimento? Seria porque, relativamente à grande questão da época — debelar a Guerra do Paraguai[1] — se houvesse mostrado insuficiente o Partido Liberal? Não de certo.

Quando subiu ao poder o partido oposto, a guerra tinha chegado ao seu termo e pode-se dizer, sem exageração, que o 16 de julho[2] apenas abriu os ofícios em que eram comunicados do teatro da guerra ao seu antecessor os feitos decisivos.

Na opinião dos imparciais e até dos que o não eram, o ministério liberal portara-se, no tocante à Guerra do Paraguai, como exigiam os interesses e a dignidade do Império.

Seria porque, com respeito às reformas, se tornassem as idéias liberais suspeitas ou perigosas? Também não, porque o programa liberal acha-se adotado pelo governo de seus adversários, os quais à sua sombra armam à popularidade e se agarram ao poder.

Teria acaso o ministério, por outro motivo qualquer, perdido a confiança da Coroa? Decididamente não, visto como, havendo o gabinete a sua demissão, hesitou a Coroa por alguns dias em concedê-la.

---

[1] A Guerra do Paraguai estendeu-se de dezembro de 1864 a 1870.

[2] O gabinete de 16 de julho de 1868, de tendência conservadora e presidido pelo visconde de Itaboraí, substituiu o gabinete de 3 de agosto de 1866, presidido por Zacarias de Góis e Vasconcelos.

Faltaria ao ministério liberal apoio nas Câmaras? Não.

Na Câmara temporária, era grande e compacta a maioria que o sustentava e o Senado jamais lhe recusara as medidas que submetera à sua deliberação.

Sem falta de apoio nas Câmaras, sem perda de confiança da Coroa, prestes a concluir a Guerra do Paraguai e tendo um programa de reformas tão aceitáveis, que os seus sucessores o empolgaram, caiu o último gabinete liberal sem uma causa parlamentar que lhe ocasionasse a queda.

Alegou-se na ocasião um só motivo: a prerrogativa da Coroa.

Tratando-se da escolha de um senador pela província do Rio Grande do Norte, escolhera a Coroa um cidadão infenso ao ministério e que, além disso, entrara ilegalmente na lista tríplice, como veio a reconhecer em devido tempo o Senado, anulando-lhe a carta imperial.[3]

Por esses dois motivos o gabinete liberal negou-se a referendar a carta do senador escolhido e, insistindo a Coroa na escolha, pediu o ministério a sua demissão que lhe foi outorgada.

Disse-se então: "A escolha de senadores é atribuição do poder Moderador delegado privativamente ao imperador como primeiro representante da nação e, portanto, o ministério nada tinha que ver na escolha de senador pela província do Rio Grande do Norte, porquanto, no exercício desse poder, obra a Coroa sem audiência nem responsabilidade ministerial".

Fútil pretexto!

O governo acaba de declarar, em documentos solenes, quão longe está o poder Moderador de ser esse *noli me tangere**, que inculcam certos intérpretes da Constituição, verdadeiros autores do governo pessoal, porque há

---

[3] Durante o Império as eleições eram indiretas. Um primeiro grupo, formado pelos "votantes", escolhia os "eleitores", eram estes que escolhiam os representantes do Legislativo. No caso do Senado, os eleitores indicavam uma lista com três nomes dentre os quais o imperador nomeava um, o escolhido não precisava ser o mais votado e o cargo era vitalício. O texto faz referência à indicação para o Senado, pelo Rio Grande do Norte, de Francisco Salles Torres Homem (visconde de Inhomirim), sua primeira nomeação foi anulada em 1º de julho de 1869, o visconde tomou assento no Senado somente em 27 de abril de 1870.

* "Não me toques." Evangelho, João, 20, 17. Frase de Cristo a Madalena, após a ressurreição. Parece que não foi bem traduzida do original grego, onde, atento o tempo e aspecto da forma verbal, estaria: "Basta de me tocar"... Aqui a expressão se usa no sentido a ela dada pela linguagem comum, fora de contexto bíblico, para indicar alguém cheio de melindres, avesso ao menor toque ou referência. (N. do L.)

governo pessoal sempre que afasta-se dos atos da realeza, uma justa interferência dos ministros e sua conseqüente responsabilidade.

Dos documentos, a que aludo, patenteia-se que é lícito ao ministério não só solicitar da Coroa, como verdadeiros meios de governo, medidas passageiras da alçada do poder Moderador, mas constituir o uso de certas atribuições desse poder base e condição permanente de política.

Refiro-me, por exemplo, ao art. 18 do tratado feito com o Paraguai para a entrega de criminosos e desertores que diz assim:

> "As duas altas partes contratantes se obrigam também a não receber ciente e voluntariamente em seus Estados e a não empregar em seu serviço indivíduos que desertarem do serviço militar de mar ou terra da outra. Os soldados e marinheiros desertores deverão ser presos e postos à disposição do respectivo governo.
>
> *Cada uma das altas partes contratantes obriga-se, outrossim, a usar da maior clemência possível para com os indivíduos que lhe forem entregues, devendo, pelo menos, comutar o máximo da pena, em que tenham incorrido pela deserção, se esta for punida com a pena capital, segundo a lei de seu país*".

Refiro-me ainda ao tratado de extradição entre o Brasil e o Reino da Espanha, que adota o seguinte princípio:

> "Os indivíduos acusados ou condenados por crimes aos quais, conforme a legislação de sua nação, corresponder a pena de morte, somente serão entregues com a cláusula *de que essa pena lhes será comutada*".

Eis como os mestres do direito divino,[4] que fazem do poder Moderador um poder à parte e girando como esfera, onde nem de leve tocam os ministros e secretários de Estado, entram, ao que parece, sem sentir, por essa esfera e fazem combinações internacionais, assegurando e comprometendo-se a tornar certo o uso de atribuições do poder Moderador no sentido que os ministros julgam conveniente ao país!

Destarte a clemência, essa a mais preciosa gema de que se adereça o poder Moderador, sem ser desgastada da peça em que a Constituição co-

---

[4] Ver nota 58, à p. 131.

locou-a, presta-se belamente às vistas do governo e é obrigada a Coroa a exercê-la, do modo como estipularam as altas partes contratantes.

Não condeno as disposições desses tratados, antes defendê-las-ia, se houvesse mister. Comprometendo-se os governos a capturar os criminosos e desertores dos respectivos países, era duro que, em cima disso, os conduzissem por assim dizer à morte.

O que desejo provar com a citação é que o zelo da prerrogativa não foi causa eficiente da mudança política de 1868, porquanto está não só estipulado senão ratificado por ministros que o monarca seja "clemente, justiceiro e pio" e como deva sê-lo.

As causas reais, portanto, da mudança política de 1868 foram outras, que não o inculcado melindre da prerrogativa de nomear senadores.

Estava escrito que a espada vitoriosa nos campos de batalha do Paraguai trouxesse de caminho a elevação de seu partido político no Império, ou que este subisse nas proximidades dos triunfos para colher-lhes os louros. E assim sucedeu: tal foi uma das causas da mudança.

Outra causa.

A aspiração de reformas era geral, veemente no país: o Partido Liberal instava por elas.

Repelir de todo essas reformas, era impossível; não há quem tenha força para impedir o progresso de uma nação que quer marchar. Deixá-las fazer o Partido Liberal, pareceu talvez arriscado; fora tratar face a face com a democracia.

Ocorreu então um expediente engenhoso:

"Façam-se sim as reformas liberais; mas façam-se coadas pelo filtro conservador".

Reformas alcançadas pelo Partido Liberal cheiram a iniciativa popular; não convém.

Filtradas no coradouro conservador, as reformas liberais, engodando o povo, deixam entrever, por isso mesmo que não são da índole desse partido, iniciativa de *cima* e um *quid* de *outorga*, que em semelhantes casos tem especial significação.

Todos conhecem a observação de Luiz XVIII a Talleyrand,[5] quando

---

[5] Luís XVIII, irmão de Luís XVI, reinou sobre a França entre 1815 e 1824 durante a chamada Restauração, que se seguiu à queda de Napoleão Bonaparte. Charles Maurice de Talleyrand Périgord representou no Congresso de Viena (1814-15) a monarquia Bourbon restaurada, e também ocupou os cargos de ministro dos Negócios Estrangeiros e de presidente do Conselho em 1815.

este procurava convencê-lo do muito que importava a solidez do seu trono, aceitar o poder como um dom espontâneo do povo e uma Constituição pelo mesmo povo oferecida, em vez de outorgá-la. A resposta foi ingênua e característica: "Mais mon cher M. de Talleyrand, alors moi je serai debout, et vous assis".

Tal é o segredo da outorga: quem dá, parece-se com Deus e conserva-se assentado; quem recebe, parece criatura e está de pé.

O expediente, cumpre dizê-lo, é engenhoso, mas não é esta a primeira, nem será a última coisa engenhosa, que não preste para nada.

Cometer a conservadores a tarefa de liberais é desnaturar um e outro partido.

Ainda mais: se o Partido Conservador é ao mesmo tempo o partido da ordem e da estabilidade, do movimento e da liberdade, segue-se que ao Partido Liberal não chegará jamais a vez de governar, que são-lhe trancadas para sempre as portas do poder e, conseqüentemente, posto fora da Constituição.

Fica, pois, na arena um partido por assim dizer de duas faces, combinação monstruosa, que levaria naturalmente os cidadãos a um de dois extremos: o do desânimo e indiferença, ou o da resistência e ataque à Constituição, já que é em seu nome e sob a capa da prerrogativa imperial que o engenhoso sistema veio à luz.

É talvez por isso que coincide com a inauguração daquele sistema o aparecimento entre nós do Partido Republicano, o qual irá organizando-se e adquirindo forças, à proporção que os dois partidos constitucionais se forem desnaturando.

Caiu, em suma, por um atentado o Partido Liberal em 1868, para que os prediletos conservadores realizassem as reformas que a opinião nacional urgentemente reclamava, mas, ao menos, diga-se a verdade, desceu um partido para subir outro: a dissolução da Câmara e o apelo às urnas, se não eram justificados, tinham essa explicação.

Sob maus auspícios subira ao poder o Partido Conservador em 16 de julho de 1868.

A quadra era de reformas importantes e profundas: queria-se a reforma do elemento servil, da lei de 3 de dezembro, da Guarda Nacional, da lei eleitoral etc.

Ora o Partido Conservador por sua natureza, por suas tradições, desejava, se com efeito desejava, alguns retoques, alguns longes de reformas nesses assuntos de tamanha magnitude, e nada mais. E, pois, não lhe era lícito naquela época assumir a administração do país.

Subiu todavia, com estrépito de músicas e girândolas, que alguns barões do partido a seu tempo invocavam nas Câmaras como sinais infalíveis de força e influência da parcialidade política, chamada por um capricho à governação do Estado.

Mal havia cessado o estrondo dos foguetes e das tocatas, começou o pensamento, que criara do nada, a situação (porque não era a vez do partido) a revelar-se claramente.

Uma reforma sobre todas chamava a atenção pública: a do elemento servil.

Anunciada em dois discursos da Coroa sob a responsabilidade do Partido Liberal, como indeclinável medida logo que cessassem as dificuldades da guerra com o Paraguai, exigiu-se que a reforma do elemento servil figurasse também no discurso da Coroa de 1869 e constituísse objeto de deliberação do Parlamento na primeira sessão das Câmaras.

O primeiro ministério da nova situação, apoiado na maioria de seu partido, em ambas as casas do Parlamento, teve força bastante para riscar ou não incluir na Fala do Trono[6] de 1869, o tópico relativo ao elemento servil, e os mesmos esforços repetiu com bom êxito no discurso da Coroa de 1870.

Inde irae!

A resistência devia ser punida e punida de um modo estrondoso para exemplo dos presentes e dos vindouros.

Muito antes de cair o ministério resistente (que continha aliás, em seu seio, o predestinado reformador) era já conhecida em todos os círculos a existência do novo ministério, que logo depois surgiu e recebeu em nossos anais a designação de 29 de setembro.[7]

Foi este ministério efêmero, mas que deixou, no pouco que teve tempo de fazer, bem transparente sua missão: obter as reformas, corrompendo os partidos a título de conciliação.

Falhou o plano: o corvo que soltou-se a ver se era tempo de campear sem obstáculo o pensamento gerador da nova situação não tornou com os sinais desejados.

Logo após soltou-se a pomba e os sinais foram magníficos.

---

[6] Ver nota 51, à p. 118.

[7] O ministério de 29 de setembro de 1870 substituiu o de 16 de julho de 1868. Era presidido por José Antonio Pimenta Bueno, então visconde de São Vicente, que ocupava a pasta dos Estrangeiros.

Estava achado o homem e nomeado o ministério de 7 de março![8]

O homem para a situação devera reunir certos requisitos indispensáveis, e o primeiro deles (parece incrível e no entanto é pura verdade) era que não fosse, que nunca tivesse sido enérgico.

Se para a situação projetada se escolhera um homem enérgico, poderia dividir-se a glória dos sucessos e o que convinha era que, quaisquer que fossem os cometimentos em perspectiva, a glória pudesse ir inteira à sua origem.

Nomeado o novo ministério, principiou a manobra.

Alcançada a licença para ausentarem-se do Império suas majestades, e suposta a impossibilidade de retirar-se ou modificar-se o gabinete na ausência do imperador, meteu o sr. visconde do Rio Branco mãos à obra da emancipação do elemento servil, apresentando a sua proposta do poder Executivo sobre o assunto que, aliás, já se achava submetido ao juízo da Câmara dos Deputados, cuja iniciativa assim postergava-se grosseiramente.

Obrigando a Câmara dos Deputados a passar pelas forcas caudinas, pois que teve de declarar-se por idéias sobre a emancipação do elemento servil, que havia anteriormente repelido, o sr. visconde do Rio Branco dividiu a unanimidade daquela Câmara em duas frações tanto mais opostas quanto foram escandalosas as cenas ali ocorridas, entre as quais até as vias de fato estiveram prestes a fazer explosão.

À força de encerramentos e tumultuariamente, pôde, enfim, a *química* do sr. Rio Branco, sabemos todos nós a custa de quanta irregularidade, extrair daquele corpo em ebulição a medida da liberdade do ventre.[9]

Para agravar mais a discórdia, apurar a paciência da Câmara e quebrar-lhe os brios, lá foi ainda o sr. Saião Lobato[10] constrangê-la a desdizer-se na reforma judiciária, sendo sabido que s. exc. fez cair no Senado as idéias que a maioria da outra casa no ano antecedente havia adotado e, voltando com as suas emendas à temporária, conseguiu (que triunfo!) a desejada retratação.

---

[8] O ministério de 7 de março de 1871 substituiu o de 29 de setembro. Era presidido pelo visconde do Rio Branco, José Maria da Silva Paranhos, que ocupou a pasta da Guerra e a da Fazenda.

[9] Referência à Lei do Ventre Livre, de 28 de setembro de 1871, que declarou livres os filhos de mulheres escravas que nascessem a partir dessa data.

[10] Francisco de Paula de Negreiros Saião Lobato, senador pelo Rio de Janeiro nomeado em 1869.

Encerraram-se as Câmaras em 1871 lavrando na temporária,[11] pelos motivos expostos, profunda e larga dissidência, e não era de crer que na sessão do corrente ano pudesse o governo arrostá-la, ainda que o número dos descontentes ficasse inalterado, quanto mais crescendo, como ia avultando com as lograções que são, em tais casos, inevitáveis, porque não há cofre de graças que baste para sustentar o amor de 62 ministeriais, da vontade de cada um dos quais depende o ministério para abrir sessão.

O governo pressentiu a dificuldade e buscou removê-la em parte. Mas como o fez? Em 20 de abril, véspera da reunião das Câmaras, despediu o ministro da Justiça para não *danar* a reconciliação, o da Agricultura por aderir à razão da retirada de seu colega da Justiça e o da Guerra não sabe-se por quê nem para quê.

Novo e dobrado insulto à Câmara temporária!

Já em 1870 retirara-se o 16 de julho e subira o 29 de setembro sem a mínima influência do Parlamento. Agora repete-se o agravo, modificando-se o gabinete de 7 de março na ausência das Câmaras e sem que a dos deputados, que em nosso sistema de governo deve ser especialmente considerada na nomeação e demissão dos ministérios, fosse ouvida.

Ainda mais, foi chamado à pasta da Agricultura um senador,[12] que certamente não se recomendava por trabalhos e serviços parlamentares, pois que o melhor do período da legislatura ainda consumiu-o pela Europa com licença do Senado para tratar de sua saúde, e ultimamente acompanhara suas majestades em sua excursão à Europa e ao Egito.

Essa nomeação, para ministro da Agricultura, de pessoa tão do Paço e arredada dos últimos acontecimentos políticos do país, deu logo que pensar.

Desejava-se a *harmonia* da Câmara, o esquecimento dos passados agravos, e, pois, nomeava-se um indivíduo que, sem dizer de onde vinha, sem exibir credenciais, indicasse assaz a sua procedência e o alcance da missão, de que estava incumbido.

A *harmonia* queria dizer: "acomodem-se, deixem de oposição, ou, aliás, o elemento palaciano mostrará para o que presta".

O cartel estava portanto lançado virtualmente: para bons entendedores poucas palavras bastam. A dissidência achava-se condenada a morrer, com

---

[11] Referência à Câmara dos Deputados.

[12] Referência a Cândido Borges Monteiro, visconde de Itaúna e senador pelo Rio de Janeiro nomeado em 1857.

infâmia se beijasse a mão do ministro que a menoscabava, se curvasse-se aos seus acenos, gloriosamente se repelisse-o e afrontasse a dissolução; mas, em todo o caso, destinada ao extermínio.

Felizmente venceu a causa do brio e do pundonor, a dissidência não cedeu à pressão ministerial, não curvou-se às insinuações palacianas, antes, aumentou em número e intensidade.

A dissolução, que acabamos de presenciar, foi, de princípio a fim, obra do governo. Dissidentes do seu partido foram os ministros, embora, por uma inversão de termos, chamem dissidência à fração do partido que combatia o governo: esta foi fiel às crenças e tradições conservadoras, os ministros sacrificaram-nas.

Se houve luta, quem provocou-a não foi a chamada dissidência, mas o ministério de 7 de março, que o sr. ex-ministro da Agricultura denominou de 20 de abril e que com efeito, deve mudar de data sendo conhecido exatamente por aquela em que o elemento praticou o mais solene ato de posse do poder sem trambolho.

E dizem os ministros, os ministerialistas: "os homens da oposição provocaram o gabinete e por isso foram justamente dissolvidos"!

A França provocou a Prússia, não faltou quem o dissesse, e por isso foi severamente castigada pela Prússia inocente e inofensiva!

O cordeiro provocou o lobo, também se poderia dizer com a mesma lógica, e turvou-lhe as águas que bebia, sendo portanto merecidamente estrangulado!

Aparentemente a oposição provocou, mas na realidade dos fatos o governo fez nascer a cisão, deu-lhe vulto e impeliu-a ao extremo de desfechar-lhe premeditado golpe.

Preparadas as coisas para o efeito que se tinha em vista, seguiu-se levar à cena a farsa. Examinemos como isso se passou.

Depois de um eclipse de cinco dias, apresentou-se o sr. visconde do Rio Branco à Câmara dos Deputados e disse:

> "Senhores, o gabinete, a que tenho a honra de pertencer, vem assistir ao debate da moção política, que foi há dias apresentada e que ele aceita com todo o alcance que lhe deram os seus ilustres autores. Compreendemos que moções desta natureza devem ser decididas prontamente para satisfazer a ansiedade pública e restabelecer o movimento regular que a Constituição marca à Assembléia Geral e ao poder Executivo...".

A moção, porém, segundo confessa s. exc., havia sido apresentada dias antes (a 16 de maio) e se não teve logo desenlace foi porque o presidente do Conselho opôs-se-lhe: 1º rogando à Câmara que demorasse a solução para depois da chegada dos vapores esperados do norte (discurso publicado no *Jornal do Commercio* de 18 de maio); 2º lendo e fazendo seus colegas ler para tomar tempo, coisa nunca até então vista, os respectivos relatórios; 3º pedindo aos seus amigos que deixassem de comparecer para não haver *quorum*.

Não se pode conciliar tanta procrastinação, tanta súplica do dia 16 com tanta arrogância e destimidez de 21: o procedimento de um dia encerra forçosamente a condenação do procedimento do outro.

Continua o orador:

"Mas também reconhecemos, por outro lado, que uma tal emergência exige que nós, oposição e ministério, expliquemo-nas e esclareçamos o país sobre os fundamentos da crise que se provoca".

E por aí além vai o sr. presidente do Conselho exigindo da oposição os porquês da crise, ou os motivos pelos quais queria se votasse a questão de confiança antes de um acurado debate sobre os atos do ministério!

Não era essa a linguagem do sr. José Maria da Silva Paranhos em 1862 com relação ao gabinete de 24 de maio.[13]

Em 1862 o novo gabinete acabava apenas de expor o seu programa e não tinha praticado atos sobre que se instituísse debate, senão a referenda dos decretos da retirada de um e da elevação de outro gabinete, referenda que, recaindo em um ato do poder Moderador, escapava, segundo a doutrina conservadora, à responsabilidade ministerial.

E contudo, certo número de conservadores, constante de um rol de que fazia parte o sr. visconde do Rio Branco, exigia em altos brados uma votação logo logo para verificar-se se o rol constituía ou não maioria e a voz de s. exc. sobressaía dizendo:

"Confiança não se discute, vota-se".

---

[13] O gabinete de 24 de maio de 1862 era presidido por Zacarias de Góis e Vasconcelos, e foi dissolvido seis dias depois da sua organização.

Pois bem! Passados dez anos, outro arrolamento de conservadores, certo de estar em maioria, reclama uma votação decisiva que demonstre achar-se o governo em minoria e s. exc. brada:

"Confiança não se vota de chofre, discute-se".

Que incoerência! Entretanto o gabinete a que o sr. Paranhos se dirigia tão rudemente em 1862, não havia ainda, como já disse, praticado ato algum, ao passo que s. exc. em 1872 apresentava-se à Câmara trazendo às costas uma carga enorme de graves pecados.

Prossegue o sr. visconde do Rio Branco:

"O caso atual, senhores, é raríssimo: não é o de 1862, não é o de 1858".

Nunca visto, em vez de raríssimo, devera ter dito s. exc.

Em 1862 o litígio era entre conservadores emperrados e a liga de conservadores moderados e liberais. A Coroa, se não deu ao 24 de maio a dissolução, confiou o governo do Estado a homens até certo ponto estranhos ao conflito e que fossem, como foram, capazes de viver algum tempo em harmonia com os dois grupos da Câmara. O eleitor dos ministros mostrou-se imparcial. Do ato de 1868, já acima falei.

Em 1872, o pleito não era entre dois partidos, mas entre duas frações de um mesmo partido, uma das quais fora a maioria que apoiava o governo o ano passado, e a outra minoria de 1871, que se convertera em maioria este ano. A dissolução concedida ao governo, do grupo em minoria na Câmara, foi ato de preferência em luta intestina de um partido, de que a Coroa deu exemplo pela primeira vez.

Sem recorrer ao partido oposto, poderia ter-se evitado a dissolução, nomeando-se um ministério de conservadores que chamasse à concórdia as duas frações da Câmara, tanto mais quanto os denominados dissidentes declaravam-se prontos a marchar com qualquer combinação ministerial do seu lado, uma vez que se arredasse do governo do Estado o 7 de março, que não lhe merecia confiança.

Mas, disse o sr. Rio Branco, no dia 16:

"É indispensável que os nobres deputados manifestem os fundamentos em que se firmam para confiarem na união do Partido Conservador operada sob os auspícios da dissidência, *visto que o ministério se acha apoiado no Senado pelas sumidades do Partido Conservador*. É fato notório, senhores, e refiro-me a cavalheiros que não poderão negar aquilo que tem dito aos membros do gabinete e a muitos de nossos amigos políticos".

O impagável trecho, que acima fica transcrito, dispensa largos comentários. Dele se vê que a razão capital de ficar no poder o sr. Rio Branco, alcançando a dissolução, foi não haver *sumidades* conservadoras que aceitassem-lhe a herança.

A razão não é honrosa para os ministros, porque afinal ficaram por falta de homens do seu lado.

Mas a razão é sobretudo desairosa à Coroa, porquanto resulta da declaração do presidente do Conselho que ele ouviu particularmente as *sumidades* sobre se aceitariam ou não, em tais circunstâncias, o poder, e de posse de suas negativas considerou-se s. exc. o homem necessário, insuprível da situação.

Desde quando, porém, é lícito a um presidente do Conselho, que perdeu a maioria na Câmara, dizer que continua no poder porque as *sumidades* do seu lado afiançaram-lhe não quererem ser ministros? Quem lhe deu autorização para essas consultas confidenciais? Em nome de quem ele falava?

Sempre se entendeu que somente a Coroa é habilitada a chamar quem se incumba da administração. Só essa consulta é séria e eficaz.

Se as *sumidades* fossem, uma a uma, chamadas pela Coroa e recusassem o poder assumindo a responsabilidade de sua recusa, compreende-se que então, e só então, a Coroa declarasse que preferia o ministério de 7 de março, considerando fora de toda a possibilidade elevar-se ao poder o Partido Liberal.

Mas não, a Coroa veio no conhecimento de que as *sumidades* não queriam o governo, ou pelo que comunicou-lhe o sr. Rio Branco, incumbido da consulta, ou porque ouviu em particular as mesmas *sumidades*, passando-se as coisas num e noutro caso em reserva e sem a responsabilidade moral da recusa que muito importava à regularidade do sistema que se diz reger o país!

Na Espanha houve tempo em que passava como provérbio a repugnância do Clero ao episcopado: *nolo episcopari**. Antes de nomeados diziam sempre: não queremos tão pesado encargo, mas depois de nomeados, a linguagem era outra.

---

* "Não quero ser nomeado bispo." (N. do L.)

Estavam neste caso as *sumidades* de que tratamos. Em particular e face à face com o sr. presidente do Conselho, a modéstia e a complacência levá-las-iam naturalmente a dizer: não queremos o governo. Mas chamasse-as a Coroa e veria cada *sumidade* tornar-se alta como o Chimborazo.

O ministério, pois, ficou, porque estava resolvido que ficasse: o mais são desculpas vãs de quem as não tem boas para alegar.

Acrescenta o nobre presidente do Conselho:

> "Sr. presidente, a Câmara dos srs. deputados tem de certo o direito de influir na organização e dissolução dos ministérios, mas este direito não é absoluto, porque além do recurso constitucional para o juízo supremo da nação, *temos o Senado*, que não é entidade passiva, que é legítimo representante da nação e cujo voto, portanto, deve pesar na balança, em que se decide da sorte das situações políticas".

O governo não teve ocasião de experimentar se este ano o senado lhe prestava o mesmo apoio que na última sessão. Não houve discussão e voto que lho indicassem antes do modo porque foram eleitas as comissões, sendo o ex-ministro da Justiça o que menos votos reuniu para a da resposta à Fala do Trono, se poderia concluir perda de força moral do ministério perante a Câmara vitalícia.

Mas admitindo que o gabinete tivesse no Senado maioria compacta, pode um ministério que perde a maioria da Câmara temporária invocar o apoio do Senado para manter-se no poder?

Ou, por outros termos, o Senado vitalício, e pois não sujeito à dissolução, pode exercer na subida e retirada dos gabinetes a influência que toca à *Câmara quatrienal*?

A negativa dessa questão não pôde sofrer dúvida.

Se ao Senado houvesse influência decisiva sobre a sorte das situações políticas, o partido que uma vez tivesse a maioria daquela Câmara, pondo do seu lado os conselheiros de Estado e as *sumidades*, eternizar-se-ia no poder.

E porque o Senado, em sua maioria, é presentemente do Partido Conservador, seguir-se-ia que o Partido Liberal não poderia jamais aspirar ao governo do Estado, que uma oligarquia dominaria o país sujeitando a própria Coroa aos seus ditames, pois que contra o Senado não teria corretivo a Coroa, a não ser por meios tortuosos e indignos do primeiro representante da nação.

A doutrina de que "o Senado não faz política" salva as nossas instituições como é certo que a contrária subverte a nossa forma de governo, e torna indispensáveis a todo o transe profundas reformas na Constituição. Se o Senado quer influir, como a Câmara dos Deputados, na sorte das situações políticas, seja temporário como a outra Câmara. Não há meio termo: ou vitalício sem influência direta no destino das situações políticas, ou temporário com essa influência.

Estava reservado ao sr. Rio Branco correr a cortina que até agora de certo modo ocultava aos olhos do país a aspiração das *sumidades*, que se acastelam no Senado e (está entendido) no Conselho de Estado, a decidirem da sorte das situações políticas. Um resto de pudor embargava a manifestação de um tal propósito, mas s. exc., apadrinhando-se com as *sumidades* vitalícias, de cuja querença tem razões para não duvidar, confessou de plano a existência da oligarquia, semelhante ao náufrago que, para salvar-se, agarra-se ao que encontra, seja o que for.

Como o grande homem da antiguidade que convidava os seus adversários a acompanhá-lo ao capitólio para dar graças aos deuses pelas assinaladas vitórias que alcançara, o sr. Rio Branco lembrou à Câmara os seus relevantíssimos serviços prestados dentro e fora do país.

> "Quando, diz s. exc., tivemos a honra de ser chamados aos conselhos da Coroa, achamos nas relações exteriores uma questão altamente importante, a dos ajustes definitivos de paz com o Paraguai, que havia sido objeto de assíduos cuidados, tanto do gabinete de 16 de julho, como de seu sucessor. Conseguimos resolver esta questão, tratando separadamente com a República do Paraguai, desde que reconhecemos que o acordo comum com os aliados não era possível".

São modos de pensar: o sr. Rio Branco tem para si que meteu lança na África tratando separadamente com o Paraguai e descobre nisso um título de glória capaz de impor silêncio a seus adversários. Outros entendem de modo muito diverso.

Que o sr. Cotegipe,[14] executando o pensamento de quem o enviou ao Paraguai, tratasse separadamente e o governo imperial ratificasse esses tra-

---

[14] Ver nota 9, à p. 258.

tados, apesar do tratado do 1º de maio de 1865,[15] coisa é que se compreende. As nações não se julgam perpetuamente obrigadas por estipulações, a que tenham uma vez dado pleno assentimento, desde que se persuadem de que as circunstâncias mudaram. A Rússia, pelo menos, acabou de proceder assim em relação à Inglaterra e à França e não faltará publicista dos fatos consumados que inscreva entre os dogmas do moderno direito internacional esse: de caducar um tratado ao sabor de um só dos contratantes, se tem vontade e meios de dá-lo por acabado.

Neste pressuposto, se o sr. Cotegipe, convencido da superioridade das forças do Império, e notando que os aliados, por desistências intestinas ou cansados da última luta, não estariam dispostos a empenhar-se em nova guerra, resolvesse pôr de parte o tratado do 1º de maio de 1865 e, a despeito de suas disposições expressas, tratar separadamente com o Paraguai, praticaria um ato arrojado, sujeitando aberta e francamente o país às conseqüências de tal proceder.

Mas não foi isso o que se fez: rasgou-se o tratado da aliança convencionando-se separadamente com o Paraguai e contudo afirma-se que, na estrita observância do tratado de 1º de maio de 1865, celebrou o sr. barão de Cotegipe com o Paraguai esses tratados que o sr. Rio Branco aduziu na crise como outros tantos títulos para sua permanência no poder!

Isso é demais; pode-se desprezar uma lei, fazer ciente e voluntariamente o contrário do que ela determina, mas nunca afirmar que se respeitam os seus preceitos, quebrantando-os; a primeira operação é própria dos fortes, a segunda de sofistas.

Diz o tratado definitivo de paz de 9 de janeiro do corrente ano[16] no art. 17:

"O governo de sua majestade o imperador do Brasil confirma e ratifica o compromisso que contraiu pelos arts. 8 e 9 do tratado do 1º de maio de 1865, que celebrou com a República Argentina e a República Oriental do Uruguai.

---

[15] Referência ao Tratado da Tríplice Aliança, assinado entre os governos argentino, brasileiro e uruguaio contra o governo paraguaio durante a Guerra do Paraguai.

[16] Referência ao Tratado Definitivo de Paz e Limites de 9 de janeiro de 1872, travado entre o Brasil e o Paraguai. Consagrou a liberdade de navegação no rio Paraguai e as fronteiras reivindicadas pelo Brasil antes da guerra, além de estipular a dívida de guerra paraguaia.

Conseqüentemente se obriga a respeitar perpetuamente por sua parte a independência, soberania e integridade da República do Paraguai e a *garanti-las* durante o prazo de cinco anos".

E o art. 20 do mesmo tratado dispõe:

"O governo de sua majestade o imperador do Brasil poderá, de acordo com o da República do Paraguai, conservar no território da República, ainda depois da data do presente tratado, a parte do seu Exército que julgar necessária à manutenção da ordem e à boa execução dos ajustes celebrados.

Em convenção especial se especificarão o número dessas forças e prazo de sua conservação, modo de satisfazer a despesa ocasionada e demais condições que forem precisas".

Temos, pois, o governo do Brasil obrigando-se no tratado definitivo de paz (em conseqüência dos compromissos contraídos no da aliança, arts. 8 e 9) a garantir só por sua parte a independência, soberania e integridade territorial do Paraguai durante o prazo de cinco anos e ao mesmo tempo estipulando a faculdade de conservar naquela república a parte do seu Exército que julgar conveniente.

O que dizem, porém, os arts. 8 e 9 do tratado de aliança?
No 1º desses artigos estipula-se:

"Os aliados se obrigam a respeitar a independência, soberania e integridade territorial do Paraguai. Em conseqüência, o povo paraguaio poderá escolher o governo e instituições que lhe aprouverem, não podendo incorporar-se a nenhum dos aliados, nem pedir o seu protetorado como conseqüência desta guerra".

No 2º dos artigos citados lemos:

"A independência, soberania e integridade territorial da República do Paraguai serão garantidas *coletivamente*, de acordo com o artigo antecedente, pelas altas partes contratantes durante o período de cinco anos".

Assim que o tratado de aliança veda a qualquer dos aliados conceder protetorado à República do Paraguai, e, como conseqüência dessa estipulação não admite garantia da independência, soberania e integridade territorial do Paraguai, senão coletiva, ao passo que o sr. Cotegipe garantiu isoladamente por cinco anos a independência, soberania e integridade territorial do Paraguai, deixando ficar nessa república a parte do Exército brasileiro que aprouver ao governo imperial.

Há, ou não, aí uma flagrante violação do tratado de aliança?

Há mais do que a violação de um tratado expresso: o sr. Cotegipe estipulando separadamente com o Paraguai, inverteu a respeito de *garantia* as noções geralmente aceitas em direito internacional.

> "Garantia em direito internacional é a estipulação pela qual uma potência promete às partes contratantes, ou a uma só delas, assistência e socorros para, no caso de ser necessário, constranger ao cumprimento dos empenhos contraídos a parte que aos mesmos empenhos se queira subtrair.
>
> Também se diz haver garantia quando diversas potências, entrando em uma aliança comum, constituem-se reciprocamente, uma para com as outras, fiadoras de sua restrita observância. (Walter, *Direito das gentes*, l. 2, cap. 16, § 235.)
>
> Garantia é o acordo pelo qual a execução de um tratado põem-se, no todo ou em parte sob a fiança e responsabilidade de uma terceira potência, ou certo número de potências toma sob sua proteção um complexo de direitos e instituições sociais e políticas. (Bluntschli, *Direito internacional codificado*, §§ 430 e 432.)"

Em direito internacional, portanto, garantia pressupõe em regra uma terceira potência que assegure a observação do tratado.

A garantia coletiva de que fala o art. 9 do tratado de aliança do 1º de maio de 1865, além de ser o resultado previsto e indeclinável da política sensata que ditou aquele tratado, está inteiramente de acordo com os postulados da ciência.

Em verdade, no tratado que houvessem de celebrar com o Paraguai as três nações aliadas, o Brasil se obrigaria a constranger a República Argentina e a do Uruguai a cumprir os seus deveres, se elas quisessem tergiversar, a República Argentina se obrigaria a chamar aos seus deveres, sendo necessário o Brasil e a Banda Oriental, e esta, por seu turno, se comprometeria a compelir as outras duas potências a cumprir o que fosse em comum estipulado.

Nesta hipótese "de garantia coletiva", o Paraguai teria uma promessa eficaz de assistência e de socorros de um contra todos os outros aliados e de todos contra um, no caso de falta de respeito às obrigações contraídas pelo tratado que se celebrasse.

No plano do sr. Cotegipe "da garantia individual do Brasil", as coisas passam diversamente: o Brasil acha-se só em frente ao Paraguai, celebra com essa república um tratado definitivo de paz, promete respeitar perpetuamente a sua independência, soberania e integridade territorial e diz-lhe: "serei garante por cinco anos de vossa independência, soberania e integridade territorial".

Garante de quem? Sendo duas somente as altas partes contratantes, o Brasil e o Paraguai, não havendo uma terceira potência, a garantia do sr. Cotegipe reduz-se a isto: "O Brasil, garante de si mesmo, afiança ao Paraguai, que durante cinco anos, apesar de ter no território da república parte do seu Exército e esquadra, há de respeitar e fazer respeitar a sua independência, soberania e integridade territorial".

É isso uma garantia no sentido próprio da palavra?

É essa a garantia das nações aliadas que o tratado do 1º de maio de 1865 prometera ao Paraguai e que todos os atos posteriores dos aliados asseguravam-lhe?

Certo que não.

A garantia coletiva, sempre posta como certa e afinal, quando menos se esperava, abandonada, era o remate condigno da política previdente que inspirou o tratado de 1º de maio.

Muito ao revés disso, a garantia individual, tendo não obstante as retas intenções do governo imperial, notável presença com protetorado, se não é efetivamente esse protetorado, que o tratado do 1º de maio se propunha evitar, veio instigar de algum modo a malevolência de nossos adversários no Rio da Prata, os quais, apesar da nossa boa-fé e desinteresse constantemente demonstrado por fatos, atribuem-nos sempre aspirações de absorver e monarquizar as repúblicas vizinhas.

Os aduladores do poder, confrontando as hesitações e demora do antecedente diplomata com a presteza do sr. barão de Cotegipe, romperam em hosanas a este: *Foi, viu, venceu.*

Sei que o sr. barão de Cotegipe foi ao Paraguai.

O que viu por lá é fácil de conjeturar, porém que vencesse, apartando-se do tratado de aliança, cujo destino era não só derribar naquela ocasião o poder de Lopez, como cimentar para o futuro a harmonia e concórdia entre o Império e as repúblicas vizinhas, nega-o sensatamente o poeta português dizendo:

> "... que a vitória verdadeira
> É saber ter justiça nua e inteira".

Os estreitíssimos limites deste escrito, não consentem uma apreciação detida dos apregoados serviços do governo no assunto, de que se trata, apreciação que a tribuna parlamentar sem dúvida faria, se o ato de 22 de maio[17] não lhe impusera bruscamente silêncio.

Ainda com relação aos negócios exteriores, observou o sr. presidente deste Conselho:

> "Houve nesta cidade um conflito entre a polícia e oficiais de um navio alemão, surto no porto do Rio de Janeiro. Daí proveio *séria dificuldade* entre o governo imperial e a legação da Alemanha; essa dificuldade foi vencida por modo amigável e honroso por ambas as partes".

Pasmosa facilidade com que os atuais depositários do poder proclamam vitórias as suas derrotas!

Todos conhecem a história da prisão dos oficiais da corveta *Nymphe*.

A partida da autoridade foi de leão, mas a parada foi a que vai contar-se.

Diziam os agentes do poder que os oficiais da corveta alemã haviam, no Hotel Central, feito grande barulho, resistindo às ordens da autoridade competente, praticando ofensas físicas nos encarregados de sua prisão.

Os oficiais da corveta, pelo encarregado da legação do Império alemão, alegavam, ao contrário, que nenhuma desordem fizeram, que um ébrio, infelizmente funcionário da Secretaria de Estado dos Negócios Estrangeiros, cujo nome foi declinado, os provocara, que, sendo agredidos, defenderam-se, que não resistiram à autoridade, pois que nenhuma se apresentara com insígnia que a recomendasse ao respeito dos circunstantes.

E o governo confessou no relatório da Repartição dos Negócios Estrangeiros, ultimamente apresentado, às Câmaras:

1º) que no Hotel Central esteve com efeito, na noite da inculcada desordem, um indivíduo em estado de grande *exaltação*. Faltou só dizer se esse indivíduo era empregado na Secretaria de Estado das Relações Exteriores e de que espécie era a sua *exaltação*.

---

[17] Referência à dissolução da Câmara dos Deputados em 22 de maio de 1872.

2º) que o delegado de polícia, que interveio no conflito suscitado pela *exaltação* do tal indivíduo, não se dera a conhecer como autoridade por meio da insígnia do seu cargo. Faltou dizer que dali há pouco tempo fora demitido esse delegado.

3º) que os oficiais foram pronunciados como incursos no art. 201 do Código Criminal — ferimentos leves — e não no art. 116 — resistência. Faltou dizer que o juiz, que assim pôs de parte as declarações oficiais da polícia, nas quais se descrevia como resistência à autoridade a repulsa da *exaltação*, fora nomeado, dentro de pouco tempo, presidente de uma das províncias do Norte.

4º) que os oficiais pronunciados como incursos no art. 201, prestaram fiança. Omitiu-se declarar que a esses oficiais que se dirigiram logo à *Nymphe* para nunca mais voltarem ao Hotel Central nem aos nossos tribunais, lançou o governo ponte de ouro para que, retirando-se do Brasil, sem perda de tempo, se desse por findo, ao menos em aparência, esse conflito nascido da *exaltação*.

A parada, pois, da autoridade brasileira no conflito da corveta *Nymphe*, é bem diversa de sua partida e contudo, esse triste incidente não deixou de ser rememorado na Câmara como um triunfo que devia infundir respeito à dissidência!

Passando à administração e política interna, o primeiro-ministro, depois de aludir aos serviços que diz prestados à educação e instrução popular, ao desenvolvimento das linhas férreas e telegráficas, à colonização, ao Exército e à Armada, serviços que só a lente ministerial enxerga, lança vistas complacentes para a sua pasta da Fazenda e pondera:

> "Sobre as questões de fazenda o gabinete apresenta soluções que, melhoradas pela sabedoria da Assembléia Geral, é de crer que sejam proveitosas ao comércio, à lavoura e à população em geral. Refiro-me ao melhoramento do meio circulante, à redução dos impostos necessários ainda para satisfação dos encargos que nos legou a guerra...".

Meio circulante: Debalde procurará o leitor no indicado artigo do relatório da Fazenda as soluções satisfatórias que inculca o ministro. O que aí logo vê-se é que o ministro, confundindo com papel-moeda (do governo ou do banco) os bilhetes do Tesouro, soma as respectivas quantidades, como se não fossem heterogêneas, para concluir que a importância total de notas do Estado, notas bancárias e bilhetes do Tesouro exerce nociva influência no câmbio.

Se os bilhetes ou letras do Tesouro se pudesse de qualquer modo comparar ao meio circulante e influir no câmbio, também as apólices da dívida pública deveriam ser contempladas no quadro da emissão circulante que s. exc. inseriu à página 17 do seu relatório, como papel capaz de exercer influência no câmbio: a diferença entre as duas espécies de títulos está somente em que o bilhete tem prazo certo, a apólice não.

Vê-se mais que o ministro ao passo que encarece a urgente necessidade de resgatar, quanto caiba nas forças do tesouro, o papel-moeda (necessidade reconhecida por todos e até consignada em preceito legislativo) no intuito de encaminhar o nosso meio circulante às suas condições normais, sugere o alvitre de emitir notas do Tesouro do valor de 500 réis, alvitre que constitui uma discrepância, se não uma contradição no plano do ministro que vê no papel-moeda o insuperável obstáculo à elevação do câmbio e o quer, ainda à custa de sacrifícios, resgatar.

Examinemos porém, a solução do resgate do papel-moeda que oferece o nobre ministro:

> "Segundo o estado atual do Tesouro, creio que poder-se-á aplicar ao resgate de papel-moeda, em cada um dos dois próximos exercícios, a soma de 4 mil contos de réis a 5 mil contos de réis. Eleve-se esta quota à medida que as circunstâncias do estado o permitam...".

A lei de 12 de setembro de 1866[18] havia determinado no artigo 1, § 8:

> "A Assembléia Geral, logo que cessar o estado de guerra, assinará na lei do orçamento de cada exercício, a quantia que se terá de aplicar ao resgate do papel-moeda".

Preceito que foi, nos mesmos termos, reproduzido no artigo 9 da lei de 28 de setembro de 1867[19].

---

[18] Referência à lei que autorizou o governo a renovar o acordo celebrado com o Banco do Brasil em virtude da lei de 5 de julho de 1853, que concedia a incorporação e confirmava os estatutos de um banco de depósitos, descontos e emissão estabelecido na cidade do Rio de Janeiro.

[19] A lei de 28 de setembro de 1867 transferiu verbas concedidas por leis anteriores, abrindo um crédito suplementar ao governo. Fixou a importância que poderia ser despendida para operações de crédito e emissão de papel-moeda e determinou que, ces-

Cessou a guerra e não teve cumprimento a disposição das duas citadas leis.

Entretanto o ministério de 16 de julho, de que fazia parte o sr. Rio Branco, não se olvidara do assunto, oferecendo uma solução que não é positiva como a de que acabo de falar, porém é mais cauta e previdente que a do ministério atual.

Dispõe a lei de 28 de junho de 1870,[20] art. 20: "Quando a receita exceda à despesa, será o excesso aplicado à amortização do papel-moeda em circulação".

A lei de 27 de setembro de 1870,[21] no art. 13, determina: "O saldo resultante da receita sobre a despesa, fixada nesta lei será aplicado ao resgate do papel-moeda".

Também não teve execução esse preceito legislativo e, fazendo justiça aos ministérios conservadores que se tem sucedido no poder de 16 de julho para cá, devemos crer que motivos honrosos determinaram o seu proceder e assim foi.

Repelindo a idéia que prevaleceu sob a admiração de seus adversários, de consignar-se em cada orçamento, depois de concluída a guerra, uma quantia para amortização do papel moeda, houvesse ou não saldos, apelaram os autores das leis de 1870 para o tempo em que a receita excedesse a despesa, e não deram começo à amortização, porque efetivamente não houve saldos.

Confrontando-se a solução do ministro que referendou as leis de 1870, com a que apresenta o atual sr. presidente do Conselho, força é confessar que esta não vale os encômios que lhe tece o seu autor.

Conforme a solução das leis de 1870, desde que não houvesse saldos, estava o governo desobrigado de amortizar papel moeda: a promessa da lei, sendo condicional, não seria acoimada de falaz, se houvesse saldos grandes ou pequenos, receberiam a devida aplicação, sem que ninguém tivesse direito de arguir de excesso ou de deficiência tal aplicação.

O mesmo não se pode dizer da solução do sr. Rio Branco, s. exc. parte do pressuposto de que existem saldos e saldos avantajados e quer assinar

---

sando a Guerra do Paraguai, a Assembléia Geral determinasse a quantia que deveria ser aplicada para o resgate do papel-moeda em cada exercício.

[20] A lei de 28 de junho de 1870 fixou a despesa e orçou a receita geral do Império para o exercício de 1870-71.

[21] A lei de 27 de setembro de 1870 autorizou o governo a dispender a quantia de 450 contos de réis para cunhar e pôr em circulação cem mil quilos de moedas de níquel.

desses saldos 4 a 5 mil contos de réis ao resgate do papel moeda e, pois, se não houver saldos, com razão se dirá: falácia! Se os saldos não chegarem a 5, nem a 4 mil contos de réis, seria desagradável para o governo prometer o que não poderia fazer. E se os saldos forem muito além de 5 mil contos de réis, como explicar a mesquinhez do resgate o ministro que não vê salvação para o meio circulante do país enquanto nele girar uma nota do Estado ou do banco inconvertível?

Haverá, porém, saldos donde o sr. Rio Branco tire os 4 a 5 mil contos de réis para resgate do papel-moeda? S. exc. afirma-o no relatório p. 19: "Deixou um saldo o exercício findo e se reconhece que no atual também a *receita excederá à despesa*".

Proposição essa, que o nobre ministro pôs na boca do chefe do Estado, inserindo-o no discurso da Coroa:

"As rendas públicas reassumiram seu movimento progressivo, graças à fertilidade de nosso solo e aos auxílios com que tendes favorecido o comércio e a produção nacional.

A receita do último ano financeiro excedeu a despesa, e já se reconhece que o exercício corrente também apresentará saldo".

Há aí grande inexatidão.

É para notar, antes de tudo, que se houvera existido excesso da receita sobre a despesa, tal excesso devera ter sido, em virtude das leis do orçamento de 1870 acima citadas, aplicado ao resgate do papel: o governo, deixando de fazer o resgate e confessando-o, confessaria uma violação de lei; porque, segundo a lei, o excesso, qualquer que ele fosse, da receita sobre a despesa não podia ter outro destino.

O excesso da receita sobre a despesa no exercício de 1870-1, inculcado no relatório e assegurado pela Coroa ao Parlamento e à nação, é positivamente desmentido pelos documentos do Tesouro, que o nobre presidente do Conselho teve em vista e distribuiu pelas Câmaras.

A tabela sob nº 12, anexa ao relatório, com efeito diz que a renda arrecadada no exercício de 1870-71 foi de 95.509 contos, 82 mil e 700 réis e a despesa dos diversos ministérios de 100.929 contos, 606 mil e 97 réis.

Logo a receita do exercício de 1870-71 não chegou para a respectiva despesa, apesar da asseveração em contrário do sr. ministro da Fazenda.

S. exc., para dar ao Parlamento e ao país a grata nova de excesso da *receita* sobre a despesa, confundiu duas coisas que ninguém pode confundir e um ministro da Fazenda menos que ninguém: receita e recursos.

Receita é o produto dos impostos que se aplica às despesas do Estado, ao passo que os recursos são os meios com que o governo faz face às mesmas despesas, ou esses meios sejam o resultado dos impostos ou de operações de crédito.

No exercício de 1870-71, em que a receita foi, como já se disse, de 95.509 contos, 82 mil e 700 réis e a despesa dos diversos ministérios de 100.929 contos, 606 mil e 97 réis, a emissão de apólices figura no valor de 26.029 contos e 884 mil-réis e o empréstimo de Londres na importância de 26.521 contos, 746 mil e 480 réis, como tudo se vê da referida tabela e, conseqüentemente, embora a receita não chegasse para as despesas, houve saldo de caixa, e não pequeno, sujeito porém à liqüidação.

Se um indivíduo, ganhando por seu trabalho em um ano, 5 contos de réis, despender 10 contos de réis, tendo pedido emprestada para as suas despesas nesse período a quantia de 6 contos de réis, há de ter no fim do ano em caixa o saldo de 1 conto de réis. A sua despesa foi excedida pelos seus recursos (o resultado de sua indústria e do empréstimo) mas a sua renda foi muito aquém da soma despendida e, o sujeito, se não tomar tento, e for tendo saldos assim, estará dentro em breve perdido.

Foi o que sucedeu ao Tesouro Nacional no exercício, a que se alude: o governo emitiu apólices, contraiu empréstimos no exterior e somando-se com o produto dessas operações de crédito a importância da receita, teremos saldos de caixa, mas excesso de receita sobre a despesa, não.

Quanto ao exercício corrente (1871-72) em que o nobre ministro da Fazenda diz já se reconhecer que a receita excederá também a despesa, ainda se engana s. exc., posto que o aspecto do exercício seja mais lisonjeiro que o anterior.

Falando do corrente exercício, avalia o relatório à p. 12 a receita em 101.062 contos e 42 mil-réis, tendo avaliado despesa em 100.757 contos e 447 mil-réis, de onde resulta que a receita própria do exercício, se os cálculos do Tesouro não forem transtornados por circunstâncias imprevistas, seria suficiente para ocorrer às despesas do mesmo período, aparecendo o saldo insignificante que consiste na diferença que vai de uma a outra das duas mencionadas quantias.

Ora do quase imperceptível excesso da receita de 101.062 contos e 42 mil-réis sobre a despesa de 100.757 contos e 447 mil-réis, que fundamento pode o nobre ministro da Fazenda derivar para o seu plano de deduzir dos saldos 4 a 5 mil contos de réis em cada um dos seguintes exercícios, destinados ao resgate do papel-moeda?

Se o nobre ministro, tratando do exercício corrente, quisesse referir-se não à receita, mas aos recursos, então, sim, acharia (e consta à p. 10 do relatório) entre os recursos e as despesas do período, um saldo de 8.267 contos e 939 mil-réis.

Esse saldo, porém, como o do exercício antecedente, é saldo de caixa e não de receita, significa um resto dos últimos empréstimos interno e externo; e não excesso da renda, propriamente dita, do estado sobre as suas despesas, como o próprio relatório o declara e demonstra-se na tabela nº 12.

Os saldos dos exercícios de 1870-71 e de 1871-72, em que o nobre ministro funda as suas esperanças de resgate, não lhe prestam apoio, não são o caso previsto pelas leis de 1870: excesso da renda sobre a despesa.

Se o saldo de caixa, ou a diferença entre os recursos e a despesa forem o sinal de prosperidade que se antolhou ao ministério, e que ele fez a Coroa anunciar ao país, a prosperidade houvera começado em exercícios anteriores; pois que (a tabela já citada o mostra) no exercício de 1868-69 houve um saldo de 9.629 contos, 30 mil e 991 réis e no de 1869-70 outro de 5.216 contos, 221 mil e 524 réis.

Saldos de caixa e não excesso de renda sobre as despesas, que não inspiravam nem podiam inspirar aos antecessores do sr. Rio Branco o falso anúncio de que s. exc. encarregou a Coroa na abertura das Câmaras este ano.

Redução dos impostos *necessários ainda para satisfação dos encargos que nos legou a guerra.*

Será para mim o nobre ministro da Fazenda o grande Apolo (s. exc. ocupa já tão distinto lugar no Olimpo, que tudo poderá fazer) se resolver esse na aparência insolúvel problema: diminuir impostos ainda necessários para os encargos da guerra que parecem longe do seu termo, porque, segundo, o tratado definitivo de paz com o Paraguai, continua o Brasil a ter ali Exército e Esquadra.

Mas se bem que nada seja impossível aos deuses, hei de ver para crer reduzirem-se os impostos estabelecidos por ocasião da guerra que os encargos desta ainda reclamam, e apresentar o sr. presidente do Conselho um orçamento, em que não só a receita equilibre-se com a despesa, mas deixa margem para argumentar os vencimentos dos oficiais do Exército e da Esquadra, os dos empregados do Tesouro, etc., e mais 4 a 5.000.000$ afim de amortizar-se papel-moeda.

Escreve, que eu lerei — disse uma vez Lamartine ao fecundo Alexandre Dumas.

Faze (direi eu com todas as cautelas da civilidade ao nobre ministro) faze essas maravilhas que eu admirarei.

Tais foram, em substância, os relevantes serviços com que o sr. presidente do Conselho entendeu fazer jus a obter da Câmara temporária, à que dirigia a palavra pela última vez no dia 21 de maio, *dedicação sem limites*.

Pouco depois (28 de maio) s. exc. endereçava aos presidentes de províncias uma circular em que fazia alusão *aos inconvenientes do precedente, que assim se deixaria estabelecido*, se a minoria da Câmara temporária, convertendo-se em maioria exigisse a retirada dos atuais ministros e estes houvessem de por isso deixar as pautas.

Como é frágil a memória do poder!

Em 1862, convertendo-se em maioria da Câmara temporária a minoria, o gabinete de 3 de março[22] de que era chefe o sr. Caxias, retirou-se porque foi-lhe negada a dissolução, acontecendo o mesmo ao seu sucessor: na Câmara havia então representantes dos dois partidos políticos.

O gabinete de 15 de janeiro,[23] em conseqüência de uma votação sobre assunto de pequena monta, em que a maioria divergiu do ministro do império, dissolveu-se: a Câmara era na máxima parte liberal.

Sabe-se como o ministério de 31 de agosto,[24] que sucedeu ao do 15 de janeiro, deixou o poder, porque na eleição da mesa da Câmara temporária não triunfou o pensamento do governo.

Eis aí vários casos (e outros se poderiam apresentar), de ministérios retirando-se ante a manifestação hostil da maioria da Câmara dos Deputados, por efeito dos princípios constitucionais que asseguram principalmente à Câmara dos imediatos representantes do povo decisiva influência na organização ou queda dos gabinetes.

Ora esses princípios com dobrada razão deviam aconselhar a retirada do gabinete de 7 de março, afim de evitar-se o precedente, que assim ficou estabelecido de, sem mudança de política, arredar-se certo grupo de um partido para conservar-se outro do mesmo partido na administração, chamando-se a Coroa a fazer o papel não de juiz entre os diversos partidos, como exige o sistema constitucional, mas de depurador de uma parcialidade predestinada.

---

[22] O gabinete de 3 de março de 1861 durou até maio de 1862. Era presidido por Luís Alves de Lima e Silva, então marquês de Caxias, que ocupava a pasta da Guerra.

[23] O gabinete de 15 de janeiro de 1864 era presidido por Zacarias de Góis e Vasconcelos, que ocupava a pasta da Justiça.

[24] O gabinete de 31 de agosto de 1864 era presidido por Francisco José Furtado, que ocupava a pasta da Justiça.

Ao ler-se a circular do sr. Rio Branco, entende-se que a Câmara foi dissolvida porque teve a veleidade de pensar que o seu voto pesava na balança política ou que lhe cabia a atribuição de influir na existência dos ministérios e que se quis que ficasse firmemente assentado d'ora em diante, pelo castigo fulminado à tamanha audácia, que aos deputados não importam as figuras que se acham no poder, desde que a Coroa as estima; a confiança da Coroa é tudo, a da Câmara nada vale.

E a propósito de estima, seja dito com franqueza que, tendo o sr. Rio Branco feito passar, por fas ou por nefas, a reforma do estado servil, causaria estranheza, mormente no exterior que, menos de dois meses depois da volta do imperador do Brasil, fosse s. exc. despedido: a *gratidão obriga*.

De sorte que a reforma do elemento servil, que passou atropelada e violentamente nas Câmaras, trás ainda suspensa as normas do regime parlamentar, se é que elas existem no país!

Quando o ministério convocava reuniões para consultar as *sumidades* sobre se devia ficar ou retirar-se, correu que o nobre presidente do Conselho aludira, para mostrar o inconveniente de mudança política, às contingências de uma guerra externa. Não se avaliou então o alcance das palavras do ministro; agora porém, que é conhecida a nota do sr. Tejedor,[25] compreende-se bem a alusão.

O governo havia recebido a nota do ministro argentino, impregnada de injúria e ameaça, segundo agora diz, e dessa ocorrência que, no pensar de outrem, seria motivo para não dissolver a Câmara a fim de que o Parlamento, conhecendo da injúria e da ameaça, lhe prestasse o necessário apoio, tira o sr. Rio Branco partido para permanecer no poder, impelindo o país às vicissitudes e perigos de uma eleição geral e isso precisamente depois de fazer a Coroa, dizer às Câmaras que, com o sistema de eleição em vigor, não há expressão genuína da vontade nacional!

Se o Parlamento estivesse aberto, a questão dos tratados que o sr. Cotegipe celebrou com o Paraguai, seria provavelmente considerada sob o verdadeiro ponto de vista da dignidade das duas nações — Brasil e República

---

[25] Carlos Tejedor era ministro das Relações Exteriores da Argentina e plenipotenciário de seu país nas negociações de paz relativas à Guerra do Paraguai ocorridas entre 1870 e 1871. Em nota de 27 de abril de 1872, acusou o governo brasileiro de não obedecer ao Tratado da Tríplice Aliança de 1º de maio de 1865 devido a assinatura em separado do Tratado Definitivo de Paz e Limites entre Brasil e Paraguai em 9 de janeiro de 1872 que, entre outras cláusulas, estabelecia um protetorado de cinco anos do Brasil sobre a República Paraguaia.

Argentina — sem confundir com essa dignidade os assomos belicosos e demasias do ministro argentino, nem os erros deploráveis do nosso diplomata.

No juízo do Parlamento uma nota áspera ou descortês seria talvez um documento para ser repelido por meios que a diplomacia oferece, não para produzir guerra, porque a aliança e a paz são interesses de tal ordem que não podem ser sacrificados a caprichos de ninguém, sejam os do sr. Cotegipe tratando separadamente, sejam os do sr. Tejedor lançando um cartel na sua nota de 27 de abril de que (notável silêncio) só tivemos conhecimento pela imprensa platina!

Se há conflito que não possa ser decidido senão diplomaticamente, é esse que aí surge.

Questiona-se se o Brasil observou ou infringiu o tratado de aliança do 1º de maio de 1865, celebrando com o Paraguai separadamente os tratados que há pouco se ratificaram.

O governo do Brasil pensa que o seu plenipotenciário bem mereceu da pátria e não violou a aliança, fazendo os tratados sem lhe importar a ausência do sr. Quintana.[26]

O sr. Tejedor, ao contrário, persuade-se de que, com os tratados separados, rompeu-se de todo o da aliança.

Há acaso fundamento para interpretarem-se com encouraçados e canhões os textos sobre que versa a dúvida?

É contudo em tal emergência que o gabinete, quando mais havia mister o apoio dos representantes da nação, dissolve a Câmara, ficando a sós com as *sumidades* e com certas manifestações de jornais, patrióticas sem dúvida, mas nem sempre refletidas e desinteressadas.

É em tais circunstâncias que o gabinete, não tendo lei para cobrar impostos senão até o fim de dezembro do corrente ano, fecha o parlamento e arrisca-se a mandar cobrar impostos de janeiro em diante por sua própria autoridade!

Se alguma prova fosse preciso ainda, para mostrar-se que o 7 de março não respeita as formas dos governos livres, bastava dizer: "fechou as Câmaras para resolver à vontade um conflito internacional!".

Certo ninguém dirá que o povo do Brasil governa-se por si mesmo, se até agora a guerra ou a paz se faz sem a sua audiência e, pode-se dizer com verdade, sem notícia sua!

---

[26] Manuel Quintana foi o diplomata enviado pela Argentina para as conferências de 1872 relativas ao término da Guerra do Paraguai.

Se o sr. Rio Branco, em vez de empregar manobras ocultas, se dirigisse à Câmara e desse com franqueza aos representantes do povo, conhecimento das probabilidades do conflito internacional, conseguiria talvez os seguintes resultados:

A dissidência abater-se-ia provavelmente da oposição na presença de uma guerra externa iminente a que o país fosse provocado sem fundamento; o seu patriotismo o afiançava; teria o governo em seu favor as manifestações das Câmaras que ecoariam em todo o país dando em resultado excitar o entusiasmo nacional; poderia entrar não só com lei de orçamento para cobrar tributos mas com autorizações extraordinárias para as eventualidades da guerra.

Assim procederia o governo que se prezasse de ter o apoio de um povo livre.

O 7 de março pensa diversamente. O que sobretudo prezava era fulminar a dissidência: está conseguido o seu fim. Conseguiu ainda outro resultado: isolando-se dos representantes da nação, deu a prova mais decisiva do governo do *rei só*, e de que a nação é comparável a manadas de ovelhas que indiferentemente se deixam guiar pelo pastor a apascentar-se ou morrer.

E na quadra aflitiva que atravessamos, reserva-se o ministério a satisfação de, por seus artigos anônimos, qualificar de traidores à pátria os que, dispostos a dar por ela bens e vida, bradam todavia que o governo, com os seus erros e imprudências, está expondo-a a males incalculáveis.

Nem essa consolação querem deixar ao patriotismo oprimido.

É exigir muito.

Coleção
Formadores do Brasil

Direção geral
Jorge Caldeira

Conselho editorial
Boris Fausto
Evaldo Cabral de Mello
Fernando Novais
José Murilo de Carvalho
Sergio Goes de Paula

Supervisão de edição
Gabriela Nunes Ferreira

Edição de texto
Paula Ladeira Colonelli

Pesquisa de texto e arquivos
Ana Paula Medicci

Pesquisa iconográfica e cessão de imagens
Tulio Vargas

Secretaria editorial
Assahi Pereira Lima

Transcrições
Márcia Bueno dos Reis Rial

Projeto gráfico original
Carlos Azevedo

Coleção
Formadores do Brasil

Diogo Antônio Feijó
Organização e introdução de Jorge Caldeira

Bernardo Pereira de Vasconcelos
Organização e introdução de José Murilo de Carvalho

Visconde de Cairu
Organização e introdução de Antonio Penalves Rocha

Hipólito José da Costa
Organização e introdução de Sergio Goes de Paula

Frei Joaquim do Amor Divino Caneca
Organização e introdução de Evaldo Cabral de Mello

Visconde do Uruguai
Organização e introdução de José Murilo de Carvalho

Zacarias de Góis e Vasconcelos
Organização e introdução de Cecilia Helena de Salles Oliveira

Este livro foi composto em Cochin pela Bracher & Malta, com fotolitos do Bureau 34 e impresso pela Bartira Gráfica e Editora em papel Pólen Soft 80 g/m² da Cia. Suzano de Papel e Celulose para a Editora 34, em outubro de 2002.